U0583933

集人文社科之思 刊专业学术之声

集 刊 名：中文论坛

主办单位：湖北大学文学院

主 编：聂运伟

Forum of Chinese Language and Literature (2019 No.1) vol. 9

2019年第1辑·总第9辑

集刊序列号：PIJ-2017-195

中国集刊网：www.jikan.com.cn

集刊投约稿平台：www.iedol.cn

中文论坛

湖北大学文学院
《中文论坛》编辑委员会 编

2019 年第 1 辑 总第 9 辑

FORUM OF
CHINESE LANGUAGE AND LITERATURE
(2019 No.1) vol. 9

社会科学文献出版社
SOCIAL SCIENCES ACADEMIC PRESS (CHINA)

目录
CONTENTS

2019 年
第 1 辑总第 9 辑

语言学研究

信息技术与文学教育

CONTENTS

Study on Chinese Poetics

Study on May 4th Period

Study on Hubei's Literature

Study on Linguistics

Information Technology and Literature Education

中国诗学研究

《文心雕龙》雅俗理论溯源

羊列荣[*]

摘　要：刘勰以雅俗品鉴文章，是直接受到魏晋时期人物雅俗品鉴之风的影响，而其理论内容，则渊源于先秦的雅文化观念和儒家雅郑之辨。在西周的雅文化观念中，"雅"与"俗"不对等，但也不矛盾。刘勰认为俗体和一些非雅正的风格是可以兼容于雅文学的，这跟雅文化中的"雅""俗"关系相似。对于与雅文学对立而不可兼容的"郑"，刘勰的态度跟先秦儒家一样，但其雅郑之辨是以文学与经典的关系为基点的，所以刘勰的雅俗理论具有宗经主义性质。他的雅俗批评，具体地展现于"六观"（即文章品鉴的六个角度）。将刘勰各个方面的雅俗批评的内容聚合起来，可以形成一个比较清晰的在西周雅文化观念影响下的"雅文学"理念。

关键词：《文心雕龙》　雅俗理论　雅文化　雅郑之辨　雅俗品鉴

历史上，几乎不会有这样的一种观念，它一成不变，并且有一个确定的思想渊源。笼统地看，雅俗观念确实贯穿于传统文学发展的整个进程，然而，先秦时代雅文化衰微之后的儒家雅郑之辨，魏晋门阀社会背景下的雅俗品鉴，北宋诗人主张的"以俗为雅"，南宋词家倡导的雅化，元明清时代诗文与戏曲小说的雅俗分界，以及现代以平民文学替代贵族文学的新思想，这一路下来，它们是在沿着同一种思想主轴而波动吗？它们是前后

---

* 羊列荣（1967—），博士，复旦大学中文系副教授。主要研究方向为中国古代文学批评史。著有《二十世纪中国古代文学研究史（诗歌卷）》等。电子邮箱：ylr67@163.com。

相衔接的吗？相同的概念能确定思想的同一性吗？与社会、艺术、语言等领域的雅俗观念分得开吗？这样去看待观念的演变，不是为了让自身陷于复杂的困境中。观念借助于语词去表达，但要避免简单地用语义溯源去推究它的起始；彼此间形成时空关系，但要避免简单地以时代先后去判断相互之间的影响，或者因领域不同而分割其相互关系。

就刘勰而言，其雅俗观念形成于文学领域，但此前的文家没有深入思考过这个问题，刘勰便很难从中直接酌取思想资源。他的鉴赏理论延续了人物品鉴的思路，但因其寒门出身，对于门阀时代的雅俗品鉴未必能认同。这些都使刘勰跳出文学领域和所处的时代，去寻求更加深远的思想源头。尽管在先秦"雅"与"俗"尚未形成明确的对应性，但雅文化体制中雅乐与夷俗之乐的关系，尤其是在儒家学说中处于紧张对立状态的雅乐与郑声的关系，让他找到了雅俗之辨的理论依据。

不论刘勰对后世的文论发展产生多大的影响，他都是第一个在文学领域建立系统雅俗理论的人。

一

赵翼《陔余丛考·雅俗》说："'雅''俗'二字盖起于东汉之世。"比如王充《论衡·四讳》说："雅俗异材，举措殊操。""雅""俗"连用初见于此，反映的是一种根据资质才能之高低对人群进行二元区分的观念。《论衡·自纪》中有"高士所贵，不同乎俗"，"高""俗"之分实即"雅""俗"之分。田婴为"俗父"，田文为"雅子"，二人既为父子，则雅俗之分与门第身份尚未有很大的关系。这种关于人的才德的差别观念，实以汉代察举制的施行为背景。周代宗法制度的选官制以社会等级为基础，汉代察举制虽然也对商贾、巫人、刑徒等有所限制，但原则上仍以德行为先、以儒学为主，所以才有王充的"雅俗异材"之说。

若从根源上说，最初的雅俗之分还是一种社会等级区分。周代宗法制对人的等级分得非常细，用二分法则不外有"君子"与"小人"两层。每一层内部还有许多差别，但是正所谓"礼不下庶人，刑不上大夫"，最严格的差别还是在这两层之间。从文化上看，"君子"习诗书礼乐，属于雅文化阶层；"小人"守四方风俗，属于俗文化阶层。所以说雅俗观念可以追溯到周代宗法制的社会等级观念。孔子重新阐释"君子"与"小人"的内涵，表明春秋时代的社会等级观念发生了很大的变化。老子反讽"俗人"之"昭昭""察察"（《老子》二十章），孟子斥"同乎流俗"为"乡原"（《孟子·尽心下》），庄子讲"法天贵真，不拘于俗"（《庄子·渔父》），他们纷然在人群中划出"俗"的一类，以此高自标置。诸子并不都是雅文化的继承者，但黜"俗"的态度大抵相似。盖礼崩乐坏，王官逸在布衣，诸子因此而兴，他们上未必容于权贵，下却不能不自异于凡庶，遂成一独特阶层。他们的黜"俗"心态，实关乎其自我身份的确认，可视为思想主体意识的觉醒。①

魏晋以来，"士庶之科，较然有辨"（《宋书·恩幸传·论》）。世族重门第，视"士庶区别"为"国之章"（《南史·王球传》），俨然沿袭了周代宗法制的"君子""小人"之分。而名士们张扬个性的主体意识，又俨然继承了诸子的黜"俗"心态。此两种风气的交集叠加，造成了魏晋时代的"雅""俗"对立。一方面，名士以"任自然"相召，故阮籍丧母不哭，裴楷以为非"俗中人"（《世说新语·任诞》）；王戎往至竹林，步兵讥之为"俗物"（《排调》）。这便是竹林时代的黜"俗"之风，为士人自我意识的一种表现方式。另一方面，这种个性意识又与门阀意识合流，产生了雅俗品鉴之风。《文选》王俭《褚渊碑文》李善注引《孙绰子》曰："或问雅俗。曰：泾渭殊流，雅郑异调。"士人既以清流雅人自居，亦以鉴识雅俗为能，如《世说新语·赏誉》刘孝标注引《晋阳秋》说："（王）济有人伦鉴识，其雅俗是非，少所优润。"《品藻》刘孝标注引《八王故事》说："胡毋辅之少有雅俗鉴识。"《后汉书·郭泰传》也说："则哲之鉴，惟帝所难，而林宗雅俗无所失。"盖魏晋士人品流之分，一重个性，一重出身，故士人品鉴不能不辨雅俗，内可以凸显其个性，外可以自矜其阀阅。这两方面构成了魏晋士人的主体意识，虽然在黜"俗"心态上近似于先秦诸子，但诸子要确立的是思想主体性，而名士则在品性气质、言行见识、文章学问等方方面面都要刻意表现得与众不同。

刘勰将雅俗品鉴，施于文章鉴赏。《知音》篇说，"文情难鉴"的一个

---

① 村上哲见《雅俗考》指出："随着自视甚高的知识分子自我意识的觉悟和生长，'俗'这个词加入了轻侮的意思，并渐渐有所增强。"转引自于迎春《"雅俗"观念自先秦至汉末衍变及其文学意义》，《文学评论》1996年第3期。

方面，就是雅俗莫辨。"麟凤与麋雉悬绝，珠玉与砾石超殊"，这是比喻文学作品有雅俗之分，而不容混同，相当于孙绰所说的"雅郑异调"。文学鉴赏必以品别雅俗为能，所以《知音》赞曰："流郑淫人，无或失听。"知音君子，只有像郭泰那样"雅俗无所失"，才能"不谬蹊径"，不然便是"俗鉴"：

> 俗鉴之迷者，深废浅售，此庄周所以笑《折杨》，宋玉所以伤《白雪》也。①

《折杨》《皇荂》，俗调万人趋；《阳春》《白雪》，雅曲少人和。正所谓"大声不入于里耳"（《庄子·天下》），此庄周之所以笑，而宋玉之所以悲也。刘勰引以为例，是要说明自古以来就存在审美趣味上的雅俗之分，不论品鉴者还是创作者都是这样。《练字》篇说："爱奇之心，古今一也。""爱奇之心"古今无异，基本上被刘勰看作一种俗的趣味，长此以往，就会产生弊端。《定势》篇说："正文明白，而常务反言者，适俗故也。然密会者以意新得巧，苟异者以失体成怪。"刘勰以为晋宋辞人率好诡巧，反正为奇，而不入典雅之懿，是为"讹势"，唯"适俗"而已。《谐讔》篇说"辞浅会俗"，《体性》篇说"缥缈附俗"，都是讲作者迎合俗趣而产生文弊。钟嵘在《诗品序》中曾说："郭景纯用俊上之才，变创其体；刘越石仗清刚之气，赞成厥美。然彼众我寡，未能动俗。"东晋诗坛盛行玄风，所以钟嵘称之为"俗"，但他针对的是玄风，至于流行之"俗"，他未必要去批评。下品说"鲍休美文，殊已动俗"，就无贬抑之意。《序》还说："五言居文词之要，是众作之有滋味者，故云会于流俗。"五言之"会于流俗"显然是值得肯定的。又说："词人作者，罔不爱好。今之士俗，斯风炽矣。"士与俗对诗的爱好有相同的趣味，这就雅俗无别了。总之，钟嵘并不像刘勰那样黜"俗"。

魏晋士人严于雅俗之分，固然对刘勰产生了直接影响，但此观念实与门阀社会的士庶之别紧密相关，而刘勰出身寒门，对于士庶等级的区分，理当有所抵触。刘勰只承认"人禀五材，修短殊用"（《程器》）的个体差

---

① 按：本文所引《文心雕龙》原文，均以人民文学出版社1958年版范文澜注本为底本。

异性，而排斥在此之外的社会等级性。《程器》篇说："彼扬马之徒，有文无质，所以终于下位也。昔庾元规才华清英，勋庸有声，故文艺不称；若非台岳，则正以文才也。"刘勰理想中的"文人"社会，应当根据一个人是否具有"达于政事"的文才来决定其位之高下通塞，如庾亮不必以其出身而立名，扬马因其"无质"而居下位。但他所看到的现实却往往相反。《史传》篇指出：

> 勋荣之家，虽庸夫而尽饰；迍败之士，虽令德而常嗤。

西晋王沈曾痛斥"谈名位者，以谄媚附势；举高誉者，因资而随形"（《晋书》本传引）的习气，联系起来，看得出刘勰的话是直指魏晋以来的门阀等级观念的。《程器》篇说："孔光负衡据鼎，而仄媚董贤，况班、马之贱职，潘岳之下位哉？王戎开国上秩，而鬻官嚣俗，况马、杜之磬悬，丁、路之贫薄哉？然子夏无亏于名儒，浚冲不尘乎竹林者，名崇而讥减也。"又说："将相以位隆特达，文士以职卑多消。此江河所以腾涌，涓流所以寸折者也。名之抑扬，既其然矣。位之通塞，亦有以焉。"这便是刘勰真实的现实感。在门阀社会里，位卑者更容易遭受讥消，而居高位者则更容易身膺隆遇，亦如葛洪所言："品藻乖滥，英逸穷滞，饕餮得志，名不准实。"（《抱朴子·名实》）那么所谓雅俗品鉴，很难不流于雅品无寒门、俗品无士族的局势。因此，刘勰所主张的文章雅俗品鉴，必然与"士庶区别"背景下的人物雅俗品鉴有许多不同。

首先，刘勰强调，文章品鉴中的雅俗之分，取决于品鉴者的审美品位和个性。"浮慧者观绮而跃心，爱奇者闻诡而惊听"，这都是俗的趣味。《体性》篇已经指出写作者的审美个性与趣味的形成和"才""气""学""习"都有重要的关系，这也适用于鉴赏者。"习有雅郑"，雅俗不同的品味也是外部环境陶染所致，那么，这个"习"便不能不包括门阀社会风气在内。春秋时代官学衰落，学在布衣；汉魏以降亦官学衰落，而学在世族。陈寅恪指出："盖自汉代学校制度废弛，博士传授之风气止息以后，学术中心移于家族。"[①] 士家大族以学术相承，实为其社会地位之表征，所

---

① 陈寅恪：《隋唐制度渊源略论稿》，生活·读书·新知三联书店，2001，第20页。

以注重家教庭训和风雅品格的培养也蔚为风气，正如颜之推所说："吾家世文章，甚为典正，不从流俗。"（《颜氏家训·文章》）士族以雅正之学自立，使子弟进品清流，那么社会阶层的士庶之分，就与人物品鉴的雅俗之分，在客观上形成了一定的对应关系。古人说："王谢子弟别有一种风流"（《唐才子传》卷六），这自然与世族家风的熏习分不开。但刘勰认为："八体屡迁，功以学成，才力居中，肇自血气。"（《体性》）八体之中有雅俗，而决定此差别的，首先是"学"，其次是"才"与"气"，而"习"是"初化"，是"学"的基础。"学"与"才"、"气"，固不以门第分；至于"习"，刘勰强调的是"童子雕琢，必先雅制"，于此或士或寒均无例外。刘勰自称七岁"梦彩云若锦则攀而采之"，到三十岁梦见"随仲尼而南行"（《序志》），走的不也是一条雅正之路吗？实际上，刘勰更强调文化衰落对于社会趣味的整体影响，如《乐府》篇所说："俗听飞驰，职竞新异，雅咏温恭，必欠伸鱼睨；奇辞切至，则拊髀雀跃，诗声俱郑，自此阶矣。"他认为从两汉到魏晋的审美趣味渐趋于俗，"雅声浸微"是最重要的原因。又如《谐隐》篇所说："魏晋滑稽，盛相驱散。"恐怕在趋俗的时代里，那些世族中人也未尝不流于俗趣吧。

其次，既然门阀社会的士庶之分已经影响到人物雅俗品鉴，进而影响到文章雅俗品鉴，那么，雅俗之辨就必须依托于一个等级观念之外的基础。于是刘勰提出了"六观"。"六观"未必真能做到"平理若衡，照辞如镜"，但由此蹊径，文章品鉴可趋向"无私于轻重，不偏于憎爱"的公正性和客观性，而尽可能摆脱门阀等级观念的制约。更重要的是，雅俗之辨的内容亦因此扩展到"位体""置辞""通变"等更多方面，在理论上得到极大的提升，使之更大程度地脱离士庶之分的背景。《文心雕龙》没有专篇论述雅俗问题，但这个问题其实普遍存在于刘勰所讨论的各个方面，一个系统化的雅俗理论已初步生成于刘勰的整体文学理论中。人物雅俗品鉴是无法为这种系统化的雅俗理论提供依托的。

最后，魏晋人物雅俗品鉴强化了雅俗意识，这固然是刘勰雅俗观念形成的机缘，但他的雅俗理论既已完全超乎魏晋雅俗品鉴，则其思想的渊薮亦必更加深广。《序志》篇曾提到"近代之论文者""或泛举雅俗之旨"，具体所指不详，曹植《与杨德祖书》说："夫街谈巷说，必有可采；击辕之歌，有应风雅；匹夫之思，未易轻弃也。"大概就是刘勰所说的"泛举"

吧。曹植所论,不过是沿袭了古已有之的采风观念,这恰恰说明在刘勰之前还没有人深入地讨论过文学雅俗问题,因此并不存在一个可以为刘勰提供思想资源的文论传统。"振叶以寻根,观澜而索源",刘勰所欲追寻的是更为根本的文化根源,于是先秦儒家雅俗观念成为其最为坚实的理论依据,跟他的整体文学思想一样。

二

儒家以复兴宗周雅文化自任,其雅俗观念的形成,与雅文化所经历的盛衰过程有直接关系。作为雅文化范畴的雅乐,与礼制一体,共同寄生于宗法政体。所以,在儒家学说中,"雅"代表的是一种意识形态,而不只是一个学术概念或一种审美风格。

按照儒家的历史经验,与"礼崩乐坏"相随的必然是政治上的大变局。商朝的解体就跟"乐坏"有关。《尚书·牧誓》说纣"昏弃厥肆祀弗答",《微子》说"今殷民乃攘窃神祇之牺牷牲,用以容,将食无灾",可知纣时代整个祭祀体系如同虚设,与之密不可分的雅乐系统也就趋于瓦解,于是如《史记·殷本纪》所载"殷之太师、少师乃持其祭乐器奔周",《周本纪》亦载"太师疵、少师彊抱其乐器而奔周",太师们纷纷弃殷奔周。《微子》说"咈其耇长、旧有位人",也就是《诗·大雅·荡》说的"殷不用旧""无老成人",旧有体制中的大臣被废黜,其中包括雅乐系统的乐官们在内,表明殷商雅乐系统连同整个传统政体一起崩溃了,取而代之的是新乐的兴起。《拾遗记》卷二载师延被纣拘禁而作"迷魂淫魄之曲",其事不必当真,但纣不好"淳古远乐",而沉溺于靡靡之音,并非无史可稽。在此背景下,新乐的兴起就被看作殷商政体与雅文化崩溃的一个重要原因,所以周人总结殷亡的教训,要严厉禁止新乐。《周礼·大司乐》说:"凡建国,禁其淫声、过声、凶声、慢声。"在《礼记·王制》中,对"作淫声"者的惩戒竟到了"杀"的地步。周代以礼乐治国,很难容忍雅文化体制外的新乐的存在。可是到了春秋时代,以郑卫之声为代表的新乐再次冲击雅文化,致其"礼崩乐坏"。这次乐官只好四方逃散,这就是《论语·微子》所说的"大师挚适齐,亚饭干适楚,三饭缭适蔡,四饭缺适秦"云云。

　　孔子希望重建宗法制，复兴雅文化，所以他不仅曾经师事流落民间的太师，晚年回到鲁国更是致力于正乐，使《雅》《颂》各得其所（《论语·子罕》），并且强烈主张"放郑声"（《论语·卫灵公》），这也就使"雅"与"郑"完全对立起来，处于不可调和的矛盾关系中。[①] 它们的对立，在先秦儒家的学说中先后产生了许多层意思。

　　其一，是一种体制内外文化之间的对立，也就是意识形态的对立。《乐记》说雅乐是圣王所作，圣王以礼乐刑政施行王道。这是对雅乐之体制性的表述。它是用来维系宗法秩序的，五礼中除了凶礼之外，吉军宾嘉都要用乐，并根据等级而有所隆杀。《礼记·祭统》篇说："礼有五经，莫重于祭。"雅乐"用于宗庙社稷，事乎山川鬼神"（《乐记·乐论章》），那就是体制内的文化；郑宋卫齐之音则"祭祀弗用"（《魏文侯章》），那就是体制外的文化。"雅""郑"的体制对立，已经不是艺术本身的问题，从孔子开始，就作为一个意识形态的主张提出，这也使"雅""郑"之辨所包含的其他层面的内容都带上了意识形态的色彩。

　　其二，"雅"与"郑"是古与今的对立。此就时间而言。雅乐以古乐为主，在礼制上以六代之乐为最隆盛，所以子夏称之为"古乐"（《魏文侯章》），齐宣王称之为"先王之乐"（《孟子·梁惠王下》）。古乐失传，几乎就意味着雅文化的衰落。这还跟雅文化的崇古观念有关。比如，祭天地之神用黄帝乐《云门》《咸池》，祭四望用尧乐《大韶》，祭山川用舜乐《大夏》（《周礼·大司乐》），等等，可知六代之乐以古为尊，据所祭者之尊卑而依次使用。《汉书·礼乐志》载，河间献王刘德以为"治道非礼乐不成"，乃献所集古乐，存于太府，以备郊庙之用，也体现了以古为尊的观念。六代之乐象征着黄帝至文武的政治正统，因此雅乐也必然相应地表现出一种保守性，不追求新变。体制外的"郑声"则相反，它不表达政治意义，只趋同于当代的审美趣味，纣时代的濮上之音不妨重出江湖，但最后必然以当下流行的方式存在，所以一切"郑声"都是子夏所说的"新乐"、齐宣王所说的"今之乐"。相对于保守的雅乐，"郑声"就表现出新变的特征而与之对立。

[①] 按：本文"郑声"皆用广义。但朱自清认为孔子似乎"把'郑声'一名泛指着一般土乐"，则又理解得过宽。比如《乐记》中所说的"濮上之音"，旧说纣乐师延所作，不可说是"土乐"。见朱自清《中国歌谣》，吉林出版集团股份有限公司，2016，第66页。

其三，"雅"与"郑"是和与淫的对立。此就特性而言。孔子说"思无邪""乐而不淫，哀而不伤"，又说"郑声淫"，这是用中和原则来区分"雅""郑"。《乐记》以为，就外而言，雅乐论伦无患，和正以广，大小相成，终始相生；就内而言，通乎伦理，使亲疏贵贱长幼男女之理皆能形见。合此二端，是为德音。郑声则五音相陵，进退无序，慢易犯节，猱杂子女，徒有铿锵之声，而不能几于礼义。一是和顺之德发而为中和之音，二是泛滥之欲发而为淫滥之声，特性不同如此，所以其作用于人心也截然不同。

其四，"雅"与"郑"是教与娱的对立。此就功能而言。在礼乐制中，雅乐不仅施于郊禘燕射，也用于教胄子、化邦人。所以子夏说雅乐有"修身及家平均天下"之用（《魏文侯章》）。郑声则"务以自娱"（《吕氏春秋·本生》），"欢修夜之娱"（《拾遗记》卷二），原本只是一种娱乐性的艺术，故晋平公、魏文侯、齐宣王等乐此不疲。但医和对晋平公说："烦手淫声，慆堙心耳，乃忘平和，君子弗听也"（《左传·昭公元年》），认为郑声是不健康的。而子夏告诫魏文"新乐""淫于色而害于德"，是不道德的。郑声在庙堂之上君臣同听，已经入侵雅文化的领地，这就是孔子说的"郑声之乱雅乐"（《论语·阳货》）。儒家将"雅""郑"对立起来，等于把教化与娱乐这两种文艺功能也对立起来了。

其五，"雅"与"郑"是治与乱的对立。此就政治而言。《乐记》说："王者功成作乐，治定制礼。"雅文化是依托于政体的，政体定而后雅乐行，所以雅乐自然就成了治世之音。在礼乐制中，雅乐也是治道之一，"乐文同则上下和"而"民治行"。后世朝廷视雅乐为治世之征，所以也都要兴雅乐。濮上之音作而纣亡于前，郑卫之音兴而周衰于后，雅郑与治乱的这种对应性，也算是源于历史经验，但最主要的还是体现出一种政治层面上的价值判断。

以"雅""郑"之辨为雅俗观念之源，既证之古人，亦无疑义。孔子未尝"雅""俗"对举，孟荀却是差不多把"郑"视同于"俗"的。在孟子与齐宣王的对话中，"今之乐"就是"世俗之乐"（《孟子·梁惠王下》）。《荀子·王制》曰："夷俗邪音，不敢乱雅。""邪音"与"夷俗"之音归于一类，并对立于"雅"。"雅""俗"对举，盖始见于此。所以后来孙绰用"雅郑异调"来回答什么是"雅俗"，自是持之有故。王僧虔上表时说："自顷家竞新哇，人尚谣俗，务在噍杀，不顾音纪，流宕无崖，未知所极，排斥正曲，崇长烦淫。"（《南齐书》本传引）"新哇"即新声，与"谣俗"相偶，为互见之法，则"新哇""谣俗"为一物，与"正曲"即雅乐相对。刘勰在《乐府》篇中说，"正音乖俗"，"雅咏温恭，必欠伸鱼睨"，"诗声俱郑，自此阶矣"，则雅乐之"乖俗"，即诗声之"俱郑"。颜之推也说其家学"甚为典正，不从流俗""无郑卫之音"（《颜氏家训·文章》），也是以"郑卫"为"流俗"。既"邪音"与"夷俗"同类，"新哇"与"谣俗"一物，则"郑"之于"雅"便与"俗"之于"雅"无异。

"雅""郑"之辨体现了雅俗关系的对立化，但从雅文化与夷俗之乐的关系来看，二者之间的对立性并不存在。

据《周礼》，周代已设置掌管夷乐的官。鞮师"掌教鞮乐，祭祀则帅其属而舞之，大飨亦如之"。《鞮鞻氏》说："掌四夷之乐与其声歌，祭祀则吹而歌之，燕亦如之。"《礼记·文王世子》《明堂位》等也都记有用夷乐的例子。凡明堂、祭祀、大飨、燕飨等场合都有用夷乐的，所以要专设官职。雅乐用夷，儒家解释为"先王推行道德，调和阴阳，覆被夷狄"（《白虎通义·礼乐篇》），也就是说，表现的是一种圣王德被天下的理念，是政治文化大一统的体现。但雅夷之别又是明确的。《白虎通义·礼乐篇》说："四夷之乐陈于门外之右"，《五经通义》说："四夷之乐陈于户"（《太平御览·乐部》引），说明夷乐是不能登大雅之堂的。所以雅夷之乐有尊卑之别，但不对立。

周代俗乐不仅是郑卫之声。乡乐，《风》也，在雅文化中为燕乐和房中乐，虽其礼较轻，实为主体的一部分，且二《南》属正诗，颇为孔子所重视，不宜再以俗乐看待，所以朱自清说"乡乐"就是"乡土之乐"，是"典礼中不规定应用的"①，就其源而言不算错，就其用而言则不确当。不过乡乐既采诸四方，则雅乐体系之形成，俗乐与有功焉。又有散乐，《周礼·旄人》："掌教舞散乐，……凡四方之以舞仕者属焉。凡祭祀、宾客，舞其燕乐。"郑玄注："散乐，野人为乐之善者，若今黄门倡矣。"又《舞师》"凡野舞皆教之"，郑玄注："野舞，谓野人欲学舞者。""野"在王畿

---

① 朱自清：《中国歌谣》，第66页。按：朱自清认为二《南》不属于"乡乐"，也是不对的。

之外，五服之内，盖即散乐所出之地，所以又称为"野舞"。此乐"野人"所习，故以"野人"为舞者，而雅乐则国子所习，故以国子为舞者。散乐没有像乡乐那样成为雅文化的主体。且散乐是燕乐，偏于娱乐，所以郑玄以汉代黄门倡拟其舞者。但《汉书·礼乐志》称黄门鼓吹为"郑声"，性质上与散乐还是不同的，毕竟散乐未出雅文化范畴，未可遽同于"郑"。《小雅·鹿鸣》说："我有旨酒，以燕乐嘉宾之心"，雅文化也不是不要娱乐的，即此而言，雅俗未尝不可相通。

按照现在的说法，夷俗之乐都属于地方艺术，属于俗文化范畴。由此看来，在礼乐制度中，雅文化对俗文化，或者说庙堂文艺对民间文艺，是可以接纳的，于礼虽有轻重之别，但它们并未形成彼此冲突排斥的关系。至少儒家"雅""郑"之辨中的那些对立项，大部分在雅俗之间是不存在或不突出的。也可以说，在雅文化体系中，"雅"与"俗"并不是一对矛盾的范畴，所以它们还不具备明确的对应性。雅文化解体之后，夷俗之乐开始受到贬抑。《春秋》明"尊王攘夷"之义，孔子有"夷狄之有君，不如诸夏之亡"之说，于是雅乐与夷乐对立起来。郑宋卫齐之音盛行于庙堂内外，以致"乱雅"，于是雅乐与俗乐也对立起来。再加上诸子"笑《折杨》""伤《白雪》"（《知音》），持"大声不入于里耳"（《庄子·天下》）之观念，俗乐就不仅对立于体制文化，也与文士阶层的趣味相对立了。

三

在政体未乱之时，雅俗文化相差别但不相排斥，俗文化可以兼容于雅文化。刘勰对待俗文体的态度，正好也体现了他雅俗相兼的观念。在刘勰看来，文体有雅俗，如"颂惟典雅"（《颂赞》），"铭兼褒赞，故体贵弘润"（《铭箴》），"议贵节制，经典之体也"（《议对》），并归雅体；而乐府、谐讔、小说、谚语等，或土风之流，或街巷之语，或小道之说，或刍荛之议，皆为俗体。刘勰根据这些俗体与雅文化的关系，来判断其价值。《乐府》篇说："匹夫庶妇，讴吟土风。"乐府源出于此，所以为俗。但在雅文化体制中，"诗官采言，乐盲被律"，既有天子"命大师陈诗以观民风"（《礼记·王制》）的采诗制，又有天子"使公卿至于列士献诗，瞽献曲，……而后王斟酌焉"（《史记·周本纪》）的听政制，"土风"与体制之间保持了这样的通道，宜其为雅文化体制所接纳，即所谓"讴吟坰野，金石云陛"。谐谑本身就是一种俗体，"辞浅会俗，皆悦笑也"（《谐谑》），所以被认为"本体不雅"。但是刘勰又说："'蚕蟹'鄙谚，'狸首'淫哇，苟可箴戒，载于礼典。故知谐辞谑言，亦无弃也。"虽为俗体，仍不失箴戒之用，而见载于礼典，所以不必弃置谐辞谑言。《谐谑》篇还顺便提到小说："文辞之有谐谑，譬九流之有小说。盖稗官所采，以广视听。"稗官之"采"小说，近似于"诗官采言"，以其有"广视听"之用。《书记》篇又论谚语："文辞鄙俚，莫过于谚，而圣贤诗书，采以为谈，况逾于此，岂可忽哉！"也同样为诗书所"采"。"采"证明未被体系所排斥。它们在雅文化体制中发挥着辅助性的功能，"虽有丝麻，不弃菅蒯"（《谐谑》），但毕竟其体甚卑，如同"菅蒯"，相对于雅体，它们在文学中不能不处于边缘位置，正相当于夷俗之乐在雅文化中的地位。

其体既俗，则"其流易弊"（《谐谑》）。此所谓"弊"，是出乎雅而入于"郑"。刘勰以为乐府尤其如此，故其论乐府，"雅""郑"之辨甚严。"郑声易启"，出身俗乐的乐府极有可能变为"郑声"，也就是"其流易弊"的意思。这也是刘勰对乐府诗的总体评价并不高的缘故。①"土风"沦为"郑声"，是在雅文化衰落之后，既"中和之响，阒其不还""韶响难追"，又"正音乖俗"，后世文人日渐趋于俗趣，由雅入郑，遂成不可逆转之势。故两汉之作，或"丽而不经"，或"律非夔旷"。魏之三祖虽沿用周代房中曲之遗声，"实《韶》《夏》之郑曲"。总之，"乐心在诗，君子宜正其文"，则虽俗而不离乎雅；"若夫艳歌婉娈，怨志诀绝"，则背离"正音"而为"淫辞"了。乐府如此，谐谑亦有"意归义正""会义适时"者，则体俗而义雅也，然汉代东方之辈"诋嫚媟弄"，见视如倡，而魏晋文士更以滑稽之风相扇，于是无复雅正之义，"空戏滑稽，德音大坏"。"德音"即雅音也。枚乘《七发》为"暇豫之末造"，其体非正，大抵所归，莫非"穷瑰奇之服馔，极蛊媚之声色"，故刘勰借扬雄之语称之为"骋郑卫之声"（《杂文》）。当俗体产生流弊时，刘勰就已经把它看成"郑声"了。

① 詹锳说："刘勰所以对于乐府诗很少肯定，更不提民间乐府，是因为他受了儒家正统诗乐观的严重影响，所以才慨叹'淫辞在曲，正响焉生'。"见《文心雕龙义证》（上），上海古籍出版社，1989，第255页。

俗体固然容易产生流弊，而雅体也会变而为俗。《颂赞》篇有"野诵之变体"之说，盖谓颂体本为"宗庙之正歌"，晋人"浸被乎人事"，遂变为"野诵"。从"正歌"变为"野诵"，也就是雅转为俗了。又说："班傅之《北征》《西征》，变为序引，岂不褒过而缪体哉！马融之《广成》《上林》，雅而似赋，何弄文而失质乎！"刘勰认为颂与赋本为二体，不能相谋，故《广》《林》之体，实非其正。

刘勰文体论的雅俗之辨，主要有两方面的内容：一是体分雅俗，俗可以兼于雅；二是雅俗互转，雅体会转为俗体，而俗体容易流于"郑"。不过，很显然，刘勰只承认以雅兼俗，化俗归雅，而不能反过来。这个观念体现了刘勰对于雅文化主体地位的认同。雅文化的主体地位表现在，它依赖自身来实现其功能，它的体系不需要与俗文化相对待而成立；俗文化则不然，它必须依赖于雅文化来体现价值。简单地说，只能由俗来靠近雅，不必让雅靠近俗。雅文化体系中雅俗关系是不对等的，在刘勰的文论体系中，雅俗文体的位置正是如此，更主要的表现则是"雅"作为一个比较独立的概念，常常单独地用来评价作家作品。不仅如此，处于主体地位的雅文化，同时也就成为文化发展变化的中心，"俗"只是偏离中心的一种状态，它必须返回中心。于是雅文化获得了它的正统性。在先秦儒家，"雅"代表着正统，在《文心》中同样如此，所以"雅"与"正"本质相同。

先秦儒家雅郑之辨的宗旨其实就是维护雅文化的正统地位，因为在历史上正是"郑声"动摇乃至推倒雅文化的这个地位。所以真正对立于"雅"的范畴是"郑"而不是"俗"。在《文心》中，"雅"文学就是正统，它也同样面临"郑"的冲击。《定势》篇说：

> 奇正虽反，必兼解以俱通；刚柔虽殊，必随时而适用。若爱典而恶华，则兼通之理偏；似夏人争弓矢，执一不可以独射也。若雅郑而共篇，则总一之势离；是楚人鬻矛誉盾，两难得而俱售也。

刘勰是主张"并总群势"的，能将相反或相异的审美因素统一起来，才是"渊乎文者"，但是唯"雅""郑"不可兼通，如同矛盾。《乐府》篇谓"雅声浸微，溺音腾沸"，"淫辞在曲，正响焉生"，是一盛必一衰，则"雅""郑"不能共存。子曰"恶紫之夺朱也，恶郑声之乱雅乐也"（《论语·阳货》），故刘勰又以"朱紫"拟"雅郑"。《正纬》篇说："东序秘宝，朱紫乱矣。""世历二汉，朱紫腾沸。""朱"指经典，"紫"为谶纬。刘勰以为谶纬"无益经典"，沛王曹褒欲通经纬，是"乖道谬典"。《体性》篇说："淫巧朱紫。"过分追求奇巧，是"雅郑"不辨，"朱紫"不分。《情采》篇说："正采耀乎朱蓝，间色屏于红紫。"正色要发扬，间色要摒弃，刘勰取舍之意甚明。

刘勰对"雅""郑"关系的处置，完全继承了孔子。唯孔子所正之"雅"与所黜之"郑"，都是指音乐，而文学中的"雅""郑"之辨，对象既已发生变化，内涵也不能不有所变通。从相同的立场出发，先秦儒家与刘勰的"雅""郑"之辨，很明显也是一脉相传。

《时序》篇说："姬文之德盛，《周南》勤而不怨；太王之化淳，《邠风》乐而不淫。"这是继承儒家的中和思想。"好乐无荒，晋风所以称远"（《乐府》），则情文皆以不偏不过为雅。"丽而不淫"（《宗经》）"衔华而佩实"，是为"雅丽"（《征圣》）；"淫丽而烦滥"，则"远弃风雅"（《情采》）。故知"宋发巧谈，实始淫丽"（《诠赋》），则已流为"郑声"；《七发》之体"始之以淫侈"，岂得不谓之"先骋郑卫之声"？（《杂文》）这就是孔子说的"郑声淫"。

又，刘勰重教化而轻娱乐。他批评屈赋写"士女杂坐，乱而不分，指以为乐"（《辨骚》），就像子夏贬斥新乐"猱杂子女，不知父子"（《乐记·魏文侯》）一样。谐辞以"悦笑"会俗，故刘勰以为"不雅"（《谐谠》）。《七发》"极盅媚之声色"，刘勰斥之为"郑卫之声"（《杂文》）。汉灵帝开鸿都之赋，乐松之徒召集浅陋，蔡邕比之俳优，刘勰亦以为"蔑如"（《时序》）。雅文之兴，义归讽谏，此《文心》之要旨，今人论之已详，不烦赘陈。

刘勰的"雅""郑"之辨，亦以崇古抑今为义。《体性》篇说："雅与奇反。""雅"即"典雅"之体，"镕式经诰，方轨儒门"；"奇"即"新奇"之格，"摈古竞今，危侧趣诡"。"摈古"，是不以古典为宗；"竞今"，是迎合今人之所好。《通变》说：

> 黄唐淳而质，虞夏质而辨，商周丽而雅，楚汉侈而艳，魏晋浅而绮，宋初讹而新。

刘勰所见文学演变之迹，大抵如此，一言蔽之，则"竞今疏古，风味气衰"而已。对于近世文风之趋向，刘勰褒少而贬多。其论"近世之所竞"："俪采百字之偶，争价一句之奇，情必极貌以写物，辞必穷力而追新。"（《明诗》）又论近世之"讹势"："自晋代辞人，率好诡巧，原其为体，讹势所变，厌黩旧式，故穿凿取新，察其讹意。"（《定势》）无一句肯定之话。所以，"矫讹翻浅，还宗经诰"（《通变》），也就是刘勰古今之辨的结论了。

又，《时序》篇谓尧舜之世，政治昌明，有《击壤》《南风》，"心乐而声泰"。这是在说"治世之音安以乐"（《乐记》）。《乐府》篇曰："'伊其相谑'，郑国所以云亡。"是以"郑声"为亡国之音。《时序》篇又曰："幽厉昏而《板》《荡》怒，平王微而《黍离》哀。"就是"乱世之音怨以怒"（《乐记》）的意思。这也是儒家"雅""郑"之辨的内容之一。

刘勰既以先秦雅乐与俗乐之关系来看待俗体，又依托儒家雅文化观念，来确定文学中"雅"与"郑"之关系。先秦雅俗观念对他的影响，远远比魏晋人物雅俗品鉴要深刻，这也符合刘勰振叶寻根的学术理念。最主要的意义在于，他以"通变"之精神，实现了雅俗观念从乐论向文论的转化。

四

刘勰"雅""郑"之辨，又有不同于先秦儒家者之外。这与刘勰自己相对独立的文学立场有关，更取决于他所处的文化现实。

比如先秦儒家通常把乐之雅郑对应于政之治乱，以平和之音为正，以悲怨之音为变。《时序》篇论春秋以前文学，即依此观念。但他对于文学与治乱之关系的见解，还是与儒家的这个观点有所出入的。《时序》篇论建安之文："雅好慷慨，良由世积乱离，风衰俗怨。"则悲怨之变音，有胜于安乐之正声者。又论江左之文："世极迍邅，而辞意夷泰。"则虽处乱世，其声未必怨以怒、哀以思。"歌乐之，颂其德"是周代雅文化对于文艺体制的要求，亦为历代朝廷对于文艺的意识形态规范。钟嵘尚悲音，刘勰则推崇乱世慷慨之音，这种趣味的变化，削弱了儒家以"雅""郑"为是非的意识形态规范，使"自鸣其不幸"的文字，虽违异于"鸣国家之盛"（韩愈《送孟东野序》）的体制要求，也能得到美学上的肯定。

虽然"随仲尼而南行"乃刘勰心所归依，但孔子学说所依托的成建制的雅文化，在刘勰的时代已不复存在。在《乐府》篇，刘勰还能基于雅文化体制中的诗乐关系来考察乐府的发展，但是这不适宜于其他文体。《时序》篇很明白地指出，雅文化衰落之后，战国诸子"笼罩雅颂"，西汉辞人"祖述楚辞"，一直到两晋玄风"流成文体"，文学的发展已经脱离雅文化体制的规范，正所谓"文变染乎世情，兴废系乎时序"，时代风气、学术思潮等才是文学演变的主要动力。然而，在刘勰看来，重建文学与雅文化的关系并没有失去客观条件。古乐失传，"韶响难追"，但雅文化时代的文学经典并没有消亡，它们就是商周之文。《原道》篇说："逮及商周，文胜其质。"《明诗》篇说："自商暨周，雅颂圆备，四始彪炳，六义环深。"《通变》篇说："商周丽而雅。"《才略》篇说："商周之世，则仲虺垂诰，伊尹敷训，吉甫之徒，并述诗颂，义固为经，文亦师矣。"所谓商周之文，就是指六经。雅文化的式微与六经地位的沉降乃是同一事件，《乐府》篇所说"雅声浸微"，即《时序》篇所说"六经泥蟠"。《序志》篇说："去圣久远，文体解散。""离本弥甚，将遂讹滥。""圣"和"本"可以指雅文化本身，也可以指经典。总之，雅文化之衰微，即文学与经典关系之疏远，而重新确立经典在文学中的崇高位置，亦即恢复文学与雅文化的关系，于是经典成为维系文学与雅文化的根基。这就是刘勰的宗经主义的雅俗观念，与之相应的概念就是"典雅"：

> 典雅者，镕式经诰，方轨儒门者也。（《体性》）
> 是以模经为式者，自入典雅之懿。（《定势》）

按《诏策》篇说"潘勖《九锡》，典雅逸群"，《风骨》篇说"潘勖锡魏，思摹经典"，《才略》篇又说"潘勖凭经以骋才"，故知"思摹经典"或"凭经"，乃得"典雅"之美。许文雨《文论讲疏》曰："大抵六代文士，以典为雅。陈思善用史事，康乐善用经语，皆名震一时。彭泽真旷，反有田家语之诮。"① 盖亦一时之风尚。但钟嵘主张"直寻"，与刘勰不同。

---

① 转引自詹锳《文心雕龙义证》（中），第 1015 页。

刘勰从儒，故主"典雅"；钟嵘从道，故主"自然"。

由此可知，刘勰雅俗理论的基点与先秦儒家大有区别。先秦儒家的"雅""郑"之辨，所谓和与淫、古与今、教与娱、治与乱这些"雅""郑"对立的内容，都是以乐与体制的关系为基准的。刘勰则代之以文学与经典的关系，主张用经典去培养趣味、规范创作、矫正奇辟、引导发展，从而建立起一个以宗经主义为思想基点的雅俗理论体系。他由此基点出发，全面审视文学的通变之路，对先前的雅俗观念进行理论上的系统提升。《通变》篇说：

> 斯斟酌于质文之间，而檃括乎雅俗之际，可与言通变矣。

按《镕裁》篇云："权衡损益，斟酌浓淡"，"权衡"与"斟酌"互文；又云："檃括情理，矫揉文采"，"檃括"与"矫揉"同义。"斟酌"则有所损益而文质彬彬，"檃括"则有所矫正而"还宗经诰"。所谓"通变"，大意如此。然而此处为何不言"雅郑"而言"雅俗"？不妨参证《定势》篇，其曰：

> 绘事图色，文辞尽情，色糅而犬马殊形，情交而雅俗异势。

何谓"雅俗异势"？举例说："模经为式者，自入典雅之懿；效骚命篇者，必归艳逸之华。"后面还有一句话："若爱典而恶华，则兼通之理偏。"刘勰以为，创作之先，作家的个性与文章的体制就是确定的，它们形成或趋于典雅或趋于艳逸的一种"势"，此"势"既定，然后追求兼容并蓄的境界。要之，"定势"之道在于兼通。也就是说，"雅俗"要从"异势"走向"兼通"，但"雅郑"则"共篇"而"势离"。参以"定势"之道，则"通变"之理亦可得而知。"通变之数"在"参伍因革"，其关键是审究正变，而不是区分正邪。正邪不两立，而正变宜相兼。所以刘勰又说："通变无方，数必酌于新声。"此"新声"不是"郑"，而是"俗"。如《明诗》篇说："仙诗缓歌，雅有新声"，也只是说新变，未有贬抑之意。既然说"酌于新声"，则必有取于"俗"。以此可知，"檃括乎雅俗之际"，是要明辨雅俗之分，以雅驭俗，化俗为雅，而不是简单地去取。

以"势"言，"雅""俗"无妨兼通，而"雅""郑"不可共篇；以

"变"言,"雅"必酌于"俗",而不可启于"郑"。刘勰是把"雅俗"与"雅郑"区别开来的。他对"正"与"奇"关系的处理,也可以体现这种雅俗观。按《正纬》篇云:"经正纬奇。"《体性》篇云:"雅与奇反。"《史传》篇云:"俗皆爱奇。"则"正"与"雅"同质,"奇"与"俗"同趣。《征圣》篇说:"体要所以成辞,辞成无好异之尤。""体要"是经典之体,"好异"就是"奇",此是"雅""奇"相对。《乐府》篇说:"俗听飞驰,职竞新异。""新异"即"奇",此以"奇""俗"为类。《明诗》篇说:"若夫四言正体,则雅润为本。"此由"正"而得"雅"。所以"正""奇"之辨,要亦不出雅俗论范畴。《辨骚》篇说:"风雅寝声,莫或抽绪。奇文郁起,其《离骚》哉!"这跟《时序》篇说的"六经泥蟠,百家飙骇,……屈平联藻于日月,宋玉交彩于风云"是一个意思。雅衰而骚兴,正变而为奇,是春秋以降的总体趋势。刘勰说楚辞是"雅颂之博徒","博徒",位之贱者,意谓楚辞较之三百,已入俗流。诗骚之分,即雅俗正奇之别。但刘勰认为骚与经典,自有异同,则"正"与"奇"并非截然对立而不可统一。《定势》篇说:"奇正虽反,必兼解以俱通","反"只是差异,而不是相斥。"正""奇"兼通之数,又在"执正以驭奇":

> 楚艳汉侈,流弊不还;正末归本,不其懿欤?(《宗经》)
> 凭轼以倚雅颂,悬辔以驭楚篇,酌奇而不失其贞,玩华而不坠其实。(《辨骚》)
> 若能酌诗书之旷旨,翦扬马之甚泰,使夸而有节,饰而不诬,亦可谓之懿也。(《夸饰》)

《时序》篇以为文学代变是"古今情理",所以作为"群言之祖"(《宗经》)的经典,变而为后世之文章,正所谓"枢中所动,环流无倦",乃"自然之势"也。重要的是要传承雅文化传统,回归于雅正轨道,则其文为"懿","懿"者,"典雅之懿"(《定势》)也。以雅正规范奇变,是谓"正末归本"(《宗经》)。分而言之,自"本"一边说,是要"酌奇",也就是"酌于新声"(《定势》),如此则正而"日新其业";自"末"一边说,是要"倚雅颂""酌诗书",如此则变而不离"文统"。先秦儒家严于"雅""郑"之分,而将古今对立起来,刘勰则主张"望今制奇,参古定法"（《通变》），这是雅俗观念上的一个变化。

但"正"变而为"奇"，有离而不可返者。《体性》篇说"雅与奇反"，与《定势》篇说的"逐奇而失正"是一个意思，这个"奇"是指"危侧趣诡"的"新奇"。"趣诡"与《正纬》篇的"诡诞""诡谲"、《辨骚》篇的"诡异"、《定势》篇的"诡巧"、《序志》篇的"浮诡"等，都是一类风格，与典雅相近而不能兼通。凡涉于"诡"者，刘勰一律否定，因为它与经典风格是对立的。《宗经》篇说"体有六义"，"情深""风清""事信""义贞""体约""文丽"都是经典风格，统归于"典雅"，与之相对的分别是"诡""杂""诞""回""芜""淫"，前后两种风格是互相否定的。《正纬》篇说"经正纬奇"，谶纬的"虚伪""深瑕""僻谬""诡诞"之"奇"正好与经典风格相抵，所以刘勰说"无益经典"。《辨骚》篇说《离骚》"诡异""谲怪""荒淫"等，也是与经典风格相反，所以刘勰说"异乎经典"。这些与经典之体相排斥的风格，亦可称之为"邪"。《情采》篇说："择源于泾渭之流，按辔于邪正之路。"这里说的"按辔于邪正之路"与《辨骚》篇说的"悬辔以驭楚篇"不是一个意思，彼主兼通，此主对立。《史传》篇说"奇"是史传"讹滥之本源"，所以"务信弃奇"，这也是在对立意义上讲的。"弃奇"，"芟夷谲诡"（《正纬》），"间色屏于红紫"（《情采》），就是孔子说的"放郑声"。当"奇"背离"正"时，刘勰的立场就进入儒家的雅郑之辨中。

由"正""奇"之辨推知，刘勰的雅俗理论有两个层面的内容，或兼通，或对立，"雅""郑"之间的对立处于后一层面。《通变》篇所谓"櫽括乎雅俗之际"，是包括这两个层面的。这里可以看出刘勰的雅俗之辨比先秦儒家范围更广，在兼通的层面上大大丰富了雅俗理论的内容。更重要的是，先秦儒家以雅乐与宗法体制之关系为基点，其雅郑之辨既不适应于宗法制解体后的汉魏六朝时期的文化现状，也不适应于诗乐相分的文学发展主流，为此刘勰将宗经主义确立为理论基点，统摄文体、风格、创作、品鉴等领域，使其雅俗之辨有了"总一之势"，初步形成体系化的格局。

五

刘勰雅俗理论的体系化格局，可由其"六观"说展现出来。《知音》

篇指出：

> 一观位体，二观置辞，三观通变，四观奇正，五观事义，六观宫商，斯术既行，则优劣见矣。

这里说的是文章品鉴的六个角度，其实也可以看作刘勰雅俗之辨的六个方面。《定势》篇说"章表奏议，则准乎典雅"，四体当合君臣之义，而宜于典雅，这就是"观位体"。"观通变"，则必"櫽括乎雅俗之际"。"观奇正"，明文章源流之关系，循乎源为"正"，变为流则"奇"，此亦雅俗之辨之旨。此三"观"，前文已具述。

"观事义"，见内容之博雅。《事类》篇说："据事以类义。"虽偏重于与"事"，实兼"义"而言。其赞曰："经籍深富，辞理遐亘。""深富"言其"事"，"遐亘"言其"义"。《诏策》篇说："武帝崇儒，选言弘奥。策封三王，文同训典，劝戒渊雅，垂范后代。"谓诏策之文，在文景以前直言事状，武帝之后则以经典缘饰，故称"渊雅"。《杂文》篇评崔骃《七依》"入博雅之巧"，《七依》其文不可见，然崔骃通古今百家之言，常以典籍为业，引经据典以为文，当合乎其体性，文中又曰"崔骃《达旨》，吐典言之裁"，或可参证。《史传》称司马迁有"博雅弘辩之才"，所谓"博雅"，即班彪《略论》所说："采获古今，贯穿经传，至广博也。"刘勰重视用典，是当时风气的反映，而他更倾向于取材经典，说："经书为文士所择，……事美而制于刀笔。"这就体现了他宗经崇古的观念。从"义"的方面说，刘勰要求文章的思想内容皆当符合儒家之教。《诠赋》篇评班固《两都赋》，以为"明绚以雅赡"，按刘师培所说"诵德铭勋，从雍揄扬，事覈理举，颂扬休明"[1]，"事覈理举"则为"雅赡"，兼"事"与"义"而言。而《两都赋序》说："或以抒下情而通讽喻，或以宣上德而尽忠孝，……抑亦《雅》《颂》之亚也。"这就专以"义"言。义归雅正，实《文心》之要旨，如辞赋"义必明雅"（《诠赋》），章表"必雅义以扇其风"（《章表》），"潘尼《乘舆》，义正而体芜"（《铭箴》），"崔瑗《七厉》，植义纯正"（《杂文》），其例甚多，不必枚举。

---

[1] 刘师培：《中国中古文学史论文杂记》，人民文学出版社，1959，第 137 页。

"观宫商"，知声律之和雅。《声律》篇曰："古之教歌，先揆以法，使疾呼中宫，徐呼中徵。"合乎律度，此所以为雅乐。乐以和谐为正，文章声律也是同样。"陈思、潘岳，吹籥之调也；陆机、左思，瑟柱之和也。"刘勰认为曹潘声调协和，就像吹籥，籥管长短有定，故其声"无往而不壹"；陆左则掺入俗音，就像鼓瑟，瑟柱无尺寸之度，故其声"有时而乖贰"。声律是否谐和，其中之一就是看用韵。刘勰说：

> 诗人综韵，率多清切；《楚辞》辞楚，故讹韵实繁。及张华论韵，谓士衡多楚，《文赋》亦称取足不易，可谓衔灵均之声余，失黄钟之正响也。（《声律》）

按陈第《毛诗古音考》以为上古文献上至《左》《易》，下至歌谣，往往韵与《诗》合，实古音之证，而以古音读《诗》，原本无不谐。这主要是反驳叶韵之说。章太炎承其说，以为《诗经》"被之管弦，用韵自不能不正，故最为可据"①。若依此说，则刘勰谓《诗经》用韵"率多清切"，是可以成立的。但"被之管弦"，主于乐音，而诗韵不显，自不必严格，太炎"最为可据"之说，或当存疑。《诗经》用韵既宽，也就说不上是"清切"。又，章太炎以"汪""汙"等字阴阳对转为例，指出列国分立，一字多音，故需转音以彼此通晓，与转注同理。② 这证明经典也用俗音。刘勰以为楚辞夹入楚音，然而《诗经》多采于四方，则《诗经》用韵，似无字字皆为"正音"之理，要说"讹韵"，亦非始于《楚辞》。实际上，魏晋南北朝之时，尚无"古音"之概念，刘勰所谓"清切""讹韵"，未必有音韵学的依据。他认为陆机"多楚"而不谐，"失黄钟之正响"，意味着《诗》为"黄钟之正响"而无不谐，这个结论并不是得自标准音和方音的异同比较，而是基于一种宗经主义的正变观念。"割弃支离，宫商难隐"，"宫商"是正声，正声之外皆当"割弃"，态度坚决，看得出其中所含的"放郑声"的逻辑。刘勰实际上是参照雅文化中雅乐与俗乐的关系，来判断和解释诗骚之间的语音差异，从而推出一个声律运用的原

---

① 章太炎：《国学讲演录·小学略说》，华东师范大学出版社，1995，第 30 页。
② 章太炎：《国学讲演录·小学略说》，第 14 页。

则："切韵之动，势若转圜"，以和为雅正；"讹音之作，甚于枘方"，不和则为俗变。《才略》篇称蔡邕"精雅"，刘师培解释说："精者，谓其文律纯粹而细致也；雅者，谓其音节调适而和谐也。今观其文，将普通汉碑中过于常用之句，不确切之词，及辞采不称，或音节不谐者，无不刮垢磨光，使之洁净。"[①] 亦可证刘勰以音节调适为雅之说。

"观置辞"，明文辞之雅丽。《通变》篇对举"文质之间"与"雅俗之际"，是因为"雅""俗"与"文""质"这两对范畴原本就存在内在关联。《征圣》篇说："圣文之雅丽，固衔华而佩实者也。""衔华佩实"就是文质统一，这是经典的基本特征，刘勰又称之为"雅丽"。经典"体有六义"，第六义就是"丽而不淫"（《宗经》），也就是"雅丽"。"不淫"是文不胜质，则"雅丽"就当是文质无偏。《史传》篇称班固史传"赞序弘丽，儒雅彬彬"，亦以文质相洽为"弘丽""儒雅"。《诸子》篇称孟荀文章"理懿而辞雅"，按《才略》篇称荀子"文质相称"，则"辞雅"之义可知。如果质而少文，可称为"野"，如《明诗》篇评古诗"直而不野"。这其实就是孔子说的"质胜文则野"。《封禅》篇说："法家辞气，体乏弘润"，刘勰以"润"为雅，如《明诗》篇谓四言"雅润为本"，则此言李斯禅文"乏弘润"，即不雅之意。有"雅丽"，亦有"淫丽"（《情采》），即孔子所谓"文胜质"。刘勰说《九歌》《九辩》"绮靡以伤情"（《辨骚》），陆机也说过"诗缘情而绮靡"（《文赋》），但他们的态度显然是不一样的。《文心》中对这一类的风格做了许多批评。

刘勰论文辞雅俗，并不仅仅就文采藻绘而言。在这个问题上，还涉及标准语和地方语的关系问题。其声律雅俗之辨，以《诗经》为"正响"，以《楚辞》为"讹韵"，主要还是基于宗经的思想，究其源头，则与先秦"雅言"观念的变化有关。

万邦时代，言语异声，文字异形。大体而言，有四夷之语与四方之语。《礼记·王制》曰："东方曰寄，南方曰象，西方曰狄鞮，北方曰译。"《周礼·象胥》："掌蛮、夷、闽、貉、戎、狄之国使，掌传王之言而谕说焉，以和亲之。"《大行人》曰："属象胥，谕言语，协辞命。"四夷之语不通于官语，故专设译官。四方之语，则有"采言"之制，《风俗通义序》

<hr/>

① 刘师培：《汉魏六朝专家文研究》，商务印书馆，2010，137 页。

曰："周秦常以岁八月，遣𫐐轩之使，采异代方言，藏之秘府。"除了四方诸侯往来有史官可以通谕之外，通过"采言"并以转注之法将方言与官语沟通起来，如太炎所说："转注在文字中乃重要之关键，使全国语言彼此相喻，不统一而自统一，转注之功也。"① 这就初步实现了"书同文"，但其特点与秦汉之后是不同的。刘勰认为"书同文"并不是最后的目的。《练字》篇说：

> 先王声教，书必同文。𫐐轩之使，纪言殊俗，所以一字体，总异音。

先王为完成声教，所以派𫐐轩使纪言殊俗，其性质跟"采诗"差不多。语言的统一（"一字体，总异音"）是为了意识形态（"声教"）的统一。把语言意识形态化，可以追溯到先秦儒家。"雅言"作为通行于京畿之地的官方语言，用于国子教育、礼仪活动以及文籍书写等各个方面，也就是说，整个体制都要依托于"雅言"。设翻译官、派𫐐轩使，表面上是为了"达其志，通其欲"（《王制》），实质上是周代宗法封建制度用以维系其自身秩序的方式。同雅文化与俗文化的关系一样，"雅言"与夷俗之语的关系也不是平等的。在周代雅文化体系中，"雅言"获得了正统的意义，和"雅乐"一样。所以"雅"可以训为"正"，为正统义；"正"又训为"政"，通向政体。儒家是这种语言正统观的维护者。《论语·述而》曰："子所雅言，《诗》《书》执礼，皆雅言也。"孔子长于鲁，当用鲁语，他之所以在"《诗》《书》执礼"时都用"雅言"，一方面是保持春秋以前以"雅言"为教和以"雅言"执礼的传统，另一方面则是要坚持以"雅言"为语言正统，坚持其雅文化理念。所以钱穆说："孔子之重雅言，一则重视古代之文化传统，一则抱天下一家之理想。"② 刘勰也是这种语言正统观的继承者。《夸饰》篇说："《诗》《书》雅言，风格训世。""格"疑当作"俗"，"风俗训世"，犹言"声教"。此以"诗书""雅言"并举，即含有以"雅言"等同经典的意味。《宗经》篇说：

---

① 章太炎：《国学讲演录·小学略说》，第 15 页。
② 钱穆：《论语新解》，生活·读书·新知三联书店，2005，第 181 页。

> 若禀经以制式，酌雅以富言，是即山而铸铜，煮海而为盐者也。

　　这里的"雅"，当指"雅言"，"言"字从后文"富言"省，与上句"经"互文，则"雅言"即经典。"雅言"的正统性，正可以与经典合二为一了。"酌雅"义近于《夸饰》篇所说的"酌《诗》《书》"。刘勰说《易》"辞文言中"，《书》"昭昭""离离"，《诗》"藻辞谲喻"，《礼》"采掇片言莫非宝"，《春秋》"一字见义"，等等，故建言修辞，理当宗经。《文心》之作，即大量汲取经典语言，可以为证。刘勰所说的"典雅"，是包括"酌雅以富言"在内的。在《练字》篇中，刘勰并不完全否定汉代文士"多赋京苑，假借形声"的风气，但反对"字体瑰怪"的"诡异"文风，最后主张"依义弃奇，则可与正文字矣"。这个"奇"，已是"理乖而新异"，犹乱雅之郑声。

　　由"六观"之说，刘勰雅俗之辨的脉理和内容均大体可知。魏晋人物雅俗品鉴之风是提升雅俗意识的推力，刘勰吸收但超越了当时以士庶之分为背景的雅俗观，直将自己的雅俗理论上溯到先秦的雅文化观念和儒家的雅郑之辨。由于先秦雅乐所依托的体制已经不复存在，刘勰从文学与经典的关系中重新找到了理论的基点，并围绕文学自身的问题，在"位体""置辞""通变"等六个方面展开全面的雅俗之辨。这些内容可以清晰地呈现出刘勰的"雅文学"理念，尽管《文心》中没有明确提到这样的一个概念，但在刘勰汲取先秦雅文化思想资源的同时，雅文化必然作为一种思想的影像存在于刘勰的文学世界之中。这样，刘勰又超越先秦的雅俗观念，返回到自己的文学理念。

The Theory Origin of Elegance and Vulgarity in *The Literary Mind and the Carving of Dragons*

Yang Lierong

Abstract：Liu Xie appreciated articles based on the elegance, which was directly influenced by the atmosphere of appreciating based on the elegance in Wei and Jin Dynasty, and the theory came from the cultural concept of elegance in

Pre-Qin Period and Confucian debates on elegance. In Xi Zhou's cultural concept of elegance, "elegance" was not equal to "vulgarness", nor contradictory. Liu Xie argues that vulgarness can be existed in elegant literature, which is similar to the relationship between "elegance" and "vulgarness" in the culture of elegance. In terms of "zheng" which is opposite to elegant literature, Liu Xie holds the same attitude with Confucian in Pre-Qin Period, but the debates on elegance and zheng is based on the relationship between literature and classics. Therefore, the theory on elegance by Liu Xie is similar to Confucian idea. His criticism on elegance can be divided in to six perspectives, which can be combined to form a relatively clear concept on "elegant literature" influenced by Xi Zhou's cultural concept of elegance.

Keywords: *Wen Xin Diao Long*; Theory on Elegance and Vulgarity; Culture of Elegance; Debates between Elegance and Zheng; Appreciation on Elegance and Vulgarity

About the Author: Yang Lierong (1967 –), Ph. D. , Associate Professor in Department of Chinese Literature, Fudan University. Research interests and specialties: history of ancient Chinese literary criticism. Magnum opuses: *Research History of Ancient Chinese Literature in 20th Century (on Poetry)* , etc. E-mail: ylr67 @ 163. com.

当代语境中女娲神话的地方性言说

李祥林*

　　摘　要：古往今来，有关女娲的神话传说在中国流布甚广，并随着"在地性"赋予而呈现为多种类地方化版本，体现为多声部地方化声音，透射出多样化地方性诉求。将目光投向华夏腹心地带，着眼当代语境，考察地方性叙事中女娲神话及信仰中的现代性建构因素，对于我们认识和把握神话在当代人类社会的传播、演变乃至利用有重要意义。古老的神话，不只是属于过去，它连接着今天，也启示着未来。

　　关键词：女娲神话　当代语境　地方言说

　　基金项目：教育部人文社科重点研究基地重大项目"中国古代民间神灵信仰研究（一）"（项目编号：11JJG750010）

　　神话讲述了什么？神话又是被如何讲述的？被讲述的神话背后又隐藏着什么？诸如此类问题，向来被民俗学和文化人类学研究者怀着极大兴趣所关注。古往今来，有关女娲的神话传说在中国流布甚广，并随着"在地性"赋予而呈现为多种类地方化版本，体现为多声部地方化声音，透射出多样化地方性诉求。对此问题，笔者曾结合女娲神话在中国西部少数民族地区的传播加以论说。① 下面，立足田野走访（文中照片，乃走访过程中所拍摄），将考察目光从华夏周边地区转向华夏腹心地带，透视地方性叙

　　* 李祥林（1957—），教育部人文社科重点研究基地四川大学中国俗文化研究所教授、中国艺术人类学学会常务理事、中国傩戏学研究会常务理事。电子邮箱：linzi1771@ vip. si-na. com。

　　① 李祥林：《女娲神话在羌区的地方认同和当代表述》，《南开学报》（哲学社会科学版）2015 年第 4 期。

事中女娲神话传说的当代建构色彩。

一

　　四川、陕西相邻，有关女娲、骊山老母的神话在川西北羌族地区亦见流传，如从北川羌族自治县民间采录的《神仙造人》，便讲述的是洪水浩劫之后女娲、伏羲等造人的故事，云："女娲、伏羲、轩辕、梨山老母和红云老母看世上的人都遭大水淹死完了，就打伙儿在一起用泥巴造人。伏羲和轩辕做男人，女娲、梨山老母和红云老母做女人。伏羲和轩辕一人做了五十个男人，一共就是一百个男人。梨山老母和红云老母、女娲做女人时，还给女人做了些花衣裳，一人做了三十个，三三就是九十个，做好以后，就给泥巴人吹了口气，泥巴人就活了。后来男人总比女人多，女人又爱穿花衣裳了。"① 故事采录于1987年，讲述者是该县小坝乡白花村64岁农民王兴海，羌族，不识字，而记录者亦是同村20多岁的羌族青年。这个故事跟中原地区大家熟悉的女娲造人神话有别，大神女娲在此羌族化版本中主要是与梨山老母、红云老母一同造女人。故事中的"梨山老母"，实为骊山老母，她在四川羌区的口头传说中是跟女娲并立造人的女神，二者形象并不重合。然而，在今为陕西省府西安所辖的临潼区，走访骊山老母宫，与当地人聊天，他们会告诉你骊山老母就是女娲娘娘。

　　"一心炼石补天窟，几番造人抟黄土。世间传颂女娲氏，竟是骊山一老母。"② 当代作者笔下这首诗，见于有关部门的编印资料，语气肯定地传递着当地的声音。2014年9月底10月初，笔者从甘肃秦安做田野调查回来，到西安专程去了骊山，拜访老母宫（见图1）。登山得见，老母宫前斗拱飞檐的山门正面写着"娲圣仙居"，提醒游客此乃圣母女娲的住地，两侧对联是"道法自然无为有为，德施众生有量无量"；背面写着"万化之门"，亦有对联"抟土造人香火万代入青云，炼石补天苍生千秋颂伟业"。

① 冯骥才：《羌族口头遗产集成·神话传说卷》，中国文联出版社，2009，第9页。
② 庞进：《女娲遗迹》，载西安市临潼区民族宗教事务局、西安市临潼区骊山老母宫编印《华夏源脉——老母宫》，第21页。未署时间，从书中收录的文章看，有的刊于《三秦都市报》2006年6月25日、《武当道教》2006年第4期等。该书系2014年9月下旬笔者去骊山走访时觅得。

宫前有庚寅年（2010 年）所立石刻《老母宫简介》，云："老母宫由商朝时期的女娲祠演化而来，唐朝因骊山华清宫的修建而改称老母殿，二〇〇一年扩建修缮后，启用女娲宫宫名。"接着引《道教大辞典》："……老母曾在此山炼石补天，抟黄土造人，仙逝之后，葬于骊山之阳（今蓝田县境内）。为感念老母圣德，人们便在骊山西绣岭第二峰修建了一座女娲祠（即今之老母殿）以为纪念。"继而，简介再写道："骊山老母是华夏人类的创世神和始祖神，尊为至圣仙人、万灵至尊大道无极圣母。农历六月十三日是老母诞辰日，每年农历六月十一至十五日为骊山老母殿古庙会，届时，人们怀着谦恭之心，登山拜母，以求平安。"按此说法，女娲仙逝后葬于骊山。骊山东岭有古迹人祖庙（清人周灿有文《游人祖庙》，云"相传为天皇氏邑乘""殿内帝后二像"），当地作者活灵活现地指说该庙西北方约一公里处有棺形奇石，"传说是伏羲女娲的合葬棺"①。

图 1　笔者走访临潼骊山老母宫

有别于笔者在甘肃秦安、河南西华、福建泉州等地所见供奉女娲的乡村庙观，骊山老母宫是有名的道教宫观（海峡对岸供奉老母的宫观即视之为祖庭，这次笔者在骊山，便遇见了抬着老母行像来此虔诚朝拜祖庭的台湾信众，有十多人），其住持为身份明确的宗教界人士。如对老母宫的当代发展有突出贡献的陈圆明（俗名陈世杰，圆明为其道号），是全真龙派第十九代传人，生于 1933 年，湖北省郧县人，他在武当山紫霄宫出家入道，1988 年来此担任骊山老母殿住持，为西安市道教协会副会长、陕西省道教协会常务理事。其来骊山后做的重要事情之一就是"为了进一步弘扬

---

① 刘建民、刘世天、金明立：《骊山道观及女娲文化探源》，三秦出版社，2013，第 174 页。

和挖掘骊山老母殿深厚的道教文化内涵"，四处搜集资料编写了《骊山老母纪》一书，"比较充分地论证了骊山老母就是我们华夏民族始祖的所谓'女娲氏'"。①老母殿侧景区宣传牌亦云此殿是为纪念女娲而建，相传女娲炼石补天、抟土造人，"后世人尊称她为'骊山老母'，并修建女娲祠纪念之"。女娲神话在中华大地自古流传，"骊山女"故事亦见于《史记·秦本纪》《汉书·律历志》等。不过，袁珂的《中国神话大词典》（1998）有"骊山老母"以及"骊山神女"条目，引述古籍介绍这位女神事迹时均不见涉及女娲的文字。又据地方书籍透露，"今有知名学者研究确认，女娲氏、骊山老母合而为一"②。如此说来，关于老母即女娲或女娲即老母的指认，更多体现出地方表述的当代性质。

"天地人寰肇始老母乃先祖，日月星斗生辉大道是本源"，此乃老母宫门联。跨入写着"娲圣仙居"的山门（见图 2），处处可见关于老母即女娲的文字及图像表述。关于骊山老母即女娲的地方表述，道教的介入和道学理论的运用及发挥是明显的。有趣的是，今天当地编书甚至搬用神魔小说《西游记》第三十五回银角大王对悟空说："我这葫芦是混沌初分，天开地辟，有一位太上老祖，解化女娲之名，炼石补天，普救阎浮世界"，而在昆仑山脚"见有一缕仙藤，上结着这个紫金红葫芦，却便是老君留下到如今者"这段故事为证，试图说明"女娲补天就是'大道'借女娲之名而补天"③。对于"太上老祖，解化女娲之名"一语，有网民解读为"太上道祖就是太上老君，解化女娲之名就是修行得道后以女娲的名义""就是说太上老君得道后化为女娲并以她的名义炼石补天"④云云。纵观以上言说，其中不容忽视地融汇着地方文人乃至官方的声音（1985 年内部编印的《丽山古迹名胜录》便专章专节地考论"女娲氏继兴于丽""丽山女娲风俗"等。据作者自言，该书乃是响应地方政府关于加强骊山风景区保护的文件精神而编著的），并由此"众声应和"而形成某种当代意念下的话语倾向。去临潼

---

① 刘建民、刘世天、金明立：《骊山道观及女娲文化探源》，第 280 页。

② 刘建民、刘世天、金明立：《骊山道观及女娲文化探源》，第 268 页。

③ 金明立、高峰：《骊山老母宫》，"西安市宗教文化丛书"之一，西安市宗教文化交流协会、中共西安市临潼区委统战部等编印，2013，第 31—32 页。

④ "西游记迷来帮忙解答"，百度知道，http://zhidao.baidu.com/link? url = FAFpbDbkmLDhY9kdfNCIXhFPK3TlwEFR0a08lzvmtvBkbn7m8ytSrEWemvNU5J6D0hUs-WHuhoql82QReEI3t_，2012 年 11 月 29 日。

走访骊山，在山上山下我曾觅得好几本现今由当地的个人或部门编撰的书，有的公开出版，有的内部印刷。下面，从中引述几段文字，以便读者了解。

图2　骊山老母宫前华丽的牌坊写着"娲圣仙居"

《华夏源脉——老母宫》："道教认为世间万物与我们人类都是从'无'中而来，而这个'无'就是'道'，道是宇宙之起源，天地万物之本始。无形无名是天地的始端，有形有名是万物的根源。就女娲之创世而言，'道'本无名，女娲出现了，道就有了名，这个'名'就是女娲，女娲就是由无名之道转化而来。……骊山老母宫供奉之骊山老母，就是道教认可的有名之道母——女娲。这是见诸文字记载、民间传说和老母宫历代高道大德一代代师授口传的，也为当代明哲之士所认可。"① 《骊山老母纪》："骊山老母被道家尊为至圣仙人、无极天尊。在民间传说中，炼石补天和抟黄土以为人的女娲氏，就是骊山老母。在中国神话传说中，大都是一仙居一山或一洞府。王母居瑶池，观音居南海，地藏居九华，等等……女娲氏继兴于丽（骊），这是见诸文字记载的；而骊山老母的仙居地也在骊山，故而道家说老母即娲圣，是有道理的。"② 《骊山道观及女娲文化探源》："骊山老母，就是传说中的女娲。老母殿敬奉的就是这位传说中的女仙，女娲与伏羲是我国古代历史上位居三皇之列的人物，是中华民族由原

① 《华夏源脉——老母宫》前言，西安市临潼区民族宗教事务局、西安市临潼区骊山老母宫编印。

② 一羽：《骊山老母纪》，陕西人民出版社，2000，第2—3页。

始野蛮时代向文明时代过渡的杰出代表。如今的骊山之上，留下许多关于女娲的遗址与传说，从而昭示着这里曾经是辉煌文化的祖庭与起源地之一。"① 在诸如此类着眼地方文化建构的当代表述中，由"道—女娲—老母—骊山—祖庭—源脉"等关键词构成的某种话语逻辑（尽管其严密性有待追问）或明或暗，让人感觉意味深长。

　　以上表述中，有今天的建构性言说，也有某种跟民间口碑关联的历史性记忆。从古迹遗存和文献记载看，与华清池同在骊山范围的老母宫，有其往古的历史。该宫始建于何时，史书未见明确记载，据 2001 年从老母殿旧址地下发掘的《创修山路碑》，有"老母殿自秦汉以迄于今屡著神异"之语，碑末署"己酉岁八月癸亥之十日竣于庚寅之七日任临潼知县朱学濂谨记"，内容记述的是该知县捐出薪俸 200 两纹银修建山路之事。又，明弘治进士都穆《骊山记》："山之半平坡，朝元阁旧建于此山。……又上二里为老母殿。老母即唐李筌所从授阴符者。"② 骊山老母传授《黄帝阴符经》秘义是当地传说中有关老母最著名的事件，受教者是陇西人李筌，事见《太平广记》。老母殿文物，有明代铁锅、铁缸以及清代《骊山老母授经碑》、"老母殿"木质牌匾等。骊山一带跟女娲传说相关的古迹，据当地作者梳理，有《水经注》所载"山北有女娲氏谷"、《长安志》所称"骊岫有女娲治处"、《陕西通志》所言骊山西麓白鹿原上的"女娲堡"等。古代文献方面，清乾隆本《临潼县志·山川》云："骊山，县南一角，即蓝田北山。绵亘五十余里，其阳多玉，其阴多金，温泉出焉。初作'丽'，《路史》'女娲继兴于丽'是也。周骊戎国于其下，因作'骊'。秦至郦邑，又作'郦'。……骊山崇峻补入太华，绵亘不如终南，幽异不如太白，奇险不如龙门，然而三皇传为旧居，娲圣纪其出治，周秦汉唐以来，代多游幸，离宫别馆既如遗编，绣岭温汤皆成佳境。"③

　　在当今地方作者的讲述中，《路史》关于女娲"继兴于丽"一说尤得发挥。不过，从当地搜集的资料看，有关老母和女娲的资料基本呈现为两条线索，将彼此联系的依据似乎主要是从二者传说都跟"骊山"有关而推想来的。在此，真正发挥作用的与其说是百分之百确凿的历史考证，毋宁说是对

---

①　刘建民、刘世天、金明立：《骊山道观及女娲文化探源》，第 261 页。

②　碑、记见于刘建民、刘世天、金明立《骊山道观及女娲文化探源》，第 27、169 页。

③　张自修：《丽山古迹名胜录》，骊山旅游读物编委会编印，1985，第 1 页。

神话不无想象的文化记忆及历史叙事，会使人想到"传统的发明"（The invention of tradition）。目前，这种将神话历史化的当代表述以及立足当事人之当下语境的"传统的发明"，是我们在走访口头文学及民间信仰时常常遇见的。既然如此，如学界所提醒，"要理解某段时间中人们的信仰，研究者必须同时查考社区的历史以及当前的状况"①，对之才可望有全面的理解和把握。除了上述，从地方口碑和民俗传统看，临潼一带有农历正月二十吃"补天饼"的故事及习俗，被认为"是对女娲补天的一种纪念活动"②。尽管这种食俗不仅仅见于临潼（其在中华大地上有广泛流布，对此笔者另有专文论述），但无论在哪里，将此饮食风俗跟女娲神话传说联系起来是神州的普遍现象。尽管以上所述不容忽视，但不能不指出，过去的历史记忆在今天的现实表达中的确经过了不无目标指向的组合乃至放大，并且在当今书籍报刊以及电子传媒的推波助澜下将"女娲即骊山老母"或"骊山老母即女娲"的信息不断传播、不断强化，从而在目前中国社会各方潮流式地发掘遗产和利用资源打造"文化名片"的大舞台上，导演出一场有声有色的地方戏。

在临潼，当地人不但把骊山老母视为大神女娲，而且将三霄与之联系起来。登上骊山西绣岭，步入大书"娲圣仙居"的山门，便是有三节院落、建筑古香古色的老母宫。首殿供灵官，次殿奉三霄，然后是老母所在大殿。三霄殿上，金字匾额醒目地大书"母即师也"。对此，当地解释有二，一说"老母是三霄之师"，另一说"三霄是老母之女"。且看书中介绍："三霄者，即武王伐纣时和姜子牙作对的云霄、碧霄、琼霄也。据说三霄兵败被斩而封神，便拜骊山老母为师，潜心修道，皆成了正果，因此老母殿前便有了三霄殿。当然，也有民间传说称三霄即老母之三个女儿，总之，三霄是和老母有师称或亲缘关系的。"③ 网上文字亦称："三霄娘娘是正财神赵公明三位妹妹，陕西周至人。据《封神演义》所载，三霄娘娘是女娲娘娘门下弟子……西安辖区内的群众特别敬仰三霄娘娘。"④ 此外，也有解释者试图把"师"与"母"从人生教育层面融合起来，曰："人初

---

① 〔美〕武雅士：《中国社会中的宗教与仪式》序言，江苏人民出版社，2014。
② 金明立、高峰：《骊山老母宫》，第35页。
③ 一羽：《骊山老母纪》，第15页。
④ 《老母宫神仙源脉》，福客网，http://yanjiu. folkw. com/www/minsuzhuzuo/111210354. html，2013年1月7日。

生，乃先天纯朴之性，后天的一切好恶品性大都来源父母的感召教化，母亲是孩子的第一任老师，也是人生品格的终生老师。母为三霄之师，亦为万物之师。"① 三霄是赵公明的妹妹，见于糅合神话与历史演义商周战争的小说《封神演义》，作为阐教门下弟子，各持宝物的她们有非凡神通。民间对他们的兄妹关系亦清楚，如重庆地区阳戏《唐二回熟》中财神有道："吾，赵玄坛，姓赵名昂字公明。吾父赵太保，吾母金仙。所生姐弟四人，大姐金霄，二姐银霄，四妹碧霄……"②

骊山老母宫三霄殿古已有之，在关中地区三霄跟老母或女娲的关系是如何从师徒转向母女的，有待考究。跨入三霄殿，看见塑像面南的三位神灵，正中是"增福延寿娘娘"，其左侧是"聪儿送子娘娘"，右侧是"福禄财神娘娘"，分别手执如意（中）、宝剑（左）、拂尘（右），造像庄严，将求寿、求子、求财的祈愿集中表达出来。走访华夏民间可知，妇女们多奉三霄主要是求子，盖通常所见其手中的宝物金蛟剪、混元金斗其实都跟接生婴儿的用具有关。笔者去四川省大邑县新场附近的簸箕寺及高堂寺走访时，乡民告诉笔者当地送童子、求童子习俗主要是拜三霄娘娘。簸箕寺距新场街上两三里路，是一乡村小庙，周围农田环绕。跨入庙门，便见三霄塑像。庙子不大，但从簸箕寺青瓦盖顶的木结构建筑看显然有些年头了（与天井后方近年来修建的阁楼式殿堂形成对比），所祀娘娘居中者手抱婴孩，其右者捧金盆，其左者执剪刀，神案上还放着信众祈求保佑孩子所送的木刻男女童子，在此体现的唯有求子佑子主题。至于骊山的三霄娘娘造像，较之民间常见者，有更多的信仰赋予。

二

"神话"之英文"myth"，源于古希腊语"mythos"，本指想象的故事。对于现代人及现代人类社会，过去遗存的神话传说可谓至今魅力不衰，影片《哈利·波特》《指环王》《特洛伊》等走红全球获得广泛的受众面便是例子。关于神话及文学，《批评的剖析》作者诺思洛普·弗莱有如下见

---

① 金明立：《老母宫匾联浅解》，载西安市临潼区民族宗教事务局、西安市临潼区骊山老母宫编印《华夏源脉——老母宫》，第55页。

② 胡天成、段明：《巴渝民俗戏剧研究》，贵州人民出版社，2006，第237页。

解：从纵向发展角度看，文学有神话、传奇、高级模拟、低级模拟和讽刺等不同模式，其中神话是一级而别的文学形态，其他模式不过是神话的递次的置换变形，讽刺则标志各种文学样式循环结束而返回神话。依他之见，以神话为核心要素的文学发展，实际上呈现为循环状态。在解构主义哲学家德里达看来，"文本"这个词无非指包含一定意义的符号形式，其呈现可以是文字的也可以是非文字的，后者譬如一个仪式、一种表情、一段音乐等。① 如果我们对神话文本的理解不限于纯文学领域，而是把关于神话的各式各样的社会性表述都从广义上作为文本纳入视野，就会发现，古老的女娲神话依然在穿越时空走向我们。

　　大神女娲的显赫功绩，有抟土造人也有炼石补天。女娲所炼之石究竟是什么石？古书仅以"五彩石"言之，从材质上并无明确所指。于是，古往今来对女娲炼"五彩石"这一神话意象，世间便有了许许多多启运神思、发挥妙想的延展性理解和叙事。目前中国珠宝行业有"女娲本纪"这一品牌，其成立于2007年，隶属北京某珠宝文化发展公司，以经营翡翠、和田玉等珠宝饰品为主，设有全国性连锁店，并按照统一理念设计产品和装修店铺。商家的自我定位是：中国传统玉文化的倡导者和传播者。在中国，根据传统说法，"玉，石之美者"（《说文解字》）。毋庸置疑，该商家直接借助"女娲"冠名，正是在"石"的意象上努力与古老神话及古老传统攀亲，从而试图创造当今时代自家的品牌。且听他们的口号："上古，女娲用泥土造人，人们尊女娲为人类之母，开辟旧石器时代；远古，女娲采灵石补天，人们尊女娲为三皇之首，进入新石器时代；现在，女娲本纪，传承大爱发扬女娲福泽天下精神，传播中国玉文化！"又说："追根溯源，女娲，是玉文化的源泉和本质。事实上，儒家所提倡的'比德如玉'、道家所推崇的'玉清境地'、释家所祈望的'无量玉心'无不源于女娲。儒教崇尚的'玉德'、道教崇尚'玉灵'、佛教崇尚'玉瑞'，与女娲精神一脉相承。女娲精神，玉以载道，源远流长。"② 再看"女娲本纪"的标志，其跟2008年北京奥运会标志的设计理念可谓如出一辙，采用的是"印章＋甲骨文＋中英文说明"的形式。只不过，前者那枚鲜红印章上的字体是"女"

① 王瑾：《互文性》，广西师范大学出版社，2005，第93页。
② "女娲本纪"，百度百科，http://baike.baidu.com/link? url＝s8FrJlTzpYOZSu9hChuN1vU8rE-I9ScHym_elsyUcM6NyJxCii6uSTngegkHoF6z9f203ciTZ－nFkf5THqskvP_#2。

（北京奥运会标志是"文"），其构形亦被解释为"女娲炼石补天"（印章中"女"的右手上多出月形的一点以代表石），于是上古大神"女娲"被化身成了当代珠宝商家的形象代言人，这很有意思。借助"想象的故事"中女娲形象的巨大原型穿透力，化用起源古老的神话意象及符号，当代商家和企业有意将中华文化史上有关"石之美者"的声音统合起来，以此展开其商业运作和品牌宣传。诸如此类言谈表述及所作所为，不排除世人在利用作为资源的文化遗产上有种种动机，但归根结底，其在某种程度上又何尝不可以被视为远古神话传说之现代演义版呢？"神话复活"是当今学界兴趣正浓并再三讨论的话题，它就活生生地发生在我们身边。

当今中国，将"石之美者"跟炼石补天的女娲神话挂起钩来的非止上述。就地方言，湖北竹山可谓其中知名者，其大力推举的美石不是翡翠等而是当地出产的绿松石（见图3）。2014 年 2 月中旬，农历正月元宵节，笔者去往竹山，做女娲神话及信仰的田野调查。从武汉乘坐动车到十堰，再转长途汽车去竹山。上午，天气寒冷，车行山中，沿途的农舍、田野、山上覆盖着白雪。山道宛转，穿过三关隧道，便从郧县到了竹山地界，于候车亭停车小憩。身旁，有以"女娲山庄"命名的便利店；回身望去，隧道上方宣传牌写着"女娲补天地，人间桃花源"，该宣传牌由竹山县精神文明建设委员会、中共竹山县双台乡委员会所立；前方，往竹山方向，路边一巨大的宣传牌上写着"中国绿松石之乡——湖北·竹山欢迎您"；其侧山脚处，有一尊不大的女娲补天像，像为白色，安放在金黄色的基座上，女娲双手举石向天，石为蓝绿色。这是笔者来竹山所见第一尊女娲塑像，其手中之石，笔者想就是绿松石吧。农历正月十五上午，从竹山县再乘车，经 305 省道去了距县城 37 公里左右的宝丰镇，登上了镇东当地传说的女娲山。该山亦称"宝丰梁子"，最高点 482 米，属于大巴山系，相传是女娲炼石补天处，山上有新建的女娲祭坛、问天阁、女娲宫等。上山时所见景区导览图上，女娲手中托举的绿松石甚明显。山顶女娲补天像为铜铸，高达 16 米，在山下很远就能望见。该女娲像为站立式，面朝东南，身体上部为女人，下部为蛇躯，双手托举一块硕大的绿松石（前述公路旁女娲像造型当依照此）。阳光照耀，山顶高大的紫铜色女娲像闪闪发光，连同其手中蓝绿色石头，十分引人注目。登顶前，先去了低山处建筑堂皇的道观女娲宫，此处的女娲塑像为妇人造型，坐姿庄严，具王者之气，其于胸前双手捧着雕琢成器的圆形绿松石，牌位写着"凤凰圣母地皇女娲"。宫中，也有描绘女娲双手托举绿松石补天的壁画。

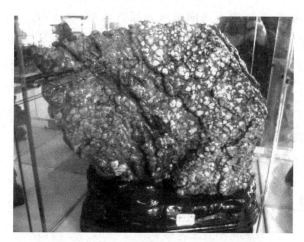

图3　竹山县城内笔者所住宾馆展销的绿松石

　　在竹山，笔者看见的第四尊女娲塑像位于县城女娲文化广场，其造型非人首蛇躯，而是"脚踩祥云，手持笙管"的女子形象。较之笔者在竹山所见其他女娲像，此像没有手举绿松石，但是，在这尊特意安放在"国际绿松石城"的汉白玉女娲塑像的颈部，依然醒目地挂着一条绿松石项链。且看塑像基座所刻《女娲雕塑记》（2012年立，有些字迹已模糊而难辨认，抄录中以"□"代之）所言："女娲，上古三皇之一。""上古男女野合，知□而不知礼，女娲始禁同姓为婚，以俪皮为礼，行□婆之道，人伦始立。断鳌足以支天柱，导洪水以归东海。天降暴雨，阴气蔽天。女娲即同众往竹山中令人运山石至山顶，聚木于旁，燃□而烧之，得阳气冲去阴霾，天始清明，山石亦成为五色绿松石……"这是笔者在竹山读到的将女娲炼石补天神话直接跟当地出产的绿松石明确挂起钩的文字。的确，说到绿松石，不能不谈竹山。绿松石属于优质玉材，在当今珠宝市场上的价格走势看好，据有关资料，"世界上绿松石除在美国、斯里兰卡有少量产出（约占15%），非洲有很少量产出（不到1%）外，其余近85%都产自中国。而中国主产地在湖北的竹山，约占全国的85%"，十堰地区开采绿松石矿可追溯到清朝以前，因石呈松绿色而被竹山人称之为"松石"①。直到

————————

①　王占北：《鄂西北百工开物启示录》，长江出版社，2011，第244—245页。

今天，据"竹山人大网"报告，其原石及产品仍然"约占全国市场的70%和全世界市场的50%"①。湖北省评选的著名商标中有"女娲补天"牌绿松石，"竹山绿松石"也入选国家地理标志名录。在县城，笔者所住宾馆的大堂内，亦设有绿松石展销专柜。竹山出产绿松石，民间流传女娲故事，当地有意识黏合二者，将神话传说中补天的"五彩石"具象化或坐实为"绿松石"，客观地讲，这不管是发生在过去时代还是当今社会，不管是为了张扬地方文化名片还是出自经济运作企图，都有他方所不能取代的"在地性"缘由。

宝丰场镇规模不算小，人来车往也热闹，主街有路标"女娲山欢迎您"，指示左侧拐弯去"女娲山风景区"，距离"10公里"（有私家车可搭乘）。路口卖香蜡纸钱的小店门前彩色广告牌印着女娲补天像，还有"香表""有求必应，福泰安康""女娲显灵"等文字。我们搭车到了女娲宫，再步行至顶。女娲宫据说重建于古遗址上（2012年竣工），建筑包括供奉福禄寿的三星殿（上山途中，有大娘告诉笔者这里过去就供奉福禄寿三星，她是来拜三星的）、塑有女娲和伏羲像的女娲宫，以及山门、钟鼓楼等。该宫简介又称，"每年母亲节，或农历初一、十五，女娲宫与女娲祭坛同举庙会，祭祖观光者络绎不绝"。女娲宫飞檐翘角，歇山式屋顶，建筑华丽辉煌，有路牌标示此乃"女娲道教文化展示区"，宫内亦有道士（有香客说其中两位年老的道士就是刚从武当山请过来的）。女娲祭坛在山顶，有景观大字书写"中华母亲山"，登上长长的、陡陡的阶梯，眼前是问天阁（取名于楚辞《天问》，2006年4月建成，旁边立牌介绍称这是"寓意洪荒年代人类始祖女娲为拯救人类战天斗地的伟大创举"的），从这里可以俯瞰整个宝丰场镇及周边。再往上，山顶便是高大的女娲铜像。山上，还有照壁书写今人所撰《女娲山赋》，并且以水印形式标有大字"中华母亲山"。

登上山顶的游客不多，女娲像前，有着道帽、道袍的中年男子招呼游客烧香祈福。香炉中插着许多高香，巨型香案式功德柜上有"崇拜女娲，随喜功德，一份功德，百倍回报"的字样。今日竹山张扬女娲文化，立足当地品牌打造的重点有二，一是对旅游风景区女娲山的推举，二是对补天

---

① 《关于全县绿松石产业发展情况的报告》，http://zs.zhushan.cn/child/web/1643/article.aspx? menuid=2480&tab=tab_News&tabid=13728，2013年12月27日。

五彩石即绿松石的宣扬，彼此关联。前者如笔者在景区走访时所见简介："女娲山是创世神话女娲炼石补天的圣地……古代诗人王象之曾写道：'女娲山下少人行，涧谷云深一鸟鸣。'《康熙字典》上有'娲'字的注释：'女娲炼五色石补天，又女娲山在郧阳竹山西，相传炼石补天处。'通过查阅《录异记》《神仙全传》《中国神话辞典》等大批典籍，考证汉帛书、钟鼎铭文等大量文化遗存，证实了竹山女娲山正是传说中人类始祖女娲炼石补天的圣地，东方文明的摇篮。"从"神话"开篇到"证实"结语，如此讲述不免带有"神话的历史化"倾向，传递着今天地方社会的心声。后者如前述女娲托举或佩戴绿松石的塑像及画像（见图4），以及2006年5月在政府主持下隆重举办的首届"中国·竹山宝石暨女娲文化旅游节"。关于该节，当地媒体报道如下："据介绍，竹山县绿松石地质总储量占世界总储量的50%以上，其玉质与储量均居世界之首，是中国也是世界绿松石的主产地。相传华夏始祖女娲曾在宝丰女娲山上用绿宝石补苍天，其创世造人壮举和拯救苍生的精神，赋予了绿松石高贵神秘的文化内涵，铸就了绿松石资源与女娲文化的完美结合。"县领导讲，举办为期三天的宝石暨女娲文化旅游节，旨在进一步打响"中国绿松石之乡"和女娲文化品牌，"宣传竹山特色资源，推介招商引资项目，推动绿松石产业、旅游产业和县域经济大发展"①。

竹山县今归十堰市所辖，此节后来又升格为"中国·十堰女娲暨宝石文化旅游节"（犹如秦安的"女娲祭典"后来上升为"天水女娲祭典"），声势越造越大，地方政府介入的力度也越来越大。检索相关资料，不难看出，当地将绿松石与女娲神话组接起来有着并非不明显的"直奔主题"式服务当下的色彩，尤其体现在官方介入和文人参与的话语表述中。尽管女娲故事在竹山有种种地方化文本，不过，从2007年当地编辑出版的《女娲文化研究》（湖北人民出版社，书中也有论文作者将绿松石与女娲神话联系起来，认为"女娲文化才是宝石文化的灵魂和精髓所在"）附录"竹山女娲传说九则"来看，其中有《炼石补天》，但仅仅说女娲"收集五彩石，与儿孙们一起动手，筑高炉，炼出石糨糊"又"一块块撕下云彩，丢到高炉里粘上五彩糨糊"补天，并未提及绿松石。此外，神农架地区搜集

① 《中国·竹山2006宝石暨女娲文化旅游节开幕》，《十堰日报》2006年5月19日。

图4 竹山宝丰山上道观女娲宫，有壁画描绘女娲双手托举绿松石补天

的民间丧鼓歌《黑暗传》之"人祖创世"中关于女娲的唱句有500多行，情形亦然；花鼓船歌系当地民间文艺形式，笔者在宝丰女娲山顶小卖部购得的《彩船歌飘女娲山》（2003）、《花鼓船歌集》（2007）二书（内部编印），其中除了新创作品，收录的传统民歌也不见有唱补天石是绿松石的。

"读远古神话，是为了创造现代神话；释文化神话，是为了创造经济神话。"① 鄂地作者在谈到宝石文化与女娲神话时道出的这番言语，值得我们思索。上述事例表明，无论古今，神话对于神话讲述者都不是僵死之物。诚然，古代神话符码在当代话语表述中不无缘故地被激活、重组乃至建构，可能五彩斑斓，也可能光怪陆离，但归根结底，都跟讲述者身在其中的社会现实有割不断的联系。正因为如此，尽管也质疑"那种在神话和社会结构之间建立起一一对应关系的观点"，但是，"现在更多的人类学家开始追问神话在建构日常实践活动中扮演的角色"，即"重点更多的是放在了有意识的神话运用方面，借此表达对现实的基本（有意识的）描绘"。② 英国学者杰克·古迪认为，现代人对变化的世界已习以为常，"遗

① 曹明权：《女娲文化研究》，湖北人民出版社，2007，第120页。
② 〔英〕奈杰尔·拉波特、乔安娜·奥弗林：《社会文化人类学的关键概念》，鲍雯妍、张亚辉译，华夏出版社，2005，第242页。

忘和创造"在口语文化中"其实就是一个硬币的两面"①。遗忘暂且不论，但"创造"在有关女娲神话的当代表述中时时都在发生，这不是无缘无故的。在目前中国社会，在符号经济日渐兴盛的现今时代，神话作为文化遗产和文化符号，在当下语境中也是一种可资利用的社会资源和社会资本，它从多种层面调动着世人的胃口、激发着大众的兴趣。尽管女娲神话的当代表述由于各种诉求混杂而未免"众声喧哗"，但客观上仍不得不承认，在不同地域、不同社群基于不同动机、缘自不同情境、指向不同目标而对神话符号"有意识"地讲述、展演及"运用"中，起源古老的女娲神话至今仍在向今天的我们散发出"永恒的魅力"。

古老的神话，不只属于过去，它连接着今天，也启示着未来，给人无尽遐想。

Parochial Discourse of Nüwa Myth in Contemporary Context

Li Xianglin

Abstract：The Story of Nüwa Myth has spread far an wide in China from of old. Meanwhile, with its localization in different regions, it has been present as various parochial versions, embodied as multipart parochial voices and reflected as diversified parochial appeals. In contemporary context, it is significant to exploring the modernistic construction of the Nüwa Myth for understanding and getting hold the value of the myth in contemporary human society. The ancient myth, not only belongs to the past, it connects the present and also enlightens the future.

Keywords：Nüwa Myth；Contemporary Context；Parochial Discourse

About the Author：Li Xianglin（1957 – ），Professor in the Institute of Chinese Folk Culture in Sichuan University, executive director of China Society of Anthropology of Arts, and executive director of China Nuo Opera Research Institute. E-mail：linzi1771@ vip. sina. com.

---

① 〔英〕杰克·古迪：《神话、仪式与口述》，李源译，中国人民大学出版社，2014，第63页。

从《四库全书总目》集部看讲学和文学的交集与殊途

柳　燕[*]

摘　要：《四库全书总目》凡例和经、史、子、集四部中有很多对讲学的论述，其对讲学自始至终贯彻着贬斥、批评的态度。集部作为一个文学文献相对集中的部类，也大量出现讲学家的身影，当讲学和文学交织碰撞在一起时，形成了和经、史、子部不一样的格局。讲学和文学像两条风格、气质格格不入的平行线，各自按照自己的理路向前延展，但是在特定的背景之下两者又会偶尔交集，短暂的交集之后必然会因各自特性的差异而再次走向殊途。

关键词：《四库全书总目》　集部　讲学　文学

《四库全书总目》（以下简称《总目》）是一部官修目录著作，在全面清理乾隆时期存世文献、彰显文治之功的同时，也集中体现了当时由上而下的文治教化思想。"讲学"作为一种特殊的学术文化传播手段，在《总目》的凡例、四部总序、部类小序以及提要中多次出现，而且总体而言，《总目》对之贬斥、否定多，赞许、肯定少，言辞大多非常犀利。集部位列四部之末，集中收录文学类文献，却也大量出现"讲学"字样，讲学和文学在集部紧密交织在一起，然而细看两者又是明显的两条路径，本文拟对两者之间的离析分合进行深入分析，以厘清《总目》集部这种独特现象。

---

* 柳燕（1975—），博士，湖北大学文学院副教授。研究方向为中国古典文献学，代表作为《〈四库全书总目〉集部研究》。电子邮箱：lychangchang@163.com。

一 《四库全书总目》集部对讲学的定位和评价

《总目·凡例》中不惜用大段文字对讲学家痛加贬责："汉唐儒者，谨守师说而已。自南宋至明，凡说经、讲学、论文，皆各立门户。大抵数名人为之主，而依草附木者嚣然助之。朋党一分，千秋吴越，渐流渐远，并其本师之宗旨亦失其传。而仇隙相寻，操戈不已，名为争是非，实则争胜负也。人心世道之害，莫甚于斯。"① 讲学不仅仅是传授师说，在尊师说的同时，门派、朋党日渐滋生，最后从争是非变为争胜负，惑乱人心、危及宗社，其害大矣。集部固然以阐释文学现象为主，对于讲学这个特殊的现象却是不折不扣地延续了《凡例》中定下的主旨，其对讲学的评价主要可以概括为以下几点。

（一）空疏

"今人之学，所见虽远，而皆空言，此岂朱子毕尽精微以教世之意哉！"② 讲学之家多好发高论，空谈国事，却难以落到实处。如宋陈渊"惟与翁子静论陶渊明，以不知义责之，未免讲学诸人好为高论之锢习。"③ 以"不知义"贬斥陶渊明殊为乖戾，发此言论多是标新立异，不至于被漫漫群言所埋没，没有事实根据可言，所以《总目》认为是"好为高论之锢习"。

有的提要从正面肯定讲学家笃实有本，对讲学家普遍性的蹈空之习提出批评。如宋陈傅良"在宋儒之中，可称笃实。故集中多切于实用之文，而密栗坚峭，自然高雅，亦无南渡末流冗沓腐滥之气。盖有本之言，固迥不同矣。"④ 又如宋王炎"盖学有本原，则词无鄙诞，较以语录为诗文者，

---

① （清）纪昀等：《钦定四库全书总目》（整理本），中华书局，1997，第33页。
② 四库全书研究所整理《钦定四库全书总目》（整理本）集部《师山文集》八卷《遗文》五卷《附录》一卷提要，中华书局，1997，第2247页。
③ 四库全书研究所整理《钦定四库全书总目》（整理本）集部《默堂集》二十二卷提要，中华书局，1997，第2118页。
④ 四库全书研究所整理《钦定四库全书总目》（整理本）集部《止斋文集》五十一卷《附录》一卷提要，中华书局，1997，第2129页。

固有蹈空、征实之别矣。"① 明章懋 "其讲学恪守前贤，弗踰尺寸，不屑为浮夸表暴之谈，在明代诸儒尤为淳实。"② 明何瑭 "不以讲学自名，然论其笃实乃在讲学诸家上。至如《均徭》、《均粮》、《论兵》诸篇，究心世务，皆能深中时弊，尤非空谈三代迂疏无用者比。"③ 类似的提要还有很多，都指向了讲学家蹈空、虚谈之弊。

（二）争浮名、立门户

顾宪成《泾皋藏稿》提要云："明末，东林声气倾动四方，君子小人互相搏击，置君国而争门户，驯至于宗社沦胥，犹蔓延诟争而未已。《春秋》责备贤者，推原祸本，不能不遗恨于清流，宪成其始事者也。考宪成与高攀龙，初不过一二人相聚讲学，以砥砺节概为事。迨其后标榜日甚，攀附渐多，遂致流品混淆，上者或不免于好名，其下者遂至依托门墙，假借羽翼，用以快恩仇而争进取，非特不得比于宋之道学，并不得希踪于汉之党锢。故论者谓攻东林者多小人，而东林不必皆君子，亦公评也。足见聚徒立说，其流弊不可胜穷，非儒者闇修之正轨矣。"④ 这则提要被冠以"御题"之名，详细论述了东林党从最初的一两人相聚讲学，逐渐发展到后来的朋党之争，酿成祸患，充分体现了当政者对讲学家争浮名、立门户的痛恨。

除了这条"御题"之外，明刘宗周《刘蕺山集》提要再次大为张本，细数讲学之失："讲学之风，至明季而极盛，亦至明季而极弊。姚江一派，自王畿传周汝登，汝登传陶望龄、陶奭龄，无不提唱禅机，恣为高论。奭、龄至以'因果'立说，全失儒家之本旨。宗周虽源出良知，而能以慎独为宗，以敦行为本，临没犹以诚敬诲弟子。其学问特为笃实。东林一派始以务为名高，继乃酿成朋党，小人君子，杂糅难分，门户之祸，延及朝

① 四库全书研究所整理《钦定四库全书总目》（整理本）集部《双溪集》二十七卷提要，中华书局，1997，第2136页。
② 四库全书研究所整理《钦定四库全书总目》（整理本）集部《枫山集》四卷《附录》一卷提要，中华书局，1997，第2302页。
③ 四库全书研究所整理《钦定四库全书总目》（整理本）集部《柏斋集》十一卷提要，中华书局，1997，第2312页。
④ 四库全书研究所整理《钦定四库全书总目》（整理本）集部《泾皋藏稿》二十二卷提要，中华书局，1997，第2332页。

廷，驯至于宗社沦亡，势犹未已。"①

由此可见，争浮名、立门户是讲学最大的弊端，因此在集部提要中，对于这一点的批评是最多的。如以下几则提要。

《庸斋集》提要："宋赵汝腾撰。……是则宋季士大夫崇尚道学、矫激沽名之流弊，观于是集，良足为千古炯鉴也。"②

《兰皋集》提要："宋吴锡畴撰。……盖笃实潜修之士，不欲以聚徒讲学嚣竞浮也。"③

《龟山集》提要："宋杨时撰。……盖瑕瑜并见，通蔽互形，过誉过毁，皆讲学家门户之私，不足据也。"④

《孜堂文集》提要："国朝张烈撰。……盖汉学但有传经之支派，各守师说而已。宋学既争门户，则不得不百计以求胜，亦势之不得不然者欤？"⑤

有的是正面褒奖笃实潜修之士，有的是直接对争门户之举提出批评，有的更是点明矫激沽名之流弊，强调要以此为鉴。

（三）涉禅

宋明理学是儒、释、道三教融通的新儒学，二程即程颢和程颐、朱熹都对佛学多有涉猎。程颐评价其兄程颢的学术是："泛滥于诸家，出入于老、释者几十年，返求诸六经而后得之。"⑥ 朱熹亦云："端居独无事，聊披释氏书。暂释尘累牵，趣然与道俱。"⑦ 全祖望更是直接指出"两宋诸儒，门庭径路，半出入于佛老"。⑧《总目》经部总序在总结经学发展的六

---

① 四库全书研究所整理《钦定四库全书总目》（整理本）集部《刘蕺山集》提要，中华书局，1997，第2334页。
② 四库全书研究所整理《钦定四库全书总目》（整理本）集部《庸斋集》六卷提要，中华书局，1997，第2173页。
③ 四库全书研究所整理《钦定四库全书总目》（整理本）集部《兰皋集》提要，中华书局，1997，第2185页。
④ 四库全书研究所整理《钦定四库全书总目》（整理本）集部《龟山集》四十二卷提要，中华书局，1997，第2090页。
⑤ 四库全书研究所整理《钦定四库全书总目》（整理本）集部《孜堂文集》二卷提要，中华书局，1997，第2554页。
⑥ 《二程文集》，《文渊阁本四库全书》第1345册，上海古籍出版社，1987，第723页。
⑦ （宋）朱熹：《朱熹集》第1册，郭齐、尹波点校，四川教育出版社，1996，第17页。
⑧ （清）全祖望：《鲒埼亭外编》卷三十一《题真西山集》，清嘉庆十六年刻本。

变时，第三变便是"自明正德、嘉靖以后，其学各抒心得，及其弊也肆（如王守仁之末派皆以狂禅解经之类）"①。自嘉靖年间以后，王守仁的"心学"流布天下，王世贞曾说："今天下之好称守仁者十七八也。"② 可以想见当时以禅解经是何等狂热，影响范围有多大。在集部提要中亦多次论及讲学家涉禅之弊。

如《慈湖遗书》十八卷《续集》二卷（宋杨简撰）提要云："金溪之学，以简为大宗，所为文章，大抵敷畅其师说，其讲学纯入于禅，先儒论之详矣。"③《念庵集》二十二卷提要（明罗洪先撰）："故其说仍以良知为宗，后作守仁年谱，乃自称曰门人，不免讲学家门户之习，其学惟静观本体，亦究不免于入禅。"④ 又如《让溪甲集》四卷《乙集》十卷提要（明游震得撰）："震得少与欧阳德、邹守益诸人游，故颇讲姚江之学。然与王畿书，多所规正，犹异于末派之狂禅。"⑤ 从侧面指出王学末派涉于狂禅。《学余堂文集》二十八卷《诗集》五十卷《外集》二卷（清施闰章撰）提要云："以讲学譬之，王所造如陆，施所造如朱。陆天分独高，自能超悟，非拘守绳墨者所及。朱则笃实操修，由积学而渐进。然陆学惟陆能为之，杨简以下一传而为禅矣。朱学数传以后，尚有典型，则虚悟、实修之别也。"⑥ 可见"心学"因涉禅而日益强调静修、虚悟，故其末派愈失其初始本源，派系分化、余流脉脉，最后走向衰竭。相对于朱子学派的笃实、纯粹，实在是相去日远。

二 《四库全书总目》集部讲学与文学的交集

《总目》集部主要著录文学类典籍，讲学大量出现在集部，简单来说

---

① 四库全书研究所整理《钦定四库全书总目》（整理本）经部总序。
② 《弇州山人四部稿·续稿》，《文渊阁本四库全书》第 1283 册，上海古籍出版社，1987，第 260 页。
③ 四库全书研究所整理《钦定四库全书总目》（整理本）集部《慈湖遗书》十八卷《续集》二卷提要，第 2137 页。
④ 四库全书研究所整理《钦定四库全书总目》（整理本）集部《念庵集》二十二卷提要，中华书局，1997，第 2320—2321 页。
⑤ 四库全书研究所整理《钦定四库全书总目》（整理本）集部《让溪甲集》四卷《乙集》十卷提要，中华书局，1997，第 2452 页。
⑥ 四库全书研究所整理《钦定四库全书总目》（整理本）集部《学余堂文集》二十八卷《诗集》五十卷《外集》二卷提要，中华书局，1997，第 2342 页。

就是一种和文学的交集，这种交集有显性体现和隐性体现两种方式。

（一）显性体现

《总目》集部分为楚辞类、别集类、总集类、诗文评类和词曲类五个部类，每个部类中讲学出现的频率差别是非常大的。集部涉及讲学的提要分布情况见表1。

表1　集部涉及讲学的提要分布情况

	唐	宋	元	明	清
楚辞	0	0	0	0	0
别集	正目：2 条 存目：0 条 合计：2 条	正目：27 条 存目：2 条 合计：29 条	正目：11 条 存目：0 条 合计：11 条	正目：27 条 存目：54 条 合计：81 条	正目：6 条 存目：25 条 合计：31 条
总集	0	正目：2 条 存目：0 条	0	正目：0 条 存目：5 条	正目：1 条 存目：1 条
诗文评	0	0	0	正目：0 条 存目：2 条	0
词曲	0	正目：1 条 存目：0 条	0	0	0
总计	2 条	32 条	11 条	88 条	33 条

从表1可以看出，"讲学"主要出现在集部的别集类，共有154条提要论及"讲学"，其中正目部分有73条，存目部分有81条。正目部分提要涉及讲学的朝代主要是宋、元、明三朝，共计65条。存目部分涉及讲学最多的朝代是明、清两朝，共计79条。在宋、元、明、清四朝别集中，明代与讲学有关的提要又是最多的，共有81条，其次是清朝31条，宋朝29条。由此可见讲学在明代是一个绝对的高峰时期。集部总序云："四部之书，别集最杂，兹其故欤！然典册高文，清词丽句，亦未尝不高标独秀，挺出邓林。"① 在集部的五个部类中，别集类最集中反映各个时期诗歌、散文创作风貌，讲学家以诗说理、以文阐理，所以必然在别集类中出现最为集中。这也从一个侧面说明，很多讲学家在文学创作上造诣颇深，也取得

---

① 四库全书研究所整理《钦定四库全书总目》（整理本）集部总序，第1971页。

了很高的成就，如元许谦"初从金履祥游，讲明朱子之学，不甚留意于词藻。然其诗理趣之中颇含兴象，五言古体尤谐雅音，非《击壤集》一派惟涉理路者比。文亦醇古，无宋人语录之气，犹讲学家之兼擅文章者也"①。讲学家实则兼有文学家的身份，这种双重身份正是讲学和文学交集的显性表现。

（二）隐性体现

讲学和文学交集的隐性体现就是讲学发展史和文学发展史的交集。

讲学兴起、发展、衰落的时间历经宋、元、明、清四朝，宋代是讲学的开端，此时笃守师传、其源尚清，其后门派日益增多，壁垒日益森严，逐渐丧失了最初的宗旨。清代随着考据学风的兴起，讲学之家又渐趋笃实。这种发展线索在《总目》经史子集四部提要中零星谈到。

《山堂考索前集》提要："宋自南渡以后，通儒尊性命而薄事功，文士尚议论而鲜考证。"②

《闽中理学渊源考》提要："宋儒讲学，盛于二程，其门人游、杨、吕、谢号为高足。而杨时一派，由罗从彦、李侗而及朱子，辗转授受，多在闽中，故清馥所述断自杨时。而分别支流，下迄明末。"③

《明儒学案》提要："大抵朱、陆分门以后，至明而朱之传流为河东，陆之传流为姚江。其余或出或入，总往来于二派之间。"④

《朱子圣学考略》提要："朱、陆二派，在宋已分。洎乎明代弘治以前，则朱胜陆。久而患朱学之拘。正德以后则朱、陆争诟，隆庆以后则陆竟胜朱。又久而厌陆学之放，则仍申朱而绌陆。讲学之士亦各随风气，以投时好。"⑤

《明儒讲学考》提要："明代儒者，洪、永以来多守宋儒矩矱。自陈献

---

① 四库全书研究所整理《钦定四库全书总目》（整理本）集部《白云集》四卷提要，中华书局，1997，第 2216 页。

② 四库全书研究所整理《钦定四库全书总目》（整理本）子部《山堂考索前集》六十六卷《后集》六十五卷《续集》五十六卷《别集》二十五卷提要，中华书局，1997，第 1784 页。

③ 四库全书研究所整理《钦定四库全书总目》（整理本）史部《闽中理学渊源考》九十二卷提要，中华书局，1997，第 818 页。

④ 四库全书研究所整理《钦定四库全书总目》（整理本）史部《明儒学案》六十二卷提要，中华书局，1997，第 815 页。

⑤ 四库全书研究所整理《钦定四库全书总目》（整理本）子部《朱子圣学考略》十卷提要，中华书局，1997，第 1276 页。

章、王守仁、湛若水各立宗旨，分门别户。其后愈传愈远，益失其真，入主出奴，互兴毁誉。"①

这些关于讲学发展历程的论述都十分精要，但是当这些文字出现在集部时，就和集部提要构成了一个整体系统，不能完全摆脱文学这个大环境来孤立地判断。比如江湖诗派，在讲学和文学发展的过程中，都提到了这个点，这就是讲学和文学的一次交集。

《鹤山全集》提要云："南宋之衰，学派变为门户，诗派变为江湖。"②江湖诗派和讲学家的交集点首先是时间上的重合，两者都是南渡之后形成的。两者交集的第二个方面也是更重要的方面便是风格的类似。清初钱谦益曾说："诗道之衰靡，莫甚于宋南渡以后，而其所谓江湖诗者，尤为尘俗可厌。盖自庆元、嘉定之间，刘改之、戴石屏之徒，以诗人启干谒之风。而其后钱塘湖山，什伯为群。挟中朝尺书，奔走阃台郡县，谓之阔匾，要求楮币，动以万计。当时之所谓处士者，其风流习尚如此。彼其尘容俗状，填塞于肠胃，而发作于语言文字之间，欲其为清新高雅之诗，如鹤鸣而鸾啸也，其可几乎？"袁行霈先生在《中国文学史》中对江湖诗派的整体评价也不高，"献谒、应酬之作往往是即席而成，率意出手，有时甚至逞才求博，以多相夸，结果辞意俱落俗套，在艺术上相当粗糙。"③

刘克庄是江湖派的代表人物，《总目》对他的评价是："其诗派近杨万里，大抵词病质俚，意伤浅露，故方回作《瀛奎律髓》极不满之。……《瀛奎律髓》载其《十老》诗最为俗格，……文体雅洁，较胜其诗。题跋诸篇，尤为独擅。盖南宋末年，江湖一派盛行，诗则汩于时趋，文则未失旧格也。"④刘克庄尚且不能脱俗，江湖诗派的整体风格可想而知。《江湖小集》提要云："宋末诗格卑靡，所录不必尽工。"⑤再次从侧面说明江湖

① 四库全书研究所整理《钦定四库全书总目》（整理本）子部《明儒讲学考》一卷提要，中华书局，1997，第1293页。
② 四库全书研究所整理《钦定四库全书总目》（整理本）集部《鹤山全集》提要，中华书局，1997，第2158页。
③ 袁行霈：《中国文学史》第三卷，高等教育出版社，1998，第206页。
④ 四库全书研究所整理《钦定四库全书总目》（整理本）集部《后村集》五十卷提要，中华书局，1997，第2171页。
⑤ 四库全书研究所整理《钦定四库全书总目》（整理本）集部《江湖小集》九十五卷提要，中华书局，1997，第2622页。

诗派诗品俚俗不精的特点。其他再如评价杨万里云："方回《瀛奎律髓》称其一官一集，每集必变一格，虽沿江西诗派之末流，不免有颓唐粗俚之处，而才思健拔，包孕富有，自为南宋一作手，非后来四灵、江湖诸派可得而并称。"① 评价宋董嗣杲云："则其诗亦江湖集派，然吐属新颖，无鄙俚琐碎之态，固非江湖游士所及也。"② 都可看到对于江湖诗派诗风俚俗的批评。

讲学家在文章写作方面主于达意，无意雕琢词句，《总目》集部中这样的例子也比较常见，以下几则提要都从反面说明了讲学家俚俗的特点。

《浮沚集》八卷提要："宋周行己撰。……于苏轼亦极倾倒，绝不立洛蜀门户之见，故耳擩目染，诗文亦皆娴雅有法，尤讲学家所难能矣。"③

《湖山集》十卷提要："宋吴芾撰。……是其末年亦颇欲附托于讲学。然其诗吐属高雅，究非有韵语录之比也。"④

《剩语》二卷提要："……性夫虽讲学之家，而其诗气韵清拔，以妍雅为宗，绝不似宋末'有韵之语录'。"⑤

《冯少墟集》二十二卷提要："明冯从吾撰。……其中讲学之作，主于明理，论事之作，主于达意，不复以辞采为工。然有物之言，笃实切明，虽字句间涉俚俗，固不以舛陋讥也。"⑥

从以上分析可知，讲学和江湖诗派在风格主旨上都落于俗格，两者既在同一时间轴线上，又有着相似的风格，更有的江湖诗人兼涉讲学，真正是讲学、江湖难分彼此。

讲学发展史和文学发展史交集的另一个例子是永嘉学派。

① 四库全书研究所整理《钦定四库全书总目》（整理本）集部《诚斋集》一百三十卷提要，中华书局，1997，第2142页。

② 四库全书研究所整理《钦定四库全书总目》（整理本）集部《庐山集》五卷《英溪集》一卷提要，中华书局，1997，第2192页。

③ 四库全书研究所整理《钦定四库全书总目》（整理本）集部《浮沚集》八卷提要，中华书局，1997，第2084—2085页。

④ 四库全书研究所整理《钦定四库全书总目》（整理本）集部《湖山集》十卷提要，中华书局，1997，第2116页。

⑤ 四库全书研究所整理《钦定四库全书总目》（整理本）集部《剩语》二卷提要，中华书局，1997，第2205页。

⑥ 四库全书研究所整理《钦定四库全书总目》（整理本）集部《冯少墟集》二十二卷提要，中华书局，1997，第2332—2333页。

　　永嘉学派是南宋时期在浙东永嘉（今温州）地区形成的一个儒家学派，溯源于北宋庆历之际的王开祖、丁昌期、林石等，后来周行己、许景衡等把"洛学""关学"传到温州。永嘉学派著名的学者有郑伯熊、郑伯海、郑伯英、陈傅良、徐谊等，叶适堪称永嘉学派之集大成者。永嘉学派重视实用，重视事功，成为今日闻名天下的"温州模式"以及温州人"敢为天下先"的创新精神的思想源头。

　　集部提要对于永嘉学派的几个代表性人物如周行己、许景衡、陈傅良、叶适等都有非常详细的论述，而且提要中对永嘉学派的发展历程也描述得非常清晰。

　　如《止斋文集》五十一卷《附录》一卷提要："宋陈傅良撰。……自周行己传程子之学，永嘉遂自为一派，而傅良及叶适尤其巨擘。本传称永嘉郑伯熊、薛季宣，皆以学行闻。伯熊于古人经制治法讨论尤精，傅良皆师事之，而得季宣之学为多。及入太学，与广汉张栻、东莱吕祖谦友善。祖谦为言本朝文献相承，而主敬、集义之功得于栻为多。然傅良之学终以通知成败、谙练掌故为长，不专于坐谈心性，故本传又称傅良为学，自三代秦汉以下靡不研究，一事一物，必稽于实而后已，盖记其实也。……则傅良虽与讲学者游，而不涉植党之私，曲相附和，亦不涉争名之见，显立异同。在宋儒之中，可称笃实。故集中多切于实用之文，而密栗坚峭，自然高雅，亦无南渡末流冗沓腐滥之气。盖有本之言，固迥不同矣。"①

　　再如《浪语集》三十五卷提要："宋薛季宣撰。……季宣少师事袁溉，传河南程氏之学，晚复与朱子、吕祖谦等相往来，多所商榷。然朱子喜谈心性，而季宣则兼重事功，所见微异。其后陈傅良、叶适等递相祖述，而永嘉之学遂别为一派。盖周行己开其源，而季倡导其流也。其历官所至，调辑兵民，兴除利弊，皆灼有成绩，在讲学之家可称有体有用者矣。……盖季宣学问最为淹雅，自六经、诸史、天官、地理、兵农、乐律、乡遂、司马之法以至于隐书、小语、名物、象数之细，靡不搜采研贯，故其持论明晰，考古详核，不必依傍儒先余绪，而立说精确，卓然自成一家。于诗

----

①　四库全书研究所整理《钦定四库全书总目》（整理本）集部《止斋文集》五十一卷《附录》一卷提要，中华书局，1997，第2129页。

则颇工七言，极踔厉纵横之致，惜其年止四十，得寿不永，又覃思考证，不甚专心于词翰，故遗稿止此。"①

这两则提要对陈傅良、薛季宣做了全面介绍和积极肯定，不仅让读者看到了他们作为文学家的一面，也展示了他们讲学而不坐谈心性、多切实用，对于传播程氏之学、发展永嘉学派做出的贡献。提要把永嘉学派的创立、代表人物、致力实用等娓娓道来，不枝不蔓、层次清晰，传递出的丰富的学术信息，体现了《总目》"辨章学术、考镜源流"的学术功能，也彰显了提要编纂者深厚的学识功力。通过这些提要，我们也看到文学和讲学再次彼此渗透，交集在一起。

三 《四库全书总目》集部讲学与文学的殊途

《总目》集部总序云："大抵门户构争之见，莫甚于讲学，而论文次之。讲学者聚党分朋，往往祸延宗社。操觚之士，笔舌相攻，则未有乱及国事者。盖讲学者必辨是非，辨是非必及时政。其事与权势相连，故其患大。文人词翰，所争者名誉而已，与朝廷无预，故其患小也。"这里已经把讲学和文人词翰并列对举，两者之间的分野显而易见。具体而言，集部讲学和文学的殊途也可以从两方面来看。

（一）从提要结构看，诗歌、文章、讲学三线并行、分而论之，体现出三者之间的差别

程颐曾经明确地把学术一分为三，把文学摆在儒学相对立的地位上："古之学者一，今之学者三，异端不与焉。一曰文章之学，二曰训诂之学，三曰儒者之学。欲趋道，舍儒者之学不可。"集部提要虽然没有这样明确加以区分，但是提要中诗歌、文章、讲学三线并行的例子非常多，可以看出提要撰写有一个内在的程序和规定，这种内在模式外化成一种固定结构，那就是诗歌、文章、讲学分而论之，彼此分野十分清晰。如：

---

① 四库全书研究所整理《钦定四库全书总目》（整理本）集部《浪语集》三十五卷提要，中华书局，1997，第2141—2142页。

元汪克宽撰。……其平生以聚徒讲学为业，本不留意于文章谈艺之家，亦未有以文章称克宽者。然其学以朱子为宗，故其文皆持论谨严，敷词明达，无支离迂怪之习。诗仅存十余首，虽亦濂洛风雅之派，而其中七言古诗数首，造语新警，乃颇近温庭筠、李贺之格，较诸演语录以成篇，方言俚字无不可以入集者，亦殊胜之，在其乡人中，不失为陈栎、胡炳文之亚。①

明罗钦顺撰。钦顺之学以穷理格物为宗，力攻王守仁良知之说，其大旨具见所作《困知记》中，已别著录。至词章之事，非其所好，谈艺家亦罕论及之。……然集中所作，虽意境稍涉平衍，而典雅醇正，犹未失成化以来旧格。诗虽近击壤派，尚不至为有韵之语录，以抗行作者则不能，在讲学诸家亦可云质有其文矣。②

明夏尚朴撰。……尚朴本讲学之士，不以文章为工，然其言醇正，固亦不乖于大雅焉。③

明毛宪撰。……宪居言路，以戆直称，故所作颇有刚劲之气。以耳疾谢归后，与王守仁、湛若水诸人讲学，绳墨自守，务为笃实，故亦不恣意高谈。然以文章而论，则于是事非当家也。④

明蔡清撰。……廷魁序中因反复辨论，历诋古来文士，而以清之诗文为著作之极轨。夫文以载道，不易之论也。然自战国以下，即以歧为二途，或以义理传，或以词藻见，如珍错之于菽粟，锦绣之于布帛，势不能偏废其一。故谓清之著作主于讲学明道，不必以声偶为

---

① 四库全书研究所整理《钦定四库全书总目》（整理本）集部《环谷集》八卷提要，中华书局，1997，第2257页。
② 四库全书研究所整理《钦定四库全书总目》（整理本）集部《整庵存稿》二十卷提要，中华书局，1997，第2309页。
③ 四库全书研究所整理《钦定四库全书总目》（整理本）集部《东岩集》六卷提要，中华书局，1997，第2316页。
④ 四库全书研究所整理《钦定四库全书总目》（整理本）集部《古庵文集》十卷提要，中华书局，1997，第2422页。

诗，以雕绘为文，此公论也。①

类似的例子还有很多，这些提要都把诗、文、讲学分开论述，三者的评判标准也不尽相同，如讲学之文不必如文章那么精工、醇正，贵在其理可通。正如《环谷集》八卷（元汪克宽撰）提要云："文士之文以词胜，而防其害理，词胜而不至害理，则其词可传，道学之文理胜，而病其不文，理胜而不至不文，则其理亦可传，固不必以一格绳古人矣。"文士之文和道学之文是两个不同的评判标准，明显体现出文学和讲学的分途。

（二）从文学家和讲学家的身份看，前者称为作者，后者称为儒者

在集部提要中，文学家和讲学家还有两个不同的称呼，文学家往往被称为"作者"，而讲学家则被称为"儒者"，"作者"以文辞为美，"儒者"以解经传道为业。这种不同的称呼实则显示出两者的身份差异。

如《静修集》三十卷（元刘因撰）提要："今考其论诗有曰：'魏晋而降，诗学日盛，曹、刘、陶、谢，其至者也。隋唐而降，诗学日变，变而得正，李、杜、韩，其至者也。周宋而降，诗学日弱，弱而复强，欧、苏、黄，其至者也'云云。所见深悉源流，故其诗风格高迈，而比兴深微，闯然升作者之堂，讲学诸儒未有能及之者。王士禛作《古诗选》，于诗家流别品录颇严，而七言诗中独录其歌行为一家，可云豪杰之士，非门户所能限制者矣。"②刘因对诗歌源流深有体悟，诗歌创作也不同凡俗，故提要中称赞他已然"升作者之堂"，非讲学诸儒所能及。

再如《九华集》二十五卷《附录》一卷的提要："宋员兴宗撰。……集中多与张栻、陆九渊往复书简，盖亦讲学之家。然所上奏议大抵毅然抗论，指陈时弊，多引绳批根之言。……学问淹雅，亦未易及。虽其文力追韩、柳，不无锤炼过甚之弊，然骨力峭劲，要无南渡以后冗长芜蔓之习，亦一作者也。"③员兴宗虽为讲学之家，但是他学识广博，其文章奏议颇有

---

① 四库全书研究所整理《钦定四库全书总目》（整理本）集部《蔡文庄集》八卷提要，中华书局，1997，第 2405 页。
② 四库全书研究所整理《钦定四库全书总目》（整理本）集部《静修集》三十卷提要，中华书局，1997，第 2213—2214 页。
③ 四库全书研究所整理《钦定四库全书总目》（整理本）集部《九华集》二十五卷《附录》一卷提要，中华书局，1997，第 2139—2140 页。

根砥，故亦能堪称"作者"。

还如《整庵存稿》二十卷提要："明罗钦顺撰。……诗虽近击壤派，尚不至为有韵之语录，以抗行作者则不能，在讲学诸家亦可云质有其文矣。"① 这则提要明显把作者和讲学对举，而罗钦顺的位置处于作者和讲学家之间。

其他再如《礼部集》二十卷《附录》一卷提要："元吴师道撰。……于经术颇深……于史事亦颇有考证。又与黄溍、柳贯、吴莱相与往来倡和，故诗文具有法度。其文多阐明义理，排斥释老，能笃守师传。其诗则风骨遒上，意境亦深，褒然升作者之堂，非复《仁山集》中格律矣。盖其早年本留心记览，刻意词章，弱冠以后，始研究真德秀书，故其所作，与讲学家以余力及之者迥不同耳。"② 《重编琼台会稿》二十四卷提要："明邱浚撰。……则其好论天下事，亦不过恃其博辨，非有实济。然记诵淹洽，冠绝一时，故其文章尔雅，终胜于游谈无根者流。在有明一代，亦不得不置诸作者之列焉。"③

从以上提要来看，作者和儒者显然是两种不同的身份角色。严格说来，儒者应该被归于经部或子部儒家类，但是因为这些讲学家又兼涉文学创作，而且文学造诣也较为深厚，集部必须客观著录，故而在集部中也大量出现"立身行己，诵法先王，务以通经适用而已"的儒者。集部在彰显其不同于经、史、子部的文学特质时，客观陈述位列其中的讲学家的儒家风范，这是最客观也最合理的处理方式。

讲学因为和文学、经学、史学等有着割舍不断的、千丝万缕的联系，所以在《总目》各个部类大量存在。《总目》虽然一以贯之地对讲学进行批评、贬斥，但是并没有简单地焚书灭迹，这其中的原因非一言两语能够说清。万物的存在都有其合理性，讲学的存在也因它在宋、元、明、清四朝留下了太深的痕迹，在中国古代思想文化史上留下了厚重的一笔，它既推动了理性思辨和思想启蒙，也因为结党营私、祸延宗社而深受诟病，毁

---

① 四库全书研究所整理《钦定四库全书总目》（整理本）集部《整庵存稿》二十卷提要，中华书局，1997，第2309页。
② 四库全书研究所整理《钦定四库全书总目》（整理本）集部《礼部集》二十卷《附录》一卷提要，中华书局，1997，第2234页。
③ 四库全书研究所整理《钦定四库全书总目》（整理本）集部《重编琼台会稿》二十四卷提要，中华书局，1997，第2298页。

誉参半，留与后人评说。

Viewing the Intersection and Difference of Lectures and Literature from *Siku Quanshu Zongmu*

Liu Yan

Abstract：There are many discussions on the lectures in *Siku Quanshu Zongmu*, most of which are reprimanding and criticizing from beginning to end. As a relatively concentrated literary literature, Ji bu also has a large number of lecturers. When lectures and literature are intertwined, they form a pattern different from Jing bu, Shi bu, Zi bu. Lectures and literature are parallel lines of two styles and temperament, each of which is extended according to its own path. However, in a specific context, lectures and literature will occasionally intersect. After a short intersection, they will inevitably move again and go to the different way.

Keywords：*Siku Quanshu Zongmu*；Ji bu；Lectures；Literature

About the Author：Liu Yan（1975 - ），Ph. D. , Associate Professor in school of Chinese Language and Literature, Hubei University. Research interests and specialties：Chinese classical literature. Magnum opuses：*The Research on "Siku Quanshu Zongmu" of Ji bu*, etc. Email：lychangchang@163. com.

《四库全书总目》 补正三则

张 立*

摘　要：《四库全书总目》关于《贞观公私画史》《履斋遗集》《铁庵集》的提要存在一些讹误，本文结合相关史料对这三条提要进行考辨补正。笔者认为《贞观公私画史》的书名应为《贞观公私画录》，《履斋遗集》中《和吕居仁侍郎东莱先生韵》确为吴潜所作，《铁庵集》中王迈应作王逸。

关键词：《四库全书总目》 《贞观公私画史》 《履斋遗集》《铁庵集》 补正

基金项目：浙江省哲学社会科学发展规划领导小组 2014 年课题"魏晋文献辑佚研究——以《献帝春秋》为例"（项目编号：16NDJC315YBM）

《四库全书总目》中关于《贞观公私画史》《履斋遗集》《铁庵集》的提要有不确之处，本文试就这三条提要进行补正，辨析讹误，厘清史实。

一　《贞观公私画史》一卷

《四库全书总目·贞观公私画史》："案《唐书·艺文志》有裴孝源《画品录》一卷，注曰'中书舍人'，与此序合……考张彦远《名画录》引孝源《画录》最多，皆此书所无，盖孝源别有一书……又序称止于贞观十三年，而此本所列皆隋代收藏官本，其画壁亦终于杨契丹，均不

---

* 张立（1981—），博士，浙江建设职业技术学院讲师。研究方向为中国古典文献与古代文化，代表作有《扬州文献考论》。电子邮箱：379978183@ qq. com。

可解。"①

　　按：四库本裴孝源《贞观公私画史》（以下简称"裴书"）自序云："起于高贵乡公，终于大唐贞观十三年（639），秘府及佛寺并私家所蓄其二百九十八卷，屋壁四十七所，目为《贞观公私画录》。"② 南宋郑樵《通志·艺文略七》"画录类"先后列"《画品录》一卷，唐裴孝源撰""《贞观公私画录》一卷，裴孝源撰"③，实为二书甚明。盖四库馆臣未检《通志》，偶然失考。且《通志》著录作"《贞观公私画录》"，不云"画史"，不仅与裴氏自序一致，也与《遂初堂书目》④、《宋史·艺文志》⑤ 著录以及《图画见闻志》⑥、《益州名画录》⑦、《攻媿集》⑧ 所征引相吻合，足纠《四库全书总目》著录书名之失。裴书约从明代起作"《贞观公私画史》"（如《国史经籍志》⑨《澹生堂藏书目》⑩），谢巍先生推断四库底本为明《王氏书画苑》本⑪，甚是。

　　裴书云："右二卷蘧师珍画，梁朝官本。""右七卷袁蒨画并是梁朝官本，有太清年月号。""右三卷史文敬画，梁朝官本。"并非如馆臣所言"所列皆隋代收藏官本"。且馆臣不悟裴书既题为"公私画录"，序内又明言书画来源于"秘府及佛寺并私家所蓄"，其中必包括私家藏画无疑，例如："右三卷陈公恩画，一卷是隋朝官本。"此三卷之中，隋官本仅占其一，其余两卷盖即私家所藏。

　　馆臣称有"不可解"之处，大概认为序中既云"终于大唐贞观十三

① （清）永瑢：《四库全书总目》，中华书局，1965，第 953 页。
② （唐）裴孝源：《贞观公私画史》，载《景印文渊阁四库全书》第 812 册，商务印书馆，1986，第 19—20 页。
③ （宋）郑樵：《通志·艺文略七》，中华书局，1987，志 809 中。
④ （宋）尤袤：《遂初堂书目》，商务印书馆丛书集成初编本，1935，第 23 页。
⑤ （元）脱脱：《宋史·艺文志六》卷二百五，中华书局，1977，第 5289 页。
⑥ （宋）郭若虚：《图画见闻志》卷一，载《画史丛书》册一，上海人民美术出版社，1963，第 1 页。
⑦ （宋）黄休复：《益州名画录》卷上，载《画史丛书》册四，上海人民美术出版社，1963，第 10 页。
⑧ （宋）楼钥：《攻媿集》卷七十五，载《四部丛刊》续编，上海书店，1989。
⑨ （明）焦竑：《国史经籍志》，载《丛书集成初编》本，商务印书馆，1939，第 231 页。
⑩ （明）祁承㸁：《澹生堂藏书目》，载《续修四库全书》第 919 册，上海古籍出版社，1995，第 684 页。
⑪ 谢巍：《中国画学著作考录》，上海书画出版社，1998，第 52 页。

年"，何以书内不涉唐时画作而仅止于隋代画家杨契丹？其实裴序所言贞观十三年非谓画作创作时间，而指其搜集、访见名画时间止于是岁。又裴书云："右十一卷皆甚精奇，隋朝以来私家搜访所得。"推及全书，所谓"隋朝以来"的时间断限，正是贞观十三年（639）。此外，裴书不涉及初唐画家，也与取舍标准有关。裴序明言，书中所录为"魏晋以来前贤遗迹所存"，重在古画。而唐以前古画精品大都流入隋朝内府，《隋书·经籍志》："又聚魏已来古迹名画，于殿后起二台，东曰妙楷台，藏古迹。西曰宝迹台，藏古画。"① 这批书画在隋亡后损失巨大，"其所存者，十不一二"②，之后大都由唐宫递藏，唐张彦远《历代名画记》卷一云："国初内库只有三百卷，并隋朝以前相承、御府所宝。"③ 裴孝源时任中书舍人，得窥秘府，故书中所录画作大半为隋朝官本。

王世襄先生认为"裴孝源之《贞观公私画史》，次序凌乱，尽失旧观"④，李裕民先生亦"疑今传本内容已有脱误"⑤，皆为有识之见。今再续补一证。裴书列举四十七所寺庙壁画，其中有"隋敬爱寺：孙尚子画，在洛阳。隋天女寺：展子虔画，在洛阳"。此二寺《唐会要》云："天女寺：敦业坊⑥。贞观九年置为景福寺，武太后改为天女寺。敬爱寺：怀仁坊⑦。显庆二年（657），孝敬在春宫，为高宗、武太后立之，以敬爱寺为名。制度与西明寺同。天授二年（691）改为佛授记寺，其后又改为敬爱寺。"⑧ 众所周知，《唐会要》对于隋唐之际的寺庙沿革记述甚详，如："慈恩寺：晋昌坊。隋无漏废寺。贞观二十二年（648）十二月二十四日，高宗在春宫，为文德皇后立为寺，故以慈恩为名。青龙寺：新昌坊。本隋废灵感寺。龙朔二年（662），新城公主奏立为观音寺，景云二年（711）改名。"⑨ 由《唐会要》不言"天女寺""敬爱寺"本为隋朝旧寺可知，此

① （唐）魏征等：《隋书·经籍志》，中华书局，1973，第908页。
② （唐）魏征等：《隋书·经籍志》，第908页。
③ （唐）张彦远：《历代名画记》卷一，载《画史丛书》册一，上海人民美术出版社，1963，第4页。
④ 王世襄：《中国画论研究》，广西师范大学出版社，2010，第114页。
⑤ 李裕民：《四库提要订误》（增订本），中华书局，2005，第204页。
⑥ 参见杨鸿年《隋唐两京坊里谱》，上海古籍出版社，1999，第305、241页。
⑦ 参见杨鸿年《隋唐两京坊里谱》，第449—450页。
⑧ （宋）王溥：《唐会要》卷四八《寺》，上海古籍出版社，2006，第993页。
⑨ （宋）王溥：《唐会要》卷四八《寺》，第990页。

二寺实乃唐代新立。寺庙壁画托名于前代名家，所在多有，姑置勿论。惟裴序末署："时贞观十三年八月望日序中书舍人裴孝源。"此时天女寺尚名景福寺，且建成仅四年，而敬爱寺则待十九年后方建立，裴氏作书时焉能预知此二寺名？此处显然经过后人增改。唐张彦远《历代名画记》卷三《东都寺观画壁》："天女寺：裴云有展画，今不见。""敬爱寺：据裴孝源《画录》云有孙尚子画。彦远按：敬爱寺是中宗皇帝为高宗、武后置，孙尚子是隋朝画手，裴君所记为谬矣。"① 则中唐所见之本已然如此。要之，今本《贞观公私画录》不失为唐人书画艺术类作品中难得旧籍，但流传既久，存在脱讹、删改之处。故征引此书时，内容宜先经考辨，不可遽然信从。

二　《履斋遗集》四卷

《四库提要·履斋遗集》："宋吴潜撰……是集为明末宣城梅鼎祚所编。凡诗一卷、诗余一卷、杂文二卷。盖裒辑而成，非其原本。如诗余中有《和吕居仁侍郎》一首，居仁即吕本中字，吕好问之子也，为江西派中旧人，在南北宋之间。宝佑四年，潜论鄂渚被兵事称年将七十，则其生当在孝宗之末，何由见本中而和之？则捃拾残剩，不免滥入他人之作。"②

按：陆心源《仪顾堂题跋》卷一二《履斋遗集跋》云："明梅鼎祚始辑为此集……集中有《和吕居仁侍郎东莱先生韵》一首，又有《京口凤凰池和张芦川春水连天韵》一首，皆和古人之作，如东坡和陶之类。不然，居仁、芦川皆北宋人，履斋安得而与为倡和耶？"③ 陆氏此辨即为《四库提要》而发，然其所驳恐不能服馆臣之心。馆臣宁不知"和陶体"？况陆氏举证本有罅漏，吕居仁（1084—1145）、张芦川（1091—1161）俱生活于两宋之交，馆臣称吕居仁"在南北宋之间"，所言得当，陆氏以不误为误。馆臣由词题发疑，并无不妥。然以为梅鼎祚误收"他人之作"，所谓"他

① （唐）张彦远：《历代名画记》卷三，载《画史丛书》册一，上海人民美术出版社，1963，第50页。
② （清）永瑢：《四库全书总目》卷一六三，第1398页。
③ （唐）陆心源：《仪顾堂题跋》卷一二，载《续修四库全书》第930册，上海古籍出版社，1995，第144页。

人"，究系何人？陆心源称"《和吕居仁侍郎东莱先生韵》"为"和陶体"，则吕氏原词，究系何词？双方均未深考。后人辑本误收他人篇什，并不鲜见，馆臣虽能就此发疑，而不检词作出处，其疏略固不能为之讳。

其实《满江红·和吕居仁侍郎东莱先生韵》确为吴潜所作，该词在现存文献中始见于宋刊本《开庆四明志》卷一一，但不标词题。该词前一首为吴潜《满江红·己未赓李制参直翁俾寿之词》，后一首为吴潜《满江红·和刘右司长翁俾寿之词》，前后不仅同词牌，而且同为和词，不难推知，该词亦当为和韵性质。尽管《开庆四明志》于此阕《满江红》不标词题，但《履斋遗集》中《和吕居仁侍郎东莱先生韵》之题不宜轻易否定。经对比可知，吴潜此词韵脚全步吕本中《满江红》（东里先生）一阕[①]，故《履斋遗集》所标词题当有所本。陆心源"和陶体"之说于此可获确证。

《开庆四明志》一书对吴潜研究甚为重要，《四库提要》卷六八已有详言："其自序称续志之作，所以志大使丞相履斋先生吴公三年治鄞之政绩……故所述多吴潜在官事实……是因一人而别修一郡之志。名为舆图，实则家传，于著作之体殊乖……至潜所著文集世久无传，后人掇拾丛残，编为遗稿，亦殊伤阙略。此志载潜吟稿二卷，共古今体诗二百九首。诗余二卷，共词一百三十首，皆世所未睹，虽其词不必尽工，而名臣著作藉以获存，固亦足资援据。"文内所言"后人掇拾丛残，编为遗稿"指的正是明梅鼎祚辑本《履斋遗集》。由此可见，《四库提要》杂出众手，撰者之间又各有分工，罕通声气，虽经纪昀润色，但前后有失照应处仍不少，此正官修目录书之一弊。

三 《铁庵集》三十七卷

《四库提要·铁庵集》："《宋季三朝政要》载理宗端平三年大琼为右正言，上疏极论济王之冤。侍御史蒋岘劾其鼓扇异端，与王逸、刘克庄同日去国。盖亦謇谔敢言之士，故其奏疏多能疏通畅达，切中时弊，经义亦

---

① 唐圭璋：《全宋词》，中华书局，1988，第 938 页。

颇有可观。"①

按：《宋季三朝政要》载与方大琮同遭劾者有王逸、刘克庄。此处人名有误，"王逸"当作"王迈"。《宋史·潘牥传》："会殿中侍御史蒋岘劾方大琮、刘克庄、王迈前倡异论……"② 《宋史·徐鹿卿传》："会右史方大琮、编修刘克庄、正字王迈以言事黜，鹿卿赠以诗，言者并劾之，太学诸生作《四贤诗》。"③《四部丛刊》影旧钞本刘克庄《后村集》卷一三三《答洪帅侍郎》："嘉熙丁酉，台官蒋岘劾方大琮、刘某、王迈、潘牥四人在端平初妄论纪，乞坐以无将不道之刑。先皇圣度如天悉从末减大琮罢右史，某夺袁州，迈失漳倅，牥免官而已。"可为其证。王迈有《臞轩集》十六卷，系从《永乐大典》中辑出，《四库全书》已著录。《四库提要》叙王迈生平甚详，并云："其于济王竑事，反复规劝，更见拳拳忠爱之心。"《铁庵集》与《臞轩集》同收于《总目》卷一六三，而殿本《提要》亦未订正"王逸"人名之误，足见馆臣之疏失。

余嘉锡先生《四库提要辨证》："案今《学津讨源》本、《守山阁》本《宋季三朝政要》……其端平三年条下，并无大琮为右正言上疏论济王冤事，徧考前后，亦无及此者。……岂据《福建通志》及《政要》融会言之，未及分晰耶？……《提要》盖未见克庄所撰墓志，故仅据《三朝政要》言之耳。《齐东野语》卷十四《巴陵本末篇》节录大琮为右正言时所上疏，凡六百余字，较墓志所载为尤详，文繁不备引。"

余嘉锡先生认为《齐东野语》"节录大琮为右正言时所上疏，凡六百余字，较墓志所载为尤详"，但就史源而言，恐有未安。余先生所见《铁庵集》盖四库本，此本仅三十七卷，并非足本。今存明正德刊《宋宝章阁直学士忠惠公铁庵方公文集》，丁丙《善本书室藏书志》卷三一云："此刻乃四十五卷，较《提要》多八卷，尤堪珍贵。"对比正德本与四库本，仅卷一《谏院奏议》四库本便失载达五篇之多，故应以前者为准。《齐东野语》所录"丙申岁，正言方大琮奏疏"，实乃节录自《铁庵集》卷一《端平三年七月分第一札》，原文四千多字，端平三年正值丙申，干支亦相合。故《提要》所云"端平三年大琮为右正言，上疏极论济王之冤"，馆臣虽

---

① （清）永瑢：《四库全书总目》卷一六三，第 1397 页。
② （元）脱脱：《宋史》，中华书局，1977，第 12671 页。
③ （元）脱脱：《宋史》，第 12649 页。

误记为出自《宋季三朝政要》，然确有所本。余嘉锡先生仅据刘克庄《铁庵方阁学墓志铭》与《齐东野语·巴陵本末》中节录之文，而未一检《铁庵集》足本中全文，特偶然失考耳。

Three Corrections on *Siku Quanshu Zongmu*

Zhang Li

Abstract：There are some mistakes in the summary of *Zhenguan Gongsi Huashi*, *Lvzhai Yiji* and *Tie'an Ji* in *Siku Quanshu Zongmu*. This article combines relevant historical materials to examine and correct these three summaries. Such as *Zhenguan Gongsi Huashi* should be *Zhenguan Gongsi Hualu*；*Lvzhai Yiji* is indeed made by Wu Qian，Wang Mai in *Tie'an Ji* should be Wang Yi，and so on.

Keywords：*Siku Quanshu Zongmu*；*Zhenguan Gongsi Huashi*；*Lvzhai Yiji*；*Tie'an Ji*；Corrections

About the Author：Zhang Li（1981 –），Ph. D.，Lecturer in Zhejiang College of Construction. Research interests and specialties：Chinese classical literature. Magnum opuses：*The Research on the Document of Yangzhou*，etc. Email：379978183@ qq. com.

21 世纪以来的《十五贯》研究综述

喻小晶*

摘　要：进入 21 世纪以来，学界对《十五贯》的解读视角更广阔，研究内容更深入。重要问题得到回归，通融与创新频现，关注热点问题的同时又有所坚守。据统计，从 2000 年至 2017 年，有关《十五贯》研究的各类论文有 70 余篇，在研究方向与研究方法上都呈现出更加多元化的趋势。大致可分为宏观理论及评论、文本研究、改编研究等三方面，其中以文本研究为主。但相关研究的内容承袭较多，富有开创性的研究仍略显不足。未来《十五贯》的研究在文体和文献等方面仍有较大发展空间。

关键词：十五贯　研究综述

明末清初，苏州派剧作家朱素臣将宋元话本《错斩崔宁》（冯梦龙将其收入《醒世恒言》后更名为《十五贯戏言成巧祸》）改编为传奇《双熊梦》（又名《十五贯》），自此，《十五贯》开始登上戏曲舞台。此后，这一题材历经多次改编，衍生出秦腔、京剧、大鼓、宝卷等多种艺术形态。进入 20 世纪初期，《十五贯》的演出还未家喻户晓。直到 1956 年，经浙江国风昆苏剧团改编的《十五贯》在北京上演，以"一出戏救活一个剧种"的美誉绽放出新的生机[1]，至今依然活跃在舞台上。20 世纪以来，相关研究的成果丰硕，出现"诸家争说《十五贯》"的盛况。[2] 以往学界对

---

* 喻小晶（1992—），湖北大学文学院博士研究生。研究方向为古代文学、中国古典文献学。电子邮箱：787012783@ qq. com。

① 《从"一出戏救活了一个剧种"谈起》，《人民日报》1956 年 5 月 18 日。

② 关于《十五贯》研究的前世今生，参见沈鸿鑫《〈十五贯〉的前世与今生》，《上海戏剧》2008 年第 9 期；周育德《话说〈十五贯〉现象》，《文化艺术研究》2010 年第 1 期。

《十五贯》进行的研究，主要可以分为两大类：其一，对《十五贯》系列文本（话本和传奇）的解读；其二，对戏曲《十五贯》的相关研究。[①] 进入 21 世纪以来（截至 2017 年），在前人研究基础上，学界对《十五贯》的解读视角更广阔，研究更深入。尤其是艺术价值的讨论，方兴未艾。重要问题得到回归，通融与创新频现，关注热点问题的同时，又有所坚守。通过梳理 21 世纪以来《十五贯》的研究成果，有助于加深对《十五贯》各艺术形态的理解，以及推进相关戏曲文学的研究。为综评的方便，根据本人对相关研究的关注点和理解，对相关研究分类叙述。限于学识和闻见，难免弃璧遗珠，望专家批评。

一　《十五贯》宏观理论及评论研究

据统计，从 2000 年至 2017 年，关于《十五贯》研究的各类论文有 70 余篇，在研究方向与研究方法上都呈现出更加多元化的趋势，其中不乏立足于各自领域，对相关问题进行较为深入讨论的硕士、博士学位论文。《十五贯》的研究也逐渐呈现出体系性。

特别值得一提的是，解玉峰《90 年来昆曲研究述评》一文，从宏观上对 20 世纪以来的昆曲发展情况进行了较为系统的归纳，并对 21 世纪昆曲研究提出了思考与追问，对近年来的戏曲研究具有指向性意义。尤其是对《十五贯》研究中的昆曲研究具有重要参考意义。[②] 而直接对《十五贯》提出问题和思考的则是洛地的《〈十五贯〉回顾和思考》一文，其围绕"民族戏剧""文化遗产""推陈出新"等主题概念，针对从《十五贯》的改编到昆曲成为"人类口头遗产和非物质遗产代表作"的五十年间的一些现象和问题提出了自己的看法。[③] 如今，这些问题的呈现与思考，都已成

---

① 有关昆曲《十五贯》的相关人物的梳理，参见杨红军《田汉与昆曲〈十五贯〉》，《北京档案》2013 年第 11 期；潘伟民《黄源与昆曲〈十五贯〉》，载《黄源纪念集》，中国福利会出版社，2006；沈祖安《水到渠始成——〈十五贯〉编演前后的回忆片段》，《文化艺术研究》2012 年第 1 期。有关周传瑛参与《十五贯》编演及传承的讨论，见洛地《周传瑛在〈十五贯〉轰动京城后的昆剧思索》，《浙江艺术职业学院学报》2014 年第 2 期；周立波《周传瑛与昆剧〈十五贯〉研究述略》，《浙江艺术职业学院学报》2014 年第 2 期。

② 解玉峰：《90 年来昆曲研究述评》，《南京师大学报》（社会科学版）2005 年第 1 期。

③ 洛地：《〈十五贯〉回顾和思考》，《戏剧艺术》2007 年第 1 期。

为 21 世纪昆曲研究，尤其是《十五贯》研究所不能回避的问题。

在进入 21 世纪以来，《十五贯》评论研究最为典型的代表是《十五贯》论述"三部曲"，即傅谨的《昆曲〈十五贯〉新论》、徐宏图的《昆曲〈十五贯〉补论》、柯凡的《再论昆曲〈十五贯〉》这三篇重要文章。《昆曲〈十五贯〉新论》一文指出，通过对现存三个《十五贯》早期剧本的对比可看到通行本《十五贯》的改编得失；《十五贯》改编的深远意义，也需要从超越剧目甚至昆曲这个剧种的立场解读，《十五贯》的成功为大量以"清官"为正面主人公的传统剧目赢得了重登舞台的机会，为传统剧戏曲在当代获得更大的生存空间，做出了无与伦比的贡献。①《昆曲〈十五贯〉补论》一文则从"缘起与结果""剧团与剧种""推陈与出新"的关系出发，指出《十五贯》改编演出的成功并非偶然而是必然的、所救并非仅是剧团而是剧种、"出新"并非只是思想内容而是全方位的，"经典剧目"也有推陈出新的空间等问题。② 而《再论昆曲〈十五贯〉》一文较为详细地叙述了 20 世纪 50 年代浙江国风昆苏剧团改编、演出《十五贯》以及剧团发展等活动的经过，认为《十五贯》成功的外因在于"传"字辈昆曲演员对《十五贯》的数度改编，为新编本《十五贯》的诞生和成功奠定了基础，以及政府领导对昆曲的个人感情、对《十五贯》社会价值的认可以及在此基础上的巧妙运作之于《十五贯》改编的影响的历史意义与现实启示。③

2016 年是改编《十五贯》六十周年，故而在此时期，开始出现了一批对《十五贯》的意识形态进行定位的评论，这些评论主要集中在主流意识形态下的期刊报纸上，如郑晓林的《〈十五贯〉的跨时代意义》④、仲呈祥的《昆曲〈十五贯〉的启示意义》⑤、薛若琳的《继承和弘扬〈十五贯〉精神》⑥ 等文，均是发表于主流媒体的报刊上，都是从时代意义、精神价值等方面对《十五贯》进行高度点评，号召人们认识到《十五贯》所带来

---

① 傅谨：《昆曲〈十五贯〉新论》，《戏剧》2006 年第 2 期；傅谨：《昆曲〈十五贯〉新论》，《文化遗产》2008 年第 4 期。
② 徐宏图：《昆曲〈十五贯〉补论》，《文艺研究》2012 年第 4 期。
③ 柯凡：《再论昆曲〈十五贯〉》，《戏友》2016 年第 1 期。
④ 郑晓林：《〈十五贯〉的跨时代意义》，《中国艺术报》2016 年 4 月 6 日。
⑤ 仲呈祥：《昆曲〈十五贯〉的启示意义》，《文艺报》2016 年 5 月 20 日。
⑥ 薛若琳：《继承和弘扬〈十五贯〉精神》，《中国文化报》2016 年 5 月 10 日。

的启示性的跨时代意义，并继承和发扬《十五贯》所象征的时代精神。

另外，还有对《十五贯》与时代发展的睿思。如俞为民在《昆曲的现代性发展之可能性研究》① 一文中就以《十五贯》为例，认为昆曲的现代性发展不仅要在内容上加强剧目建设，还要在形式上确保昆曲特色的同时丰富昆曲的表演方式，实现多元创新发展，以符合时代审美要求趣味。而高琦华、卢敦基《十五贯、小百花与浙江戏曲事业的发展》② 一文则是从《十五贯》之于浙江戏曲事业发展的角度着手，对《十五贯》的现代意义进行反思，指出浙江人文历史与戏曲事业发展之间的关系，强调其对浙江戏曲事业的进一步发展所具有的重要意义。

二 《十五贯》文本研究

尽管在 20 世纪初，《十五贯》的文本研究已有较多成果，但限于资料不足及研究方法的单一，相关研究仍有推进的空间。尤其进入 21 世纪以来，利用新材料，立足不同视角，在方法论上的创新，对《十五贯》文本研究的通融度和有效性都有新的提升。其中，既有整体研究，也有针对重点问题进行分析讨论。

对《十五贯》文本内容的整体研究，如张红霞博士学位论文《朱素臣传奇研究》中有"《十五贯》本事考论"一节，指出"熊友蕙冤案"为朱素臣对李渔《无声戏》话本第二回《美男子避祸反生疑》中蒋瑜、何氏一案的借鉴，同时也对取材进行了精心的删削改动。而"熊友兰冤案"，在基本叙事模式不变的情况下，朱素臣对此前故事进行了量体裁衣式的剪裁和改编，使它更为适合传奇"双生双旦"式的双线结构，进而能与熊友蕙一线的相配完美无瑕。朱素臣拈出明代执政江南的两位清官——周忱和况钟，把《美男子避嫌反生疑》和《错斩崔宁》话本中的两段公案故事以"十五贯"为扭结点组合在一起，并根据传奇表达的主题创造性地改变了前人话本中的相关素材，编撰了《十五贯》这部享誉一时，且后世广泛流传的剧作。③ 又

---

① 俞为民：《昆曲的现代性发展之可能性研究》，《艺术百家》2009 年第 1 期。
② 高琦华、卢敦基：《十五贯、小百花与浙江戏曲事业的发展》，《文化艺术研究》2010 年第 5 期。
③ 张红霞：《朱素臣传奇研究》，博士学位论文，河南大学中文系，2012。

如丛海霞的硕士学位论文《〈十五贯〉研究》，认为以往对《十五贯》的研究多集中在各改编本，对原著本身的文学价值研究还值得进行更深入的挖掘。其指出熊友蕙、侯三姑故事最早可追溯到《后汉书·李敬传》；熊友兰和苏戍娟的故事则是根据明代拟话本《十五贯戏言成巧祸》改编；况钟、周忱和熊氏兄弟四人都是取材于历史真实人物；而娄阿鼠败露等问题是在传奇的基础上进行创新发展的结果。其认为朱素臣既擅长"双线结构"，制造"矛盾"和"巧合"，又兼顾融合复杂的社会背景，在政治与命运的交错中推进故事发展，达到"以情动人""扣人心弦"的目的。也指出《十五贯》的艺术特色具体体现在宾白内容、科介动作、曲词风格及宫调牌的选择与运用上，达到通俗机趣的效果。① 此类文章多立足于前人研究，从整体上对《十五贯》进行文本分析，研究人物形象、艺术特色等问题。除进行整体研究外，也有学者对不同历史阶段的《十五贯》文本进行对比研究。如袁卓《〈十五贯〉与〈错斩崔宁〉》② 一文，即对比分析介绍具有差异文本的内容和特色。又，2004 年台湾中山大学林忆玲的硕士学位论文《〈错斩崔宁〉〈双熊梦〉〈破晓时分〉之比较研究》，即将 1968 年台湾地区据《十五贯》所改编拍摄的电影《破晓时分》纳入《十五贯》文本系统中进行对比研究，为《十五贯》戏曲文本研究增加了新题材的对比分析。另外，张建伟的《从宋元话本到现代小说——"十五贯"冤案的文学艺术呈现》一文，也以文学艺术的呈现方式作为研究角度切入，对《十五贯》中的冤案进行深入探讨，从历史的角度，分析各阶段体裁在叙事时所采用的不同艺术手法。③

　　《十五贯》具体内容研究成为 21 世纪以来的研究热点，多篇论文从《十五贯》的主题、人物、情节等方面进行分析与阐释。《十五贯》的主题研究，历来为学界研究的焦点。吕茹在《叙事主题的转换性：古代白话短篇小说与戏曲的双向互动》一文中即以《十五贯》为例，探讨从《十五贯》到《双熊梦》的过程中叙事主题所发生的转换关系。④ 另外，有关

---

① 丛海霞：《〈十五贯〉研究》，硕士学位论文，海南师范大学，2016。
② 袁卓：《〈十五贯〉与〈错斩崔宁〉》，《艺术百家》2006 年第 4 期。
③ 张建伟：《从宋元话本到现代小说——"十五贯"冤案的文学艺术呈现》，《中国法律评论》2015 年第 1 期。
④ 吕茹：《叙事主题的转换性：古代白话短篇小说与戏曲的双向互动》，《咸宁学院学报》2011 年第 11 期。

《十五贯》"公案"题材的讨论尤使人注意，如张红霞《朱素臣传奇中的公案叙事研究》和李佃云的《苏州派戏曲中的公案因素研究：以〈十五贯〉为中心的考察》都是对《十五贯》的公案因素进行考察，分析公案叙事题材的特殊性。① 改编后的昆曲《十五贯》，由于其精妙的结构和客观公正的案件处理方式，也成为政法界的经典案例，从传统法制史、社会治理角度的研究令人耳目一新。如潘志勇《昆曲〈十五贯〉的中国司法传统解读——以当代刑事司法改革为视角》，李伟、姬杰辉的《戏曲作品中的传统证据文化探析——以昆曲〈十五贯〉为例》，殷晓东的《由〈十五贯〉看中国传统司法文化》等文章，都是从司法角度对《十五贯》进行重新解读。② 对戏曲研究中跨学科、不同视角的研究提供了新的范式。

对《十五贯》人物的讨论是传统研究的重点，近年来相关研究有回归趋势。其中，如丛海霞、李占鹏《朱素臣〈十五贯〉人物形象探析》一文，对《十五贯》中的大小人物都进行了较为全面的疏解，从整体上把握《十五贯》中的人物的形象。③ 于金辉的《浅析〈十五贯〉中的官吏形象》一文，对剧中的三类官员，即刚愎自用的过于执、客观公正的况钟和自私自利的周忱的人物形象都进行了分析。④ 这些研究前人已有较深入的讨论，新意较少。

《十五贯》的情节研究也是传统研究的重点，近年来相关研究有下降趋势。比较重要的是贾学清在《巧合：独具匠心的情节建构》一文中以《十五贯》为例，分析巧合之于故事情节建构的重要意义；代树芳的《论"十五贯"故事情节的变异——从〈错斩崔宁〉、〈双熊梦〉到浙昆剧〈十

---

① 张红霞：《朱素臣传奇中的公案叙事研究》，《南都学坛》2011年第3期；李佃云：《苏州派戏曲中的公案因素研究：以〈十五贯〉为中心的考察》，硕士学位论文，首都师范大学，2012。

② 潘志勇：《昆曲〈十五贯〉的中国司法传统解读——以当代刑事司法改革为视角》，《中共南京市委党校学报》2014年第2期；李伟、姬杰辉：《戏曲作品中的传统证据文化探析——以昆曲〈十五贯〉为例》，《牡丹江大学学报》2017第8期；殷晓东：《由〈十五贯〉看中国传统司法文化》，硕士学位论文，辽宁大学中文系，2013。

③ 丛海霞、李占鹏：《朱素臣〈十五贯〉人物形象探析》，《吉林艺术学院学报》2016年第1期。

④ 于金辉：《浅析〈十五贯〉中的官吏形象》，《剑南文学》2013年第9期；张笑：《况钟：清风两袖的"糊涂官"》，《政府法制》2015年第32期；江曾培：《冤案不仅因有过于执》，《群言》2005年第6期。

五贯〉》则是从《十五贯》的三重变奏来分析其故事情节上的差异。① 主要都是延续前人的讨论，没有更大的创新。

三 《十五贯》改编研究

《十五贯》的改编研究，一般指对 20 世纪中叶浙江国风昆苏剧团《十五贯》改编本的研究。近年来也成为研究的热潮。如张舟子《从传奇故事到政治寓言——〈十五贯〉的改编与接受》一文，从政治意义的角度对《十五贯》的改编进行分析，认为其在改编与接受的过程中，受到了当时社会政治因素的影响，并认为在评价《十五贯》时应加入这一因素，才能做出符合实际情况的、恰如其分的评价，并真正总结传统戏曲改编的经验与教训。② 又如刘遗伦《从昆曲〈十五贯〉的改编看新中国初年的戏剧改革》一文则是从戏曲改革的角度对《十五贯》的改编也进行研究，其文中对具体的改编内容进行分析的同时，对《十五贯》的改编也进行了高度点评，认为其能体现新中国的戏曲政策与戏剧要求的合理结合。③ 与之相类似的还有徐锐的《政治话语下的典型——论昆曲〈十五贯〉中况钟的形象重塑》一文，对历来各家研究中对况钟形象的研究做出进一步解释，突出政治因素在改编况钟形象中所起到的重要作用，认为之前对于况钟形象的改编与解读是出于政治目的，在重新解读况钟形象的同时，试图厘清整个改戏阐释系统对人物所代表的政治话语含义，探察戏曲改编者对于传统戏曲走向人间所做的努力，并诠释其在政治意图上取得的成果。④ 周涛《〈十五贯〉与"十七年"戏曲剧目的改编机制》一文则是从"戏曲改革"的角度对《十五贯》进行讨论，认为其在改编的过程中既顺应了当时的"人

---

① 贾学清：《巧合：独具匠心的情节建构》，《戏剧文学》2007 年第 5 期；代树芳：《论"十五贯"故事情节的变异——从〈错斩崔宁〉、〈双熊梦〉到浙昆剧〈十五贯〉》，《滇西科技师范学院学报》2015 年第 4 期。

② 张舟子：《从传奇故事到政治寓言——〈十五贯〉的改编与接受》，《电影文学》2007 年第 23 期。

③ 刘遗伦：《从昆曲〈十五贯〉的改编看新中国初年的戏剧改革》，《四川戏剧》2009 年第 3 期。

④ 徐锐：《政治话语诠释下的典型——论昆曲〈十五贯〉中况钟的形象重塑》，《艺术百家》2004 年第 4 期。

民性"观念（即可资借用的戏曲的民间文化要素，及其作为民间文艺形式密切联系"人民群众"的价值功能），又符合了"民间性"的文化内容所提供的审美资源和力量，因此才能成为戏曲改革时期的重要范本。① 而汪诗珮的《传统与创新：〈十五贯〉的改编》一文则另出机杼，认为《十五贯》的改编不仅基于原有的传奇剧本，还兼采了传统文献《双熊梦》及历代艺人的经验积累，在文献改编基础之上，还采纳了社会演员因素的影响，对于 21 世纪的戏曲文学改编研究有一定的借鉴意义。② 至于 2004 年台湾"中央"大学黄思超的硕士学位论文《浙昆改编戏研究——以〈十五贯〉、〈风筝误〉、〈西园记〉为主要研究对象》，则是以浙昆的改编戏为研究角度，对《十五贯》的改编情节加以分析，名义上为改编戏研究，实则是对情节的改编加以描述，并无太多新意。

四　研究不足与展望

以上介绍了 2000—2017 年以来，有关《十五贯》研究的基本情况。主要可以分为宏观理论及评论、文本研究、改编研究等三方面。其中以文本分析解读为主。研究多集中于《十五贯》人物形象的解读、结构框架的分析、再创作的背景揭示，以及对昆曲演出的现实意义、《十五贯》与法制的关系等问题。

尽管相关成果承袭较多，富有开创性的研究仍略显不足，但未来的《十五贯》研究，在文体和文献等方面仍有较大的延展空间。所谓《十五贯》的文体研究，即对《十五贯》各时期不同文体形态的批评探讨，在现有研究中已露端倪，但尚未形成较为系统的研究成果。所谓《十五贯》的文献研究，主要指对《十五贯》版本源流的研究。目前，相关研究比较薄弱，对《十五贯》版本问题的认识水平较多依赖 20 世纪的研究成果。③《十五贯》的版本研究必不可少，通过分析各版本间互相演变和影响的关

---

① 周涛：《〈十五贯〉与"十七年"戏曲剧目的改编机制》，《文艺争鸣》2011 年第 17 期。

② 汪诗佩：《传统与创新：〈十五贯〉的改编》，《文化遗产》2009 年第 2 期。

③ 如《十五贯戏曲资料汇编》一书中，对《十五贯》各版本情况做了较为简略的介绍，但是对于这些版本的源流演变，以及演变的内在原因缺少更进一步的分析。见路工、傅惜华《十五贯戏曲资料汇编》，作家出版社，1957。

系，有助于我们加深对《十五贯》传播史和接受史的认识。现今，大数据及学术资讯的信息化，便利我们对戏曲文献的整理和研读，较容易获取相关版本的文本内容、存佚情况、现藏地点等信息，获得第一手文献材料。立足现有的《十五贯》研究成果，在未来的研究中，我们应更具有时代意义价值的问题意识，掌握更丰富的研究材料，以更加新颖别致的研究角度对《十五贯》进行更为深入而全面的研究，让已经耳熟能详的研究对象焕发出新的生机与活力。

A Summary of Research on *Fifteen Strings of Coins* Since the 21st Century

Yu Xiaojing

Abstract：Since entering the 21st Century, the academic circles have made a broader and deeper study on the interpretation of *Fifteen Strings of Coins*. The important issues have been discussed again with frequent integration and innovation, holding the traditional ideas while focusing on hot issues. According to statistics, from 2000 to 2017, there are more than 70 papers on the research of *Fifteen Strings of Coins*, which have shown a more diversified trend in the research direction and research methods. It can be broadly divided into macro theories and reviews, textual research, adaptation studies, etc. But the research content is inherited more, and the pioneering research is slightly insufficient. The study of *Fifteen Strings of Coins* in the future still has much room for development in terms of style and literature.

Keywords：*Fifteen Strings of Coins*；Research overview

About the Author：Yu Xiaojing（1992 –），Ph. D. Candidate in School of Chinese Language and Literature, Hubei University. Research interests and specialties：Chinese ancient literature, Chinese classical philology. E-mail：787012783@ qq. com.

五四研究

主持人语

王光东[*]

  2018 年 12 月 29 日，上海大学文学院现代人文研究中心主办了"民间精神与百年五四"的主题学术沙龙，"五四"和"民间"是这次主题沙龙的关键词，在"五四"100 周年来临之际，回望百年路，通过多元谱系参照进一步开掘民间精神源流、廓清中国新文学的包容性价值和民族品格，具有重要的理论和实践意义。

  "五四"在中国现代文化、文学发展过程中具有重要意义，它为中国现代文化、文学的发展提供了深厚的精神资源，滋养着知识分子的灵魂，正是因为有了"五四"传统，当代文化、文学才有了内在力量。在这次主题沙龙的讨论过程中，与会学者系统回顾了民间理论和新文学史民间源流的发展过程。"民间"作为中国现当代文学史研究的一个理论问题是陈思和先生在 20 世纪 90 年代提出的，其后许多学者的讨论进一步丰富了这一问题的研究，成为中国现当代文学研究的一个重要理论维度和批评方法。民间对于我们而言，还是一种生生不息的精神源流和诗性关怀，这种关怀自"五四"以来不断召唤我们眼光向下、植根中国大地和民族文化的深层，形成中国文学的民族品格和诗性力量。这样一种民间源流在每一个时代都有它具体的表现形式，在百年历史中间不停地构造精神的回响。

  "五四"以来的文学与民间文化的关系虽然已有较为深入的探讨，但许多领域还有待进一步展开，这组文章就是从参与这次沙龙的论文中选编的，我们期待通过这些讨论进一步拓展"五四"与"民间"课题的新思考。上海大学杨位俭、幸鑫以《新青年》"一战"相关刊文为中心，重点

---

[*] 王光东（1961—），上海社会科学院文学研究所副所长、研究员，文学博士，主要从事中国现当代文学和民间文化研究。主要著作有《20 世纪中国文学与民间文化》《民间的意义》等，在《中国社会科学》等期刊发表有《民间的现代价值》等论文多篇。

讨论"一战"如何改变了新文化运动的发展轨迹，对于理解新文学的国际性起源富有积极意义；湖北大学刘继林从"五四"回溯，对前现代中国社会"民间"的话语存在形态做了较为系统的分析与考察；上海大学谭旭东讨论了中国现代儿童文学与五四精神的深刻关联；嘉兴学院周敏以20世纪30年代为背景，讨论了大众文艺转向的民间维度；李榛涛、王哲、幸鑫以民间视角分别讨论了相关文学个案中的地方语言、诗学和现代性问题；黄娟和马悦以《文艺复兴》和《耶路撒冷》为个案，重点关注了民间文化潜流以及文化重建的问题。

Host's Words

Wang Guangdong

About the Author：Wang Guangdong（1961 – ），Ph. D. of Literature，Deputy Director and Full Professor of Institute of Literature，Shanghai Academy of Social Sciences. Chiefly dedicate to research of modern and contemporary Chinese literature，and folk culture. Major works include Chinese Literature and Folk Culture，The Meaning of the Folk，etc. Papers published：The Modern Value of the Folk in Social Sciences in China，etc.

"一战"如何重构了新文化

——以《新青年》相关刊文为中心的考察

杨位俭　幸　鑫[*]

摘　要：《新青年》创刊于第一次世界大战发生已逾一年之时，其办刊时期与"一战"高度叠合，对"一战"给予了极大关注，《新青年》有关"一战"刊文前后也有很大的变化，从中可以看出"一战"深刻改变了新文化运动的发展轨迹，触动了中国思想文化的重大变革和现代中国道路的转换。厘清这一问题，对于理解"五四"思想文化源流的丰富性以及新文学的国际性起源具有重要意义。

关键词：《新青年》　第一次世界大战　《一个青年的梦》

《新青年》创刊于 1915 年（初为《青年杂志》），当时大战正酣，可以说，《新青年》的办刊时期与"一战"高度叠合，《新青年》对"一战"给予了极大关注。尽管与《东方杂志》相比，《新青年》对于"一战"报道、研究的深度和广度都有所不及，但据统计，在所有刊发的《新青年》有关文章中，提到"欧战/世界大战/欧洲战争/世界战争"的次数一共是 448 次，是《新青年》所提及的 11 项大事中的第一位[①]。而从《新青年》创刊初期到 1921 年，这些文章对待战争的态度，以及对国家和世界秩序的关注与构想，都显示出明显的变化，这对于考察新文化运动的发展变化具有重要的参照意义。

---

[*]　杨位俭，上海大学文学院副教授，主要从事现当代文学、战争与文学、乡土诗学研究。幸鑫，上海大学中国现当代文学研究生。

①　金观涛、刘青峰：《五四〈新青年〉知识群体为何放弃"自由主义"？》，载《观念史研究：中国现代重要政治术语的形成》，法律出版社，2009，第 409 页。

一 "一战"前期《新青年》对战争的推崇

1840 年鸦片战争，西方的坚船利炮打开了中国的大门，自此一向以"安息为本位"的中国多次受到列强肆意的侵略，中国的前途命运堪忧。如何能够使国家迅速强大，摆脱被列强侵略的命运成为士人精英首先需要思考的问题。对于此，爱国志士寻求了不同的救国方案，不同的主义学说同时涌进中国，在其中魏源翻译的《天演论》具有重大影响。"物竞天择，适者生存"的进化思想成为救国的信条。中国的国内形势，加之国外富强经验和学说的影响，使得"重文轻武"的中国逐渐恢复了好强尚武的倾向。1902 年，蔡锷以奋翮生的笔名在《新民丛报》上发表了题为《军国民篇》的文章，倡导实行军国民主义，以实现国家的强盛，《新青年》在办刊初期也是以"自觉""奋斗"部分延续了这种近代精神传统。

《新青年》深受进化论的影响。陈独秀在《青年杂志》的发刊词《敬告青年》如此论说："自宇宙之根本大法言之，森罗万象无日不在演进之途，万无保守现状之理。"[1] 对于进化论的信服，使得《新青年》前期对战争，及导源战争的军国主义都是极为推崇的。虽德国是因信仰进化论才厉行军国主义，以致造成世界大战，但这并没有使《新青年》众人看到战争的残酷，反而使他们看到了因实行军国主义的德国、日本的强大，由此将军国主义视为救国的良方。军国主义使帝国以武力得以强大，而"一战"便是武力表现的最终形式。在"一战"前期，《新青年》对于同盟国与协约国之间的战争，并没有明显的倾向性，也没有划分出正义与非正义，反而在对战争的评述中，可以看出《新青年》对于"战争"的崇尚。在《欧洲战争与青年之觉悟》中，刘叔雅（刘文典）给战争下了一个定义："对于战争，大之则为邦国交哄杀人盈野，小之则为个体相残流血五步，内则为天人交战，外则为征服自然。"[2] 刘文典将战争概念泛化，扩大到各个方面。对于战争的范围，陈独秀与刘文典有类似看法，将生活中处处皆看成战争，而战争便是使自身强大起来的方法。在《东西民族根本思想之

---

[1] 陈独秀：《敬告青年》，《青年杂志》第 1 卷第 1 号，1915 年 9 月 15 日。

[2] 刘叔雅：《欧洲战争与青年之觉悟》，《新青年》第 2 卷第 2 号，1916 年 10 月 1 日。

差异》中，陈独秀指出西洋的强盛便是因为其热爱战争，唯有战争，才能使国家进步；在《对德外交》中，陈独秀表示战争对于社会，就像运动对于人一样重要，战争可以促进国家发展。这也是陈独秀支持中国加入"一战"的原因之一，只有中国加入战争，才能得以新生。但在当时，中国所处的环境是因为列强在中国的势力均衡，才得以维持微妙的和平，国内才得以相对稳定地发展。而"一战"的发生，会破坏列强在中国的势力，打破这微妙的平衡，高语罕就曾表达过这样的忧虑："欧战初起，波及亚东，东邻乘隙，要索忽来。"① 在这样的处境下，中国对德宣战就变得顾虑重重，但陈独秀认为这样的顾虑是没有必要的："吾国对德问题，与列强均势问题，不发若何特别影响，邻人侵略与否，乃国力问题，未必因加入协约与否，而生根本之变化。"② 除此，其他的问题在陈独秀看来也没有顾虑的必要。中国落后的原因是在于发生战争的范围不够大、时间不够长，而加入战争，对中国才是最好的选择。对战争的崇尚，使得与其相对的和平被斥为国家衰落的根源："天下事有字书虽载其名而终古不可得见者。和平二字是也。此二字本卑劣怯弱者脑海中一种幻境。绝无实现于世界之一日。"③

在《新青年》这一阵地中，汇聚了一批对于中国前途焦虑的知识分子，受进化论的影响，他们认为要想改变中国的前途命运，使中国强大起来，必须从还没有形成完整世界观的青年教育起。"改造青年之思想，辅导青年之修养"④ 是《新青年》的天职。"一战"，自然就与教育青年联系在一起。身处战火纷飞的时代，青年要担起对国家的责任，青年一旦放弃救国的责任，则国家将亡矣。潘赞化以化名"潘赞"在《青年杂志》上发表《兴登堡将军》与《霞飞将军》，分别介绍了德国和法国在"一战"中著名的将军兴登堡、霞飞，李亦民也介绍了"一战"德国名将《德意志骁将麦刚森将军》，在文中称赞他们的英勇、爱国，只不过是希望"俾吾辈青年有所式焉"⑤。对战争及军国主义的崇尚使他们对于青年的教育是尚武

---

① 高语罕：《青年与国家之前途》，《青年杂志》第 1 卷第 5 号，1916 年正月。
② 陈独秀：《对德外交》，《新青年》第 3 卷第 1 号，1917 年 3 月 1 日。
③ 刘叔雅：《欧洲战争与青年之觉悟》，《新青年》第 2 卷第 2 号，1916 年 10 月 1 日。
④ 记者：《通信》，《青年杂志》第 1 卷第 1 号，1915 年 9 月 15 日。
⑤ 潘赞：《霞飞将军》，《青年杂志》第 1 卷第 5 号，1916 年正月。

的教育，希望青年可以英勇好战，将中华民族改造成一个好战的民族，并倡导青年兼有吞并四海八荒的志向。甚至于陈独秀在《今日之教育方针》中教育青年要有兽性主义："兽性之特长谓何。曰意志顽狠。善斗不屈也。曰体魄强健。力抗自然也。曰信赖本能。不依他为活也。曰顺性率真。不饰伪自文也。皙种之人。殖民事业遍于大地。唯此兽性故。日本称霸亚洲。唯此兽性故。彼之文明教育。粲然大备。"① 兽性主义是与军国主义教育相匹配的，从中可以看到陈独秀等人希望从青年起，改变国人的软弱。

二 "一战"后期《新青年》对战争态度的变化及"非战"文学

随着战争形势的变化，《新青年》对战争及军国主义的态度发生了转变。倾向于德国的胜利天平因美国的参战等新的形势因素而发生倾斜，"一战"最终以协约国胜利而终止。协约国的胜利使国人感到了巨大的喜悦："京中各校十一月十四十五十六放假三天，庆祝协约国战胜；旌旗满街，电彩照耀，鼓乐喧阗，好不热闹。"② 《新青年》更是对于此次大战的胜利给予了高度赞美，认为此次协约国的最终胜利，可以消灭种种黑暗的主义，发展种种光明的主义。对于战后的世界秩序报以光明、热烈的期待，希冀可以建立一个公正和平、超越国家的组织。

积极推行军国主义的德国成为战败者，协约国的胜利成为公理战胜强权的明证。威尔逊的十四条让国人看到了收回国家权益的希望，"公理战胜强权"成为新的信条，社会达尔文主义受到普遍质疑，军国主义作为侵略者的手段受到强烈批判，而不再被当成是强国的良方，不仅不再被提倡，甚至需要唾弃和打倒。李大钊在《庶民的胜利》中写道："我们庆祝，不是为那一国或那一国的一部分人庆祝，是为全世界的庶民庆祝。不是为打败德国人庆祝，是为打败世界的军国主义庆祝。"③ 而曾经一度欣赏军国主义的陈独秀也在《〈新青年〉宣言》中喊出：世界上的军国主义和金力主义，已经造了无穷的罪恶，现在应该将其抛弃了。没有武力的和平再次

① 陈独秀：《今日之教育方针》，《青年杂志》第 1 卷第 2 号，1915 年 10 月 15 日。
② 陈独秀：《克林德碑》，《新青年》第 5 卷第 5 号，1918 年 10 月 15 日。
③ 李大钊：《庶民的胜利》，《新青年》第 5 卷第 5 号，1918 年 11 月 15 日。

成为世界的愿望,过多的兵士成为和平的阻碍,为了达到世界和平,需要去兵。和平压倒战争,成为《新青年》的主张。

尽管在此之后巴黎和会中国外交的失败,使国人意识到"公理战胜强权"的虚妄,但是对于强权的反思在某种程度上已成时代共识,对造成"一战"根源的国家主义、民族主义有了深刻的反思,"到了欧战一开……全世界的人都一个个极力发挥他的兽性,就是生平以阐明真理自命的人,和世间尊重的哲学家、思想家、科学家和那些人道博爱的宗教家,都没有一个不为自己国家曲辩,不说人家国家的坏话。"① 即使在"五四"发生之后,《新青年》仍然明确表达了对和平的向往:"我们理想的新时代新社会,是诚实的,进步的,积极的,自由的,平等的,创造的,美的,善的,和平的,相爱互助的,劳动而愉快的,全社会幸福的。希望那虚伪的,保守的,消极的,束缚的,阶级的,因袭的,丑的,恶的,战争的,轧轹不安的,懒惰而烦闷的,少数幸福的现象,渐渐减少,至于消减。"② 战争的残酷使得当时的知识分子进一步将反思导向原来被奉为理想榜样的欧洲文明危机,为自由个体的启蒙赋予了反社会达尔文主义、反国家主义、反军国主义的时代内涵。

在反战的声音中,周氏兄弟是值得特别注意的,他们注重翻译日俄及弱小民族国家的文学。其中,"非战"的声音主要集中于日俄文学中,周氏兄弟翻译的日俄"非战"文学,关注到战争中的个人,直面战争的残酷,将战争的苦痛具体到个人,从而超越国家和国民模式,提出了从个体到人类的普遍的人间关系的想象。《新青年》一直致力于人的解放、人的觉醒,强调"个人"和"人类"的意义,"非战"文学中描写的痛苦的个人,便是真正的"人的生活"的文学镜像,就像《摩诃末的家族》中所讲述的故事。1877年的圣诞节,俄国与土耳其的战争依旧,节日的到来让俄国军官分外思念自己的家人,就在这时抓到了一个土耳其军官,在与俘虏交谈的过程中,俄国军官却被俘虏思念家人的力量所感动,最终将其放走,并说道:"你快走,快去救你的孩子吧,我也有孩子,快逃。"③ 这篇

① 高一涵:《罗素的社会哲学》,《新青年》第7卷第5号,1920年4月1日。
② 陈独秀:《本志宣言》,《新青年》第7卷第1号,1919年12月1日。
③ 〔俄〕V. Dantshenko:《摩诃末的家族》,周作人译,载《新青年》第7卷第2号,1920年1月1日。

译作处处闪着人性的光辉,代表国家意志的军官却超越了国家、民族、种族的利益,回到一个疼爱孩子父亲的身份。

周作人在《人的文学》一文中写到"人"是早就被发现了的,欧战也将再次促进人的发现,但是女子与儿童的发现,却还只是处在萌芽阶段。周作人关注到了女性与儿童更为艰难的处境。在"非战"文学中,周作人亦关注到了残酷的战争对儿童以及女性的影响。日本作家千家元麿在《深夜的喇叭》中发出为孩子远离战争而努力奋斗的声音与鲁迅的"救救孩子"一样振聋发聩,淋漓尽致地述说着战争的残酷。日本作家江马修在《小小的一个人》中写出就算是一个小小的人,没有直面战争,不懂得何为战争,也以其他方式,诸如家庭不能团聚、四处漂泊体会着战争带来的不幸。《扬奴拉媼复仇的故事》则体现的是女性在面对暴力与非正义时,所爆发出的强大生命力,在其中也有对战争的控诉。若没有战争,士兵不会来到扬奴拉所在的地方,就不会对扬奴拉心生歹意,反被扬奴拉所杀,这个悲剧就不会发生。

三 "五四"新文化的世界主义脉络

学界近来渐有"没有一战,何来五四"之说,在国际背景下来看,"五四"毫无疑问是对"一战"消极后果的一种政治反应,而新文化和新文学也正是经由"五四"获得了经典定义。通过"一战",国人不但更清醒地意识到帝国主义的强权本质,从而激发出强烈的民族主义意识,通过积极的社会运动来维护国家主权独立;同时也在世界性的普遍联系中,深刻思考战争的根源,并试图凭借东方文明和智慧提出重建人间秩序与战后和平的构想。相比较表层化的民族主义历史叙述,后者对于理解新文化的内在张力、现代中国国家—世界意识的建构,以及全球文明史的现代转型,具有更为积极的文化史意义。

《一个青年的梦》是日本白桦派代表作家武者小路实笃创作的一部反战戏剧,创作并发表于"一战"期间(1916年《白桦》杂志第七卷3月号至11月号),但中国思想界的译介是在"一战"结束,由巴黎和会所直接引发的"五四"事件刚过去3个月之时,是时日本侵华野心愈渐显露,思想界对"公理战胜强权"的国际新秩序倍感失望。当年(1916年)对于日本在欧战中角色的反思，经由鲁迅等人的译介活动转换成了中国思想界对变动的世界关系的新思考，其中自然也包括日益恶化的中日关系。在《一个青年的梦》的《译者序》中，鲁迅提到自己由于中日交恶而是否翻译此剧的犹疑，但最终还是决定把人性的"火光"亮出来，唤醒更多的人："我对于'人人都是人类的相待，不是国家的相待，才得永久和平，但非从民众觉醒不可'这意思，极以为然，而且也相信将来总要做到。现在国家这个东西，虽然依旧存在；但人的真性，却一天比一天的流露。"① 可以说，武者小路实笃所主张的多元文明观，用人类而不是国家的眼光看事物，及其倡导的民族间互助、反对彼此妖魔化，以增进人类幸福为世界发展的根本目的，在该剧译介中获得了中国知识分子的广泛认同。

《一个青年的梦》在《新青年》发表之后，周作人、蔡元培、陈独秀接连发声，总体上对其持认同意见，但关注重点还是略有不同。他们都特别说明了武者等人与侵略者的分别，并强调要超越国家之间的分立来共同思考人类的问题。蔡元培认为，"现在中国人与日本人的感情，是坏极了，这因为日本对中国的态度，的确很不好。但我们并不是说：凡有住在日本的一部分的人类，都是想借了中日亲善的口头禅，来侵略中国的。武者先生与他的新村同志，都抱了人道主义，决没有日本人与中国人的界限，是我们相信的"，"不但这一类的人，就是现在盲从了他们政府，赞成侵略主义的人，也一定有觉悟的一日，真心与中国人携手，同兄弟一样"。作为行动上的建议，蔡元培提出应该像武者那样尽力唤醒更多的人，不但要唤醒本国的人，也要"去敲对方的门"，尽人类的义务②。陈独秀相当认同武者心目中期待的那个"人"，即"肯为人类做事的人""不将手去染血，却流额上的汗；不借金钱的力，却委身与真理的人"，对那些迷信"国家主义"和"军国主义"的日本朝野人士进行了批判，并希望两国青年拿出真心来和武者相接触③。在《新青年》第七卷第二号《答半农的D—诗》中，陈独秀就以浪漫主义的诗人气质描绘了一幅永续的时间与空间中没有疆界、没有仇敌、充满友爱的未来大同世界，与后来登载于《新青年》第七卷第三号的武者小路实笃《寄一个支那的兄弟》遥相呼应，可谓不谋

① 鲁迅：《一个青年的梦译者序》，《新青年》第 7 卷第 2 号，1920 年 1 月 1 日。
② 蔡元培：《武者信与诗附记》，《新青年》第 7 卷第 3 号，第 50 页。
③ 陈独秀：《武者信与诗附记》，《新青年》第 7 卷第 3 号，第 51—52 页。

而合。

在译介过程中，周作人无疑是最重要的推手。表面上看，他与《一个青年的梦》的直接关联除了《读武者小路君所作〈一个青年的梦〉》与翻译《与支那未知的友人》之外，似乎对该剧着墨不多，但其实更为紧密的关联多体现于他对日本白桦派新村实践的介绍，周作人因对战争的厌恶及其自身的人道主义价值观，所以赞成新村。就周作人而言，"非战"文学的翻译是对他倡导的"人的生活"的一种践行，"人的文学"是"人的生活"正当性的表现，而推介新村则是"人的生活"的社会实践形式。至少在这个时期，大多数新文化同人希望"个人"可以超越国家和民族的军国主义逻辑，而达致更为普遍的"人类"认同，当然这并不意味着他们放弃了自身的民族意识，恰恰相反，正是基于弱小民族的自我意识才构成了对强权的拒斥，这种内在于五四启蒙思想的弱小民族意识奠定了现代中国具有普遍解放意义的革命思想雏形，并决定了现代中国反帝、反殖民的、寻求世界大同的和平主义反战道路，五四新文化运动在这一刻跃进了一个新的历史阶段。

通过《新青年》有关"一战"刊文，从《新青年》早期对欧洲的理想主义想象和对战争、强力的赞美，到"五四"前后对战争、军国主义和强权的反思，可以看出"一战"的震荡和反应深刻改变了新文化运动的发展轨迹，并且使中国思想文化结构中的民族主义和世界主义之间产生了丰富的张力，为现代中国的民族解放道路赋予了积极的世界主义意义，厘清这一点，对于理解新文学的国际性起源也同时具有重要意义。

How did WWI Rebuild the New Culture Movement

—Focus on the Publishment Related with WWI in the *Journal of New Youth*

Yang Weijian; *Xing Xin*

Abstract：The journal of New Youth was founded more than a year after WWI. Its publishing period overlapped with WWI, and it paid great attention to WWI, its later articles about WWI also had big difference from the beginning, so we can see that the WWI had profoundly changed the development track of the New Culture Movement and shocked in Chinese ideology and culture. It is of great significance to clarify this issue with the transformation of modern China's road for understanding the richness of the ideological and cultural origins of the May 4th Movement, and the international origin of new literature.

Keywords: *Journal of New Youth*; WWI; Dream of a Youth

About the Authors: Yang Weijian, Associate Professor in College of Liberal Arts, Shanghai University. Research interests and specialties: modern and contemporary literature, war and literature, rural poetics.

Xing Xin, M. A. in Chinese Modern and Contemporary Literature.

"五四"前民间话语的分析与考察

刘继林[*]

摘　要： 在"五四"前的中国社会，"民间"的意蕴多义而复杂。从语法语义层面上讲，民间是一个典型的汉语词汇，由实词"民"和虚词"间"意合而成；从社会历史层面上讲，民间具有极其强烈的功能指向和实用色彩。通过本文的分析和考察，我们发现：民间的所指不甚明确而能指无限丰富，其话语言说具有巨大的阐释空间，是我们审视和解读"五四"前中国社会的重要研究视角。

关键词： 民间　话语　"五四"前

"民间"，顾名思义，乃"民之间"，其意义一般与"乡土中国"紧密相连。民间，是一个土生土长的汉语词汇，一个纯正的中国概念。长期以来，"民间"只是一个普通的、静态的概念，主要指向底层民众和乡土社会，即一个相对稳定封闭的文化群落，一个原始自足的社会存在。人们在使用"民间"一词时，其意义相对固定，理论阐释的空间也十分有限。民间这种状态的打破和改变，在很大程度上得益于"五四"前后中国社会的近现代转型。

要更好地认识"五四"和现代民间话语的言说关系，我们有必要对"五四"前现代中国的民间话语做一番学理的梳理和考察。

---

* 刘继林（1976—），博士，湖北大学文学院教授。研究方向为中国现当代文学。主要著述有《先锋与民间——20世纪中国文学话语研究》及民间话语与中国新诗系列论文多篇。电子邮箱：willowljl@163.com。

一 基于语法语义的分析

同印欧语系相比，汉语语法具有以下几个特点。（1）汉语是分析型语言，缺少形态手段。汉语在构词时，多用"意合"①，而不是"形合"。古汉语中的词汇大多是单音词，一个字一个音节，也就是一个词。古代也有双音词，但大多是人们按照习惯把两个单音节词拼合在一起形成的，凸显表意成分，而隐去诸多细节。（2）汉语是重语用的语言。一个词语可能有多重意义指向，其"能指"可能无限丰富，而其"所指"则相当模糊。其具体的语法关系和语义跟词语使用的语境密切相关。②（3）汉诗是诗性的语言。它感性而写意，虽言简意赅，却模糊而笼统，在反映事物的细致与精确性上，在逻辑推理及理性思维上，存在一定的缺陷。"民间"一词的构词及使用就典型地体现了这样的特点。

从语法构词的角度看，"民间（jiān）"是一个复合性名词，由表示人物的名词"民"与表示方位的名词"间"意合而成。从字面上，我们就很容易将"民间"理解为"老百姓中间"、"民众中间"或者"人民群众中间"。从古至今，在我们的汉语使用中，"民间"的意义似乎都相当稳定，没有太明显的语义变化。但我们若细细地去做一番探究和考察，就会发现："民间"这一使用频率极高的汉语词汇，其意义其实相当含混。在其构成和使用中，我们都隐去了很多细节性的问题，诸如以下几点。（1）"民"到底指向哪一部分人群？（2）"民"在汉语史中，其意义有无具体而明显的变化？现代汉语中的"民"与古汉语中的"民"有无差异？（3）"间"到底如何去理解？是一个"时间"概念，还是一个"空间"概念，还是二者兼而有之？（4）"民"与"间"组合在一起，"民"与"间"构成怎样的复合性关系？到底是不是偏正关系？偏义的重心是在"民"上还是在"间"上？而要弄清楚这些细节性的问题，就必须在"上下文"即具体的使用语境中去把握。

下面，我们分别来考察一下"民"和"间"。

---

① 所谓"意合"（parataxis）是指不借助语言形式手段而借助词语或句子所含意义的逻辑联系来实现它们之间的连接。
② 以上两点参见安华林《论现代汉语语法的特点》，《信阳师范学院学报》2008年第4期。

首先，我们来看看"民"。

中国是一个传统的农业社会，"民"乃国家之根本。据比较权威的《汉语大字典》① 对"民"的解释，上古时期"民"的意义有以下三种。

（1）人，人类。作为群像出现，以区别于动物。最典型的例子有："厥初生民，时维姜嫄"（《诗经·生民》），"民受天地之中以生"（《左传·成公十三年》），孔颖达作疏"民者人也"。

（2）奴隶。古代奴隶社会将比较驯服的战俘的左眼刺瞎，强迫他们劳动而使之成为奴隶。这种瞎了左眼的奴隶便是"民"。郭沫若在《甲骨文字研究》中从造字法来解释"民"（），"民，作一左目形，而有一刃物以刺之"，"周人初以敌因为民时，乃盲其左目以为奴征"。梁启超在《太古及三代载记·附三苗九黎蚩尤考》中也认为民就是奴隶，"因其蒙昧，亦谓之民"，梁启超自注为"民之本义为奴虏"。②

（3）庶民，百姓。指有别于君主、群臣百官和士大夫以上各阶层的庶民，多与"君""臣""人"相对，处于社会的底层，地位较为低下。"宜民宜人，受禄于天"（《诗经·大雅·假乐》），朱熹注曰："民，庶民也。人，在位者也。"（《诗集传》）

"民"作为古汉语中最为重要的词汇之一，其基本义或原初义如上所述。但我们不能否认的是，该词在使用和诠释中，很容易让人联想到：（1）芸众生"绵绵民民"的群体特征（初民、民众）；（2）种田务农者"俯首力作"的职业特征（乡民、野民）；（3）平民百姓"微贱低下"的身份特征（贱民、草民）；（4）萌俗氓隶"懵懂无知"的心智特征（愚民、群氓）。③ 凡此种种，正是这些从"民"的形象概括出的特征，构成了"民"与生俱来的某种贬义。故《说文》释"民"曰："民，瞑也，盲也，盖皆愚昧无知之义。"因而，在"民"的话语实践中，我们不仅要了解"民"的基本意义，还要通过还原"民"在话语实践中的具体历史、文化、语境、氛围等，来探究"民"可能存在的不言之义或者贬义，以此来窥探其背后所潜隐的文化或意识形态内涵。当我们结合具体的上下文，意识到

---

① 汉语大字典编委会：《汉语大字典》，四川辞书出版社、湖北辞书出版社，1995。

② 万齐洲：《"公民"观念的输入及其在近代中国的传播——从"citizen"的汉语对译词谈起》，《湖北大学学报》（哲学社会科学版）2011年第6期。

③ 张分田：《政治文化符号视角的"民"字核心词义解读》，《人文杂志》2007年第6期。

话语言说中"民"的潜隐之义时，也许我们就可以顺藤摸瓜，参透出"民间"话语背后所隐藏的"权力"（福柯语）。

其次，我们再来看看"间"。

"间"，本作"閒"（闲），从门从月，"大门当夜闭，闭而见月光，是有閒（jiàn）隙也"（《说文·徐锴注》）。后世在表示间隙（空间概念）、间隔（时间概念）时，为了表示与"闲"的区别，重新造了一个"间"字，从门从日。"间（jiān）"作为名词，其意义有二。（1）表示一定时间或空间概念。如，"子之还兮，遭我乎猇之间兮"（《诗经·齐风·还》），"七八月间旱，则苗槁矣"（《孟子·梁惠王上》），"一动一静者，天地之间也"（《礼记·乐记》），"黄河远上白云间"（王之涣《凉州词》）。（2）表示两个事物的关系概念。如，"傅毅之于班固，伯仲之间耳"（曹丕《典论·论文》）。

长期以来，作为表时空概念或表关系概念的名词"间"，一般都是附着在其他名词的后面，构成偏义性的"×间"或"××间"，词义的重点在"×"和"××"上，"间"只起到辅助性作用。诸如"田间""时间""空间""人间""晚间""车间""坊间""民间""天地间""君臣间""人世间"等。特别是在中国这样一个"以民为本"的传统社会里，人们在"民间"一词的使用和理解上，均把意义的重心和考察的重点放在"民"上，"间"就只是一个辅助性的后缀或尾巴。

其实，"民间"之"间"还存在巨大的阐释空间。因为"间"，既可以指向"时间"，也可以指向"空间"。按照英国社会学家安东尼·吉登斯"时间和空间是社会生活环境"的说法①，我们完全可以将"间"视作"民"之社会、历史、文化存在的时空场域即"社会生活环境"来看待，"民间"的考察也许呈现的就是另一番情景。从时间的维度，我们可以考察"民间"话语的历史衍变，特别是考察中国社会在从传统走向现代的过程中，"民间"作为一种传统是如何被言说以及怎样言说的，其中又发生了怎样的变异，等等。从空间的维度，我们可以考察，自近代以来，西方"民间"话语（民俗学、人类学、民族主义、大众文化、后现代文化等）

---

① 〔英〕安东尼·吉登斯：《社会理论与现代社会学》，文军、赵勇译，社会科学文献出版社，2003。

与中国本土"民间"话语的差异，以及两者间的冲突与碰撞、融通与交流；还可以考察，20世纪以来，中国在从一个以乡村为主体的传统农业社会走向以都市为主体的现代工业社会时，"民间"话语言说的背景和场域所发生的巨大变化以及由此所导致的社会文化的连锁反应。

二　基于社会历史的考察

"民间"一词，古已有之。成书于战国至西汉初年的《墨子》[1] 上有这么一段："子墨子言曰：执有命者以杂于民间者众。执有命者之言曰：命富则富，命贫则贫，命众则众，命寡则寡，命治则治，命乱则乱，命寿则寿，命夭则夭。命虽强劲，何益哉？上以说王公大人，废大人之听治，下以说天下百姓，驵百姓之从事。故执有命者不仁，故当执有命者之言，不可不明辨。"（《非命上》）这大概是"民间"作为一个独立的汉语词汇被使用的最早记载，此处的"民间"主要指向的是与王公大人相对的下层平民百姓。此后，"民间"一词开始被较为广泛地使用。[2] 诸如：

> 齐桓公微服以巡民间。（《韩非子·外储说右下》）
>
> 诸侯出疆必具左右备一师以备不虞，今蔡侯恣以身出入民间，至死闾里之庸，甚非人君之行也。（董仲舒《春秋繁露·王道第六》）
>
> 于是项梁然其言，乃求楚怀王孙心民间，为人牧羊，立以为楚怀王，从民所望也。（司马迁《史记·项羽本纪》）
>
> 至若北道姚氏、西道诸杜、南道仇景、东道赵他羽公子、南阳赵调之徒，此盗跖居民间者耳，曷足道哉！（司马迁《史记·游侠列传》）
>
> 汉宫行庙略，簪笏落民间。[3]（唐·黄滔《寄献梓山侯侍御时常拾遗谏诤》）
>
> 得旧纸本于民间，比今所见犹为完好。（苏轼《书琅玡篆后》）

---

① 李光辉：《〈墨子〉成书年代及著者考证综述》，《殷都学刊》2006年第4期。
② 刘继林：《20世纪上半叶中国民间话语现代意义的生成与衍变》，《兰州大学学报》（社会科学版）2016年第4期。
③ 古代臣僚奏事执笏簪笔，笏以记事，簪笔以备写。因而，常用"簪笏"代指官员。

民间皆言圣人起兵事尤不成，从之者甚众。（《资治通鉴·晋纪三
十一》）

中秋夜，贵家结饰台榭，民间争占酒楼玩月。（《东京梦华录》卷
八《中秋》）

冬至谓之亚岁，官府民间各相庆贺，一如元日仪。（《增补武林旧
事·西湖游幸》）。

圣上喜迎新进士，民间应得好官人。（元·王冕《送王克敏之安
丰录事》）

宣德间，宫中尚促织之戏，岁征民间。（清·蒲松龄《聊斋志
异·促织》）

……

特别是到了唐代以后，随着小商品经济出现和发展，"市"开始热闹
和繁荣起来，原来散居的乡民开始向以城镇为中心的商品集散地汇集，成
为以交换和贸易为生存手段的工匠、商贩、艺人。在当时主要的大都市，
长安、东京、临安、大都、苏州、扬州等地，出现了特殊的"市民"阶
层。"市民"社会形成和"市民"阶层出现之后，"民间"的意义也随之
发生了一定变化。此时的"民"，不再仅仅是"乡野草民"，也包括这些来
自乡村而在城市乞食的"市民"。随着城市经济的发展，市民意识（主要
是朦胧的"自由""独立"观念）得到了高扬，"市民"不仅有强烈的经
济利益驱动，而且还有基本的政治渴求。"民间"与官方相对立的意义越
来越明显。究其原因，唐宋，尤其是元明以来，政治层面上，统治阶级强
化了封建的专制统治，加大了对底层特别是"民间"社会打压的力度，使
得底层与上层、民间与官方的对立情绪越来越明显；经济层面上，城市经
济的发展，市民阶层的强势崛起，出现了带有早期资本主义色彩的商品经
济形式；思想层面上，以阳明心学与李贽"童心说"为代表，大力宣扬思
想与人欲的双重解放；文化层面上，以市民为主导的通俗文化相当繁荣，
倡导真性真情的文艺观等。这一切导致了思想文化的下移、市民意识的高
扬，共同催生并形成了一个庞大而独立的、与官方（庙堂）相对的古代
"民间"社会。

综合起来看，中国前现代社会"民间"话语主要呈现为以下几个方面。

（1）空间意义"民间"——"民间社会"。主要指向以自然状态呈现的乡土中国社会，包括田间地头、桑间濮上、勾栏瓦肆、街头巷陌等场域和空间。

（2）文化意义的"民间"——"民间文化"。主要呈现为一种自由自在、无拘无束的边缘和在野状态，身居边缘而远离朝廷，远离中心，远离主流，远离正统。

（3）社会意义的"民间"——"民众群体"。主要以"群"和"众"的姿态呈现，处于社会和文化的底层，主要相对于贵族、官吏、富人阶层而言，是一种潜在的可资利用的社会力量。[①]

通过以上梳理，我们发现：在中国古代社会，人们在使用"民间"这个概念时，上述三种意义一般兼而有之，并不能截然分开。"民间"作为一个中国概念，在其话语实践中，实际隐含着中国人极其强烈的"功能指向"和"实用色彩"以及根深蒂固的二元对立思维模式。

在"民间"的话语言说中，"民"的意义具体而实在，易于理解和把握；而"间"的意义则相对抽象而虚空，难以去阐释和说明。因而，中国人在"民间"问题的处理中，就很自然地把重点放在了"民"上。中国历代统治者也十分重视"民"以及来自底层社会的"民间"声音。诸如孟子曰："民为贵，社稷次之，君为轻。是故得乎丘民而为天子……"（《孟子·尽心下》）"君者舟也，庶人者水也。水则载舟，水则覆舟。"（《荀子·王制》）其实，中国古代社会所倡导的"以民为本"，乃是聪明的统治者看到了"民"对于维护其统治的重要性，正所谓"民惟邦本，本固君宁"（《尚书·五子之歌》）。因为通过考察"民间"话语，王者可以"观风俗，知得失"，亦可以"观风俗，知厚薄"（《汉书·艺文志》），最终通过"民间""以驭其民"（《周礼·天官·大宰》），使民众服从其统治罢了。所以，"民间"从最初的被言说以来，就一直带有很明显的功能指向和实用色彩。透过"民本"的外衣，我们可以看到：中国古代社会的"民间"话语存在一种巨大的被利用、被功能化的成分，是一个"在"而"不属于"的存在。"民间"话语言说的背后其实隐藏了许多隐而不显的"权力"。

---

① 参见笔者博士学位论文《民间话语与五四新诗》，华中师范大学，2011。

另外，在中国古代社会的"民间"话语中，潜隐的二元对立思维方式广泛存在。诸如"主"与"奴"、"君"与"民"（"民为贵，君为轻"）、"官"与"民"（"民，庶民也。人，在位者也""当官不为民做主，不如回家卖红薯"）、"官府"与"民间"，以及与之相关的"雅"与"俗"、"贵"与"贱"、"上"与"下"等概念，都鲜明地烙有两相对立的痕迹。"民间"话语实践中的二元对立思维，一方面，说明了中国底层民众与上层统治阶层在社会文化中的不对等地位，以及由此导致的"民间"对上层强烈的反抗情绪和不懈的战斗精神，民众的这种可贵品质是值得肯定的。另一方面，我们也要意识到，这种二元对立的思维，在峻急的社会转型语境或所谓的民族主义、集体主义语境下，很容易促成一种激进而盲动的反叛情绪。民间英雄的慷慨激昂与民间大众的热血沸腾，交相感应，互为激荡，形成 Le Bon[①] 和 Park 等多年前所谓的"彼此不分、万众一心"的集体行动效应。[②] 民间的这种极度情绪化和集体盲动效应，就具有"群氓"的色彩。他们拒绝理性而复杂的思考，只简单地选择两个极端，或者全盘接受，或者一概拒绝，将其视为绝对真理或绝对谬误，这样就极容易被利用，成为统治阶级改朝换代的工具。[③] 在某个特定的历史时期，"民间"就可能成为政治革命的利器和意识形态的工具。中国历史历次的农民起义、市民暴动，都充分说明这一点，并将在20世纪中国急剧变动的社会革命中继续扮演重要角色。

三 结语

在中国古代社会，"民间"作为一个汉语词汇，虽在汉语史上频率极高地被使用，却仅处于日常应用的"静态"层面；"民间"作为一种社群存在，在中国古代社会的更替嬗变中虽发挥过历史性的作用，却无法改变其"盲从"的状态。究其根本，这是因为在儒家正统文化的强势统摄下，

---

① 勒庞（1841—1931），法国著名社会心理学家，著有《乌合之众——大众心理研究》，冯克利译，中央编译出版社2004年版。

② 甘阳：《"民间社会"概念批判》，载张静主编《国家与社会》，浙江人民出版社，1998，第35页。

③ 参见〔法〕塞奇·莫斯科维奇《群氓的时代》，许列民等译，江苏人民出版社，2003。

"民间"话语只是统治阶级用以调适、延续自己统治的一个凭借，正所谓"观风俗"而"知厚薄"、"得民心者，得天下"也。实际上，统治阶级和社会上层是有意识地采撷、改造和利用"民间"，并不是真正重视来自"民间"的创造和来自"民众"的声音。民间虽然给了文学不少的给养，却难登大雅之堂。文人学子亦只是在官场失意或闲暇娱乐之时，才想起"民间"，平时则多以鄙夷和不屑的眼光来看待"民间"，视"民间"为"陋""俗"而加以排斥。"民间"的这种被遮蔽、被压抑、被疏离、被遗忘、被误读乃至被拒斥的状态，可以说是中国文化一以贯之的传统。"民间"话语的这种存在状态和言说模式的被打破、被改变，并进而接受理论上的系统总结和学理上的价值提升，则发生于晚清至"五四"中国社会转型的时代语境下，得益于近现代中国社会的底层启蒙和革命的需要。

Analysis and Investigation of Folk Discourse Before the May 4th

Liu Jilin

Abstract：Before the May 4th In China, the meaning of *folk* is with multi-meaning and complex. From the view of semantics and grammar, *folk* is a typical Chinese vocabulary, which is formed by the combination of the notional word "people" and the function word "between". From the view of social history, *folk* has a very strong functional direction and practical color. Through the analysis and investigation of this article, we find that the signified of *folk* is not very clear but the signifier is infinitely rich, and its discourse has a huge space for interpretation. It is an important research perspective for us to examine and interpret the Chinese society before the May 4th.

Keywords：*Folk*; Discourse; Before the May 4th

About the Author：Liu Jilin (1976 –), Ph. D. , Professor in School of Chinese language and literature, Hubei University. Research interests and specialties：modern Chinese literature. Magnum opuses：*Pioneer and Folk-Research on Chinese Literature Discourse in the 20th Century*, a series of articles on *folk discourse and Chinese new poetry*. Email：Willowljl@ 163. com.

现代儿童文学与五四精神

——从五四"儿童热"谈起

谭旭东　谢毓洁*

摘　要： 五四新文化运动时期，先进知识分子秉持着进化论和人性论思想，批判封建伦理道德，鼓吹人性解放。与此同时，儿童跃入先进知识分子的视野，获得了理解和尊重。在理论界、教育界，以及文艺界，涌动着关注儿童价值，认可儿童世界的热潮，即"儿童热"。它是两股力量共同推动的结果，既是新文化运动的有机组成部分，也具备深刻的文化内涵。

关键词： 现代儿童文学　五四精神　儿童热　思考

五四新文化运动期间，个人解放是最为流行的观念之一。先进的知识分子意识到，为了实现民族的独立和社会的进步，必须使个人摆脱陈腐的伦理和制度的束缚，尤其是将个人从旧传统和习惯中摆脱出来，充分实现个人自由。因此，他们展开了对封建伦理道德的深刻批判，"君为臣纲、夫为妻纲、父为子纲"成为批判的重中之重。对"父为子纲"的批判，集中体现在当时得到众多人士关注的"儿童问题"上。1918年第1期的《新青年》刊登了一条启事，征求关于妇女问题和儿童问题的文章。"儿童问题"引发了时人对儿童地位、儿童权利和儿童价值等的理论思考和现实探索。陈独秀、李大钊、鲁迅、周作人、胡适、茅盾、叶圣陶、冰心等理论界、教育界、文艺界的同仁，都对"儿童问题"予以关注，形成了"儿童

* 谭旭东（1968—），博士，上海大学文学院教授、博士生导师，主要研究儿童文学与童书出版，著有《童年再现与儿童文学重构》和《重构文学场》等，获得第五届鲁迅文学奖。电子邮箱：txd428@126.com。谢毓洁（1977—），博士，北京北方工业大学马克思主义学院讲师，主要研究近现代思想文化史，著有《近代儿童文艺研究》等。

本位"的认识。所有这些关注儿童价值，认可儿童世界的举动形成一股热潮，即引人瞩目的"儿童热"。

这一时期，人们关注"儿童问题"，不仅是对封建纲常的有力撼动，更是对一种新文化的追求。尼尔·波兹曼说过："童年的概念是文艺复兴的伟大发明之一，也许是最具有人性的一个发明。"因为"如果说西方文明中人的移情和情感，即单纯的人性，有所成长的话，那么它始终是跟随童年的脚步一起成长起来的"。① 由此可见，五四新文化运动期间探讨的"儿童问题"，其实也是对西方先进文明的推崇，推进了近代文化的步伐，同样显示了"五四"的启蒙与革命的精神。

一 "儿童热"的表现

五四"儿童热"并非一种假设，它是现代儿童文学发生期的一个重要现象，主要体现在如下四个方面。

其一，新文化运动的领导人开始重视儿童问题。1917 年陈独秀在天津南开学校演讲时曾以《近代西洋教育》为题，阐述了他的教育观念。他批判我国传统教育和西洋古代教育的性质是被动主义和灌输主义，"所谓儿童心理，所谓人类性灵，一概抹杀，无人理会"。相比之下，他非常推崇蒙台梭利的教育方法，"她的教授法是怎样呢？就是主张极端的自动启发主义：用种种游戏法，启发儿童的性灵，养成儿童的自动能力；教师立于旁观地位，除恶劣害人的事以外，无一不任儿童完全的自动自由"②。1918年第 1 期的《新青年》出现了征求关于妇女问题和儿童问题的文章启事也是顺理成章的。李大钊在《少年中国的少年运动》《上海的童工问题》等文章中，经常提及中国少年儿童的新生和社会的改造问题。中国共产党成立以后，他在 1922 年 4 月 1 日的《先驱》5 号上发表《关于中国少年运动的纲要》，随后又发表了《儿童共产主义组织运动决议案》，先后谈到少年儿童共产主义组织运动，及"儿童读物必须过细编辑，务使其为富有普遍

---

① 〔美〕尼尔·波兹曼：《童年的消逝》，吴燕莛译，广西师范大学出版社，2004，第 2、93 页。

② 陈独秀：《近代西洋教育》，载戚谢美、邵祖德编《陈独秀教育论著选》，人民教育出版社，1995，第 130 页。

性的共产主义劳动儿童的读物"① 等问题。

其二，先进的知识分子就儿童观的理论问题展开深入思考。1918 年 4 月，《新青年》自第四卷第四号起设立"随感录"一栏，儿童问题成为鲁迅"随感录"的主题之一。在著名的白话小说《狂人日记》中，他发出了"救救孩子"的呼声，堪称时代最强音。1919 年 10 月，他撰写了著名的《我们现在怎样做父亲》一文，深刻抨击了封建伦理道德摧残幼者的罪恶，大张旗鼓地推崇新的儿童观念："直到近来，经过许多学者的研究，才知道孩子的世界，与成人截然不同，倘不先行理解，一味蛮做，便大碍于孩子的发达。所以一切设施，都应该以孩子为本位。"② 借助进化论学说，鲁迅有力地论证了后起的生命比以前的更有意义和价值，动摇了"父为子纲"的传统道德大厦，为尊重儿童权利和自由的儿童观摇旗呐喊。

周作人则以西方"人"的发现历程为参照系，通过论证欧洲发现"人"，继而发现"女人"和"小儿"的历史，呼吁在古老的中国建立一种新型的、符合时代潮流的童年观。他说："欧洲关于这'人'的真理的发见，第一次是在十五世纪，于是出了宗教改革与文艺复兴两个结果。第二次成了法国大革命，第三次大约便是欧战以后将来的未知事件了。女人与小儿的发现，却迟至十九世纪，才有萌芽，古来女人的位置，不过是男子的器具与奴隶。……中国讲到这类问题却须从头做起，人的问题，从来未经解决，女人小儿更不必说了，如今第一步先从人说起，生了四千余年，现在却还讲人的意义，从新要发现'人'，却'辟人荒'，也是可笑的事。"③ 显然，个人主义是周作人童年观的出发点。因为儿童是"人"，从自然角度来看，儿童不是成人的"附属品"，他是自主成长的个人；从社会角度来看，他理所应当地拥有作为人的自由和权利。

可见，周氏兄弟从生物科学和社会科学的两重维度，为新型儿童观的诞生铺砖加瓦。

其三，文艺界的人士纷纷加入到发现儿童的进程中，翻译和撰写了大

---

① 张之伟：《中国现代儿童文学史稿》，华东师范大学出版社，1992，第 4 页。

② 鲁迅：《我们现在怎样做父亲》，载《鲁迅杂文全编》（一），人民文学出版社，2006，第 133 页。

③ 周作人：《人的文学》，载王泉根编《周作人与儿童文学》，浙江少年儿童出版社，1985，第 22 页。

量儿童文艺作品，其文艺体裁包括翻译、诗歌、童话、戏剧等多种方式。现代著名作家茅盾于 1916 年秋进入商务印书馆编辑《童话》后，在译介外国科学文艺的同时，改编了中国古典读物，创作了大量童话作品。1921年茅盾出任《小说月报》主编，也注重刊登儿童文艺作品。1922 年 1 月，郑振铎与研究会的同仁们创办了《儿童世界》周刊，这是中国历史上第一份以发表儿童文艺作品为主的周刊。1922 年 7 月 1 日，他在《儿童世界》第二卷第十三期明确办刊宗旨："应当本着我们的理想，种下新的形象，新的儿童生活的种子，在儿童乃至儿童父母的心里。"① 叶圣陶为《儿童世界》创作了优秀的童话，包括《小白船》等名作，后收入《稻草人》。"胡风在关于《儿童文学》一文中说：'五四运动以后不久出现的《稻草人》，不但在叶氏个人，对于当时整个新文学运动也应该是一部有意义的作品。当时从私塾的《三字经》和小学的《论说文范》等被解放出来的一部分儿童，能够看到叶氏用生动的想象和细腻的描写来解释自然现象甚至劳动生活的作品，不能不说是幸福。'"② 黎锦晖的儿童歌舞剧名噪一时，影响波及海外。《葡萄仙子》作为他的代表作，"这一歌唱和舞蹈的成就，非常出色，在当时，引起了全社会的轰动，几乎前无古人，后少来者"。③ 刘半农倡导新文化、从事创建新诗和儿童诗，为儿童诗开创了一代诗风。其语言的民歌化、诗意的童趣化都值得后人肯定。冰心创作的散文颂扬母爱和纯美的童心，让人珍视童年尊敬儿童，体会到亲子之爱的可贵。"《繁星》《春水》《寄小读者》，便第一次以脱去传统框架的心态，用纯然娇弱的赤裸童心，敏感着世界和人生……"④

其四，教育界的人士也为这股热潮推波助澜。严既澄提出："自从教育研究上有了儿童研究这一门以来，我们对于儿童本身的生活，渐渐地得到些正常的理解了。从前不承认儿童的生活是独立的，而以为他只是成人的预备；现在知道儿童的生活，也是独立的了。本来在一个人的全期生活里，我们实在不应当指定那一段是那一段的附庸；我们所要求的是：全段

---

① 郑振铎：《〈儿童世界〉第三卷的本志》，原载 1922 年 7 月 1 日《儿童世界》第 2 卷第 13 期，见王泉根《中国现代儿童文学文论选》，广西人民出版社，1989，第 71 页。

② 商金林：《叶圣陶的童话出版》，《中华读书报》2007 年 6 月 21 日，第 4 版。

③ 陈伯吹：《怀念先行者黎锦晖先生》，《少年儿童研究》1993 年第 3 期。

④ 李泽厚：《二十世纪中国（大陆）文艺一瞥》，载《中国思想史论》（下），安徽文艺出版社，1999，第 1044 页。

生活，都是要丰满富足的，不感遗憾的。……现代的西洋教育，再没有不顾全儿童的生活，不拿儿童做本位的了。"① 儿童本位已经成为教育者的共识，理解和尊重儿童已经成为教育的起点。以教科书为例，吴研因在研究清末以来的小学教科书中指出：在民国六年以前，小学教科书都是文言文；民国六年前后，教科书开始用白话文编辑；自民国十年开始，儿童文学在教科书中开始抬头，"民十年左右又有人提倡儿童文学，他们以为儿童一样爱好文学，需要文学，我们应该把儿童的文学给予儿童。因此，儿童文学的高潮就大涨起来，所谓新学制的小学国语课程，就把'儿童的文学'做了中心，各书坊的国语教科书，例如商务的《新学制》，中华的《新教材》，《新教育》，世界的《新学制》……就也拿儿童文学做标榜，采入了物话、寓言、笑话、自然故事、传说历史故事、儿歌、民歌等。"②

二 "儿童热"的成因

"五四"时期"儿童热"的发生并不是偶然的，而是两股重要力量推动的结果。

首先，"儿童热"是个人主义思潮高涨的产物。纵观西方发现童年的历程，我们可以明显看出一条线索，首先是发现人，其次是发现儿童。就儿童的发现而言，近代中国依旧遵循西方的思想发展路径。个性的解放、个体意识的强化是导致童年开花结果的前提。五四新文化运动时期，"儿童问题"和"妇女问题"都是伦理革命的重要环节。在新文化领导人陈独秀的眼中，无论是"儿童问题"，还是"妇女问题"，它们都要求将人性从封建宗法制度和伦理纲常的束缚下解放出来，以个人主义为最终的价值诉求。"儒者三纲之说，为一切道德政治之大原：君为臣纲，则民于君为附属品，而无独立自主之人格矣；父为子纲，则子于父为附属品，而无独立自主之人格矣；夫为妻纲，则妻于夫为附属品，而无独立自主之人格矣。

---

① 严既澄：《儿童文学在儿童教育上之价值》，载王泉根《中国现代儿童文学文论选》，广西人民出版社，1989，第60—61页。

② 吴研因：《清末以来我国小学教科书概观》（节录），载陈学恂主编《中国近代教育史教学参考资料》（中册），人民教育出版社，1987，第444页。

率天下之男女，为臣、为子、为妇而不见有一独立自主之人格者，三纲之说为之也。"① 在中西文化激荡的新文化运动中，表征西方现代性伦理价值的个人主义、自由主义和功利主义，成为侵蚀和颠覆儒家伦理的外在思想源泉，以三纲之说为核心的封建伦理规范遭受西方现代性的全面挑战，在中国丧失了存在的合理性，"父为子纲"当然也不例外。陈独秀从反面着手，批判儒家伦理道德造就千百年的奴性思维。

批判儒家三纲五常的伦理观念，只是解放个性的第一步。换言之，单有个人主义并不能产生童年，童年更需要对成人世界和儿童世界做本质上的区分：童年作为一种社会结构和心理条件，要求社会必须有一个将人划分为不同阶层的基础。这个划分的原则是——知识，或者说是——理性。

其次，推动"儿童热"的第二股力量当属美国实用主义哲学家与教育家杜威来华。杜威作为西方现代教育派理论的主要代表，倡导教育改革，鼓吹"儿童中心论"，将五四新文化运动以来的"儿童热"推上了顶峰。

1919 年 4 月 30 日杜威夫妇抵达上海，足迹遍及奉天（今辽宁）、直隶（今河北）、山西、山东、江苏、浙江、湖南、湖北、江西、福建、广东等 11 个省和北京、上海、天津 3 个城市。杜威总共做了 200 多次讲演，他讲演的内容主要是现代科学、民主、教育及其相互之间的密切联系。"在杜威访华前后，先后介绍过杜威实用主义哲学和教育思想的中国学者主要有蔡元培、黄炎培、胡适、蒋梦麟、郭秉文、张伯苓、陶行知、刘伯明、陈鹤琴、廖世承、孟宪承、郑宗海、朱经农、俞子夷、郑晓沧、姜琦、常道直、崔载阳和吴俊升等。他们在《教育部公报》《新教育》《教育杂志》《中华教育界》《教育潮》等刊物，以及北京《晨报》、上海《时事新报》、上海《民国时报》的副刊上发表的文章，在一定程度上推动了杜威实用主义哲学思想和教育思想在当时中国的传播。到 1919 年 6 月，仅江苏、浙江两省，就雨后春笋般地涌现了近 200 种期刊……杜威来华其间，这些流行的刊物转载了杜威的讲演，并把它们传播到中国的每一个学术中心。"②

杜威的实用主义哲学与教育思想标榜以科学和民主精神为核心，与"五四"时期所提倡的科学与民主的潮流相一致，因此受到先进知识分子

---

①　陈独秀：《一九一六年》，载任建树等编《陈独秀著作选》第 1 卷，上海人民出版社，1984，第 172 页。

②　单中惠、王凤玉：《杜威在华教育讲演》，教育科学出版社，2007，第 12 页。

和新文化运动人士的普遍欢迎。杜威认为：成人社会是教育的目的，儿童是教育的起点，学校是二者之间一座过渡的桥。教育的目的，是要儿童走过这座桥，到成人社会里去做一个有用的分子。他批判旧教育有两个毛病。其一，将学科看作教育的中心，而不把儿童的真正需要看作教育的中心。他说："教育的最大毛病，是把学科看作教育的中心，不管儿童的本能经验如何、社会的需要如何，只要成人认为一种好的知识经验便炼成一块，把它装入儿童的心里面去。现在晓得这种办法是不对了。其改革的方法，只是把教育的中心搬一个家：从学科上面搬到儿童上面。依照儿童长进的程序，使他逐渐发展他的本能，直到他能自己教育自己为止。"① 其二，学校教育的目的非常明确，都是为预备将来入社会之用，而不注意于眼前的现实生活。杜威认为："并不是说教育不应该预备将来，不过说预备的方法不是如此。预备将来应该是教育的结果，不是教育的目的。倘能把现在的生活看作重要，使儿童养成种种兴趣，后来一步一步地过去，自然就是预备将来。倘先悬一个很远的目的，与现在的生活截然没有关系，这种预备将来，结果一定反而不能预备将来。"②

在对近代教育的批判和对现代教育的倡导中，杜威要解决的无非是这样一个问题：我们如何来平衡文明的要求和尊重儿童的天性。杜威从哲学的框架出发，论证儿童的需求必须根据孩子是什么，而不是将来是什么来决定。之所以要从孩子现在的需求出发，是因为儿童的能力、兴趣与习惯都建立在他的原始本能上，本能是儿童发展和教育的最根本的基础，儿童的心理活动实质上就是他的本能发展的过程。"如果我们了解和同情儿童期真正的本能和需要，"他说，"并且探求它的充分的要求和发展，那么成人生活的训练、知识和文化，在适当的时候就会来到"。③ 显然，杜威所倡导的"儿童中心主义"，正如他所说的"这是一种变革，这是一种革命，这是和哥白尼把天文艺的中心从地球转到太阳一样的那种革命。这里，儿童变成了太阳，而教育的一切措施则围绕着他们转动，儿童是中心，教育

---

① 单中惠、王凤玉：《杜威在华教育讲演》，第 13 页。

② 〔美〕杜威：《关于教育哲学的五大演讲》，载单中惠、王凤玉编《杜威在华教育讲演》，教育科学出版社，2007，第 31 页。

③ 〔美〕杜威：《学校与社会》，载赵祥麟、王承绪编译《杜威教育名篇》，教育科学出版社，2007，第 37 页。

的措施便围绕他们而组织起来。"①

杜威的"教育即生活"、"学校即社会"、"做中学"及"儿童中心主义"思想广为我国教育界接受，成为他们反传统教育，进行教育改革的思想利器。1922 年教育部通过的"壬戌学制"基本上是实用主义教育哲学的产物。该学制除采用美国的"六三三制"，将学习年限缩短了一年外，还规定废除教育宗旨而代之以"七项标准"，内容包括：适应社会进化之需要；发挥平民教育的精神；谋个性的发展；注意国民经济力；注意生活教育；使教育易于普及；多留各地方伸缩余地。② 从这七项标准不难看出，新学制显然受到杜威教育思想影响。

三 "儿童热"的实质

"儿童热"不是一个简单的儿童教育和儿童文学现象，它的实质体现在如下两个方面。

第一，"儿童热"不是孤立的潮流，而是新文化运动中的重要组成部分。五四新文化运动以道德革命和文学革命为内容和口号，它的目的是对国民性的改造，是对传统文化的摧毁。茅盾在三十年代曾回忆说："大概是'五四'运动的上一年罢，《新青年》杂志有一条启事，征求'妇女问题'和'儿童问题'的文章。'五四'时代的开始注意儿童文学是把'儿童文学'和'儿童问题'联系起来看的，这观念很对。记得是一九二二年顷，《新青年》那时的主编陈仲甫在私人的谈话中表示过这样的意见，他不很赞成参与'儿童文学运动'的人们仅仅直译格林童话或安徒生童话，而忘记了'儿童文学'应该是'儿童问题'之一。"③

第二，五四新文化运动时期出现的"儿童热"具有深刻的文化内涵：知识分子确立了儿童的价值，认可了儿童的意义。经过五四新文化运动的"儿童热"，儿童是人，儿童是儿童，教育必须以儿童为中心的等关于儿童的看法，很快就成为社会的共识。从科学的框架里出发，弗洛伊德声称儿

---

① 〔美〕杜威：《学校与社会》，第 27 页。
② 单中惠、王凤玉：《杜威在华教育讲演》，第 15 页。
③ 茅盾：《关于"儿童文学"》，原载 1935 年 2 月 1 日刊行《文学》月刊第 4 卷第 3 期，载王泉根《中国现代儿童文学文论选》，广西人民出版社，1989，第 396 页。

童的头脑里有一个无可否认的结构和特殊的内容，儿童的头脑的确最接近"自然状态"，因此天性的要求必须考虑在内，否则会造成永远的精神错乱；从人类文明进化的角度看，儿童必须要得到尊重，因为幼儿期的延长关系到儿童的未来，关系到智力的发展和文化的传输；从人类教育的角度看，儿童必须要得到尊重，因为教育不是强迫儿童去吸收外面的东西，而是要使人类与生俱来的能力得以生长。不尊重儿童的本能，不以引发儿童本能为出发点的教育只会导致南辕北辙的结果。中国的儿童在西方个人主义和儿童学的示范引导下被发现了。

　　从以上五四"儿童热"的论述亦可以看出，现代文学的发生是伴随着"人的发现"与"儿童的发现"而发生的，且五四"儿童热"背后是"五四"科学与民主精神的确立。因此，对"儿童热"的探讨，就是从文化动因视角对"五四"启蒙与革命精神的再挖掘、再确认。

Modern Children's Literature and the May 4th Spirit

—Talking from the May 4th "Children Hot"

Tan Xudong; *Xie Yujie*

Abstract：During the May 4th new culture movement, the advanced intellectuals upheld the theory of evolution and human nature, criticized feudal ethics, and advocated the liberation of human nature. At the same time, children leaped into the vision of advanced intellectuals and gained understanding and respect. In the circle of theory, education, and literature and art, there is a surge of attention to children's value and recognition of children's world, that is, "Children Hot". It is the result of the joint promotion of the two forces, which is an organic part of the new cultural movement and also has profound cultural connotation.

Keywords：Modern Children's Literature; May Fourth Spirit; Children Hot; Thinking

About the Authors：Tan Xudong (1968 –), Ph. D., Professor and Ph. D. Supervisor in School of Literal Arts, Shanghai University. Research interests and specialties：children's literature and children's book publishing. Magnum opuses：*The Reconstruction of Childhood and Children's Literature*, *The Reconstruction* *of Literature Field*, etc. He has won the fifth Lu Xun Literature Prize. Email：txd428@ 126. com.

Xie Yujie（1977 - ）, Ph. D. , Lecturer in School of Marxism, North China University of Technology. Magnum opuses：*A Study of Modern Children's Literature and Art*, etc.

五四·民间·通俗

周　敏[*]

摘　要："五四"的反传统针对的主要是"大传统",对"小传统"却采取吸纳利用的策略,因后者所包含的民众民间价值取向恰与"五四"的平民思想保持了某种一致性。对民众的"发现"在一定程度上促进了新文学的通俗化,使其与小传统形成了某种"合流",但"五四"的精英化与欧化倾向却最终阻止了这一"合流",重新造成了雅俗分野的局面。并且与旧雅俗传统(即大小传统)既分离又互动互补的状态不同,新的雅俗之间呈现了相当强的排异反应。在这一意义上,可以说新文学并没有找到更有效进入民众的方法与途径,影响了其在"启蒙"上的深广度。"五四"落潮之后有不少知识分子持此观点,这也是从新文学到大众文艺的某种逻辑起点。但"五四"的复杂处在于它与大众文艺并非完全断裂的关系,其内在依然有对接大众与民间的可能。实际上,在从现代文学到当代文学的演变中,"五四"与民间、通俗之间的张力体现得相当淋漓尽致。

关键词：五四　通俗文艺　民间　大众化

基金项目：浙江省哲学社会科学规划课题重点项目"'新曲艺'与'十七年'文艺普及实践研究"(项目编号：19NDJC005Z);浙江省社科联一般项目"'新曲艺'的基层传播机制研究(1949–1966)"(项目编号：2017N98)

---

[*]　周敏(1982—),博士,嘉兴学院文法学院讲师、浙江大学人文学院博士后,主要研究媒介与二十世纪中国文学,著有《地方文艺刊物的"说唱化"调整及其困境(1951—1953)》等。电子邮箱：zhm656@126.com。

从文学与思想上谈论百年"五四",应该要看到其"启蒙"特质中所包含的民间与民众面向。这一面向,上可接清末的下层社会启蒙运动,下则通向"文艺大众化"与"民族形式"讨论以及以"延安文艺"为代表的整个"革命通俗文艺"实践。而与此面向相关联的,则是知识分子与民众的关系、民间文学的价值以及新文学的"通俗化"等一系列问题。

一

如果说"五四"秉持着林毓生所说的"激烈的反传统思想",那么对此处的"传统"得有一个具体的界定,它基本上只包括以儒家精英文化为主体的"大传统",而非下层民众(主要指农民)形成的以"俗"的面目呈现的"小传统"。无论是刘半农、沈尹默在北京大学发起的歌谣征集活动,还是周作人、常惠、顾颉刚等人推动的中国现代民俗学学科的创立,以及李大钊、罗家伦等人倡导的"到民间去"运动,无不体现了"五四"一代知识分子对民间小传统的肯定与重视。这几方面综合组成了洪长泰所言的"中国现代民间文学运动",并且显示出了非凡的意义,它"发现了民间文学,颠覆了中国知识分子以往的正统文学观;更重要的是,它改变了中国知识分子对民众的基本态度"。[①] 可以说,这一意义也隶属于"五四",它是"五四"留给我们的遗产之一。

大小传统的概念来自美国的雷德菲尔德(Robert Redfield),学者李亦园根据中国文化特点曾对其做出了如下解释。所谓"大传统"的意思是"一个社会里上层的士绅、知识分子所代表的文化,这多半是经由思想家、宗教家反省深思所产生的精英文化",而"小传统"则是指"一般社会大众,特别是乡民或俗民所代表的生活文化",二者的主要不同在于"大传统的上层士绅文化着重于形式的表达,习惯于优雅的言辞,趋向于哲理的思维,并且观照于社会次序伦理关系上面;而小传统的民间文化则不善于形式的表达与哲理思维,大都以日常生活的所需为范畴而出发,因此是现

---

① 洪长泰:《到民间去:中国知识分子与民间文学》,董晓萍译,中国人民大学出版社,2015,第1页。

实而功利，直接而朴质的。"① 大、小传统，实际上就是雅、俗传统，二者共同构成古代文化的整体。但尽管有差别和分野，大小传统也并非泾渭分明、互相对立，而是"互动互补"，"大传统引导文化的方向，小传统却提供真实文化的素材"。② 而且，尽管在表现方式上有精致与粗糙之分，但"其基本理念却是完全相同的"。③ 当然，小传统在传统文化的等级序列中，始终处于边缘，是被"引导"的一方。

近代之后，这样的大小传统格局被打破，小传统在整体性文化中的地位有一个明显的逐步上升过程，或者说它的价值被重新发现了，尤其是其中的俗文学/民间文学部分。这与日益急迫的"救亡"语境相关，从鸦片战争以来一次次的失败中尤其在甲午海战之后，知识阶层已经逐渐对皇权彻底失望，取而代之的是对民主与民权的重视，于是纷纷将目光投向了"开民智"这一新的社会启蒙道路。④ 为唤醒民众，在辛亥革命前十年间，他们不仅发表了大量倡导与论证性文章，而且制定出一整套专门针对下层人们接受水平的启蒙措施，通过办白话报、改良戏曲、讲报、宣讲、演说等途径传播新思想与新知识。⑤ 尽管他们认定只有"觉民"，民众的力量才会有利于救亡与国家富强，但在客观上确实造成了民众俗文化（包括在民众之中流行的由文人参与创作与修饰的通俗文艺）地位的提升，比如梁启超等人发起的"小说界革命"，就极大地抬升了小说的地位。

"五四"既是断裂，也是延续。它在一定程度上延续了清末的下层社会启蒙运动，在走向民众、改造民众上与后者保持了一定的一致性，只不过内在精神上受西方影响更深。在这一点上，主要表现为两个方面。一是在新的文学创作上主张突破雅文学的限制，靠近"通俗"，如胡适所提出的文学改良"八事"中就有"不避俗字俗语"；而陈独秀的《文学革命论》里则制定下"明了的通俗的社会文学"的建设目标，并旗帜鲜明地反对"贵族文学"，提倡"国民文学"；另一位"主将"周作人则有"平民

① 李亦园：《中国文化中的小传统》，载《人类的视野》，上海文艺出版社，1996，第143—145页。
② 李亦园：《中国文化中的小传统》，载《人类的视野》，第144页。
③ 李亦园：《从民间文化看文化中国》，载《李亦园自选集》，上海教育出版社，2002，第230页。
④ 林红：《发现民众：历史视野中的民众与政治》，中央编译出版社，2017，第194—195页。
⑤ 李孝悌：《清末的下层社会启蒙运动（1901—1911）》，河北教育出版社，2001，第6页。

文学"的主张。二是正如上文所言，"五四"知识分子掀起了一场轰轰烈烈的"现代民间文学运动"。这一运动不仅为民间文学进一步正名，如胡适就曾断言"一切新文学的来源都在民间"[①]，而且也因此为新文学寻找到了内部资源以及与传统的对接点。

二

不过，"五四"虽然亲近民间，也不避通俗，但其对通俗的态度却是暧昧的，正如刘禾所指出的，"正统文化并不是五四的唯一敌人"，除此之外，"作为市民通俗文化的代表，鸳鸯蝴蝶派一开始就成为五四新文学的批评靶子"，甚至在民间文学研究上，也把这一类市民通俗文学排除在"民间"概念之外。[②]"五四"所谓民间文学主要指民歌、戏曲、曲艺等在乡土当中流传的口头性文学，他们认为这才是自然的、质朴的文学形态，而市民通俗文学则是经过文人加工的、沾染了宗法习气与都市腐朽气息的迎合性文学形态。实际上，"五四"知识分子在谈论"民众"时，也往往把市民阶层、小资产阶级等排除在外，大致上"民众"即农民，"民间"就是大多数文盲所生活的乡村。[③]

"五四"时期不少受俄国"民粹主义"影响呼吁"到民间去"的知识分子对农民与乡村都抱有好感，并在其中寄托希望与梦想，或者至少认为经过帮助、教育与改造，农民有成为建设美好新社会新国家主体的巨大可能。与之相反，都市则由于过多地被礼教和近代资本逻辑腐蚀变成了"污秽"与"邪恶"的所在。[④] 一些人还表现出一定的"反智主义"倾向，他们认为，与劳苦大众相比，"念书人"本身都应该被否定，"念书人是什么东西，还不是'四体不勤、五谷不分'，无用而又不安生的社会的蠢民吗？……再翻回头来，看看那些大睁着眼不识字底的可怜底平民，却实实在在我们的衣食生命都在他们掌握之中。他们才是真正的中国人，真正的

---

① 胡适：《白话文学史》，岳麓书社，2010，第16页。
② 刘禾：《一场难断的山歌案》，载王晓明主编《批评空间的开创：二十世纪中国文学研究》，东方出版中心，1998，第360页。
③ 洪长泰：《到民间去：中国知识分子与民间文学》，第13页。
④ 洪长泰：《到民间去：中国知识分子与民间文学》，第17页。

社会的分子。"① 这种"民粹主义"的想法反过来也会影响他们对市民通俗文学的价值判断。

当然，在启蒙思想与"个人主义"的影响之下，相当一部分知识分子对民众与乡土主要是持审慎与批判态度的，鲁迅所批判的"国民劣根性"以及由此产生的"改造国民性"命题、乡土文学中对乡村陋习与农民灵魂麻木的揭示等，无不显示着知识分子对古老中国的"哀其不幸"与"怒其不争"。对于"坚决维护个人的自我意识和主体精神的地位和权利"② 的周作人而言，他对民众一直是警惕的。所以在提出"平民文学"时，特别强调"平民文学决不单是通俗文学。因为平民文学，不是专做给平民看的，乃是研究平民生活——人的生活——的文学"，因此它并不要求"个个'田夫野老'，都可领会"，目的是"将平民的生活提高，得到适当的一个地位"。③ 作为"五四"的主将，周作人的这一观点具有相当的代表性，这也反映了"五四"知识分子对通俗文学的暧昧态度。

在这一暧昧的通俗文学观念之下，新文学尽管在表面上追求通俗、平易，却并没有真正实现这一目的，再加上对西方文学的大量引入和借鉴，实际上又形成了以知识分子和青年学生为主要阅读对象的新的雅文学。又因为在短期内还无法通过大面积文化教育的方式启蒙民众、改造下层文化，使其有可以接受这一雅文学的广泛基础，因此可以说新文学并没有找到有效进入民众的方法与途径。关于此点，顾颉刚 1928 年就曾指出："八年前的五四运动，大家称为新文化运动。但这是只有几个教员学生（就是以前的士大夫阶级）做工作，这运动是浮面的。到现在，新文化运动并未成功，而呼声则早已沉寂了"，并呼吁"我们的使命，就在继续呼声，在圣贤文化之外解放出民众文化；从民众文化的解放，使得民众觉悟到自身的地位，发生享受文化的要求，把以前不自觉的创造的文化更经一番自觉的修改与进展，向着新生活的目标而猛进"。④ 可能正是得到深入研究民俗的启发，顾颉刚本人在 1925 年五卅惨案发生之后，就注意用民众语体作《上海的乱子是怎么闹起来的》《伤心歌》这两种传单向民众散发，并从宣

① 惠：《教育的错误》，《平民教育》第 9 期，1919 年 12 月 6 日。
② 舒芜：《周作人的是非功过（增订本）》，辽宁教育出版社，2000，第 134 页。
③ 仲密（周作人）：《平民文学》，《每周评论》第 5 号，1919 年 1 月 19 日。
④ 顾颉刚：《圣贤文化与民众文化》，《民俗周刊》第 5 期，1928 年 4 月 17 日。

传效果上由衷地感到了"通俗文学之易于入人"。① 在之后的"文艺大众化"讨论浪潮中，顾颉刚对"五四"不能走进民众的批评得到了响应和进一步的放大。例如，瞿秋白就把"五四"式的白话称为"非驴非马的新式白话"，"仍旧是士大夫的专制，和以前的文言一样"。② 针对此，瞿秋白提出，"一切写的东西，都应当拿'读出来可以听得懂'做标准"。③ 无论是顾颉刚、瞿秋白还是之后的向林冰、老舍、赵树理等人，都强调了文艺创作的口头性，把口头性作为通俗文艺甚至民族文学创作的基本属性与方向。

三

这里其实就有了两种通俗文艺的形态，正如刘禾所指出的，一种是市民通俗文艺，另一种是民间通俗文艺。④ 民间通俗文艺与自在状态的民间文艺不同，它主要还是由知识分子参与创作的，或者说至少有知识分子参与的身影，只是它借鉴了民间文艺的形式（这里的形式要做宽泛的理解，不仅仅指体裁样态，还指特殊的故事讲述/叙事方式，甚至还包括它理解生活的方式等），注重照顾口头性。这一文艺形态带有相当强的目的性，可以说纯然是现代的产物，并最终与革命意识形态相合流，演变成一个占主流的"革命通俗文艺"形态。而市民通俗文艺则是新文学与民间通俗文艺共同的对手，始终在主流与官方的外部。不过，新文学与民间通俗文艺也并不是能够和谐相处的，后者原本就是在批判前者的基础上逐渐生长出来的，而后者对"旧形式"的依赖也为前者所警惕。在 20 世纪 40 年代"民族形式"大讨论中，围绕着何者才是今后民族文学发展的起点与源泉这一问题，二者的矛盾更是集中地爆发出来。

尽管新文学在民间通俗文艺的挤压下，也在努力调整自身与大众的关系，尤其在 20 世纪 40 年代民族危机的关键时刻，但整体上确实没有兼顾

---

① 顾潮：《顾颉刚年谱（增订本）》，中华书局，2011，第 120—121 页。
② 史铁儿（瞿秋白）：《普洛大众文艺的现实问题》，《文学》第 1 卷第 1 期，1932 年 4 月。
③ 宋阳（瞿秋白）：《大众文艺的问题》，《文学月报》创刊号，1932 年 6 月。
④ 刘禾：《一场难断的山歌案》，载王晓明主编《批评空间的开创：二十世纪中国文学研究》，第 371 页。

好群众的阅读趣味与启蒙、教育之间的关系，最终造成的局面是它成为新的雅文学，并与依然在民众当中流行的俗文学构成了新的雅俗分野，而且与旧的雅俗传统不同，二者不再是互动互补，具有内在精神的一致性，而是相互排斥，彼此难以适应。直到 1957 年赵树理还在痛惜"未被新文艺界承认的民间传统"①。

当然，革命文艺从延安时期开始就努力调整二者的关系，就像王瑶说的，其时的主要工作是"调整新文艺与传统文化，特别是民间文化的关系，以促进新文艺进一步的民族化；调整新文艺与农民的关系，以促进新文艺进一步的大众化：这两个方面构成了'民族形式'问题讨论与延安文艺整风运动的基本内容和主要目的与要求"②，革命文艺试图借这种调整建立起自己的文化领导权。从《在延安文艺座谈会上的讲话》以及此后的文艺政策看，革命文艺也并非一味"通俗"，对所谓的"高级文艺"排斥，只不过总体上是要在"大众化"这一原则的统领之下的。某种意义上，它是要重新建立一个雅俗互动互补的整体性文化局面。但是客观而言，在新中国前三十年的时间跨度中，社会主义文艺一直在做各种探索和实验，对"大众化"的理解也有不少含混之处，因此其中的经验与教训具在。

May 4th，Folk and Popularization

Zhou Min

Abstract：The anti-tradition of the May 4th Movement is mainly aimed at "the great tradition", but adopts the strategy of absorbing and utilizing "the little tradition", because the value orientation of the folks contained in the latter keeps some consistency with the civilian thought of the May 4th Movement. The "discovery" of the masses has promoted the popularization of new literature to a certain extent, and forms a certain "confluence" with the little tradition. But finally, the trend of elitism and Europeanization in the May 4th Movement prevents this

---

① 赵树理：《"普及"工作旧话重提》，《北京日报》1957 年 6 月 16 日。

② 王瑶：《中国新文学大系（1937—1949）·文艺理论卷》，上海文艺出版社，1990，第 10 页。

"convergence" and re-creates the situation of the division between refined and popular traditions. And unlike the old refined and popular traditions (i. e. the big and small traditions), which are separated and complementary, the new refined and popular traditions present a strong rejection reaction. In this sense, it could be said that the new literature has not found a more effective way to enter the populace, affecting its "enlightenment" in depth and breadth. After the May 4th Movement, many intellectuals held this view, which is also a logical starting point from new literature to popular literature and art. However, the complexity of the May 4th Movement lies in the fact that it is not completely separated from the mass literature and art, and it is still possible to connect the masses with the folk. In fact, in the evolution from modern literature to contemporary literature, the tension between the May 4th Movement and folk and popular literature has been reflected quite incisively and vividly.

Keywords: The May 4th Movement; Popular Literature and Art; The Folk; Popularization

About the Author: Zhou Min (1982 –), Ph. D. , Lecturer at College of Humanities and Law in Jiaxing University, Postdoctoral at College of Humanities in Zhejiang University. Research interests and specialties: media and 20th century Chinese literature. Magnum opuses: *The Adjustment of "Rap" in Local Literary and Art Publications and Their Difficulties* (1951 – 1953), etc. E-mail: zhm656@126. com.

地方、语言与民间现代性

李榛涛　王　哲　幸　鑫*

摘　要：本文通过三个不同的侧面来探讨地方、语言与民间现代性的问题。萧红的《呼兰河传》秉持与五四文学相一致的启蒙立场，深刻揭示了呼兰河民众愚昧麻木的精神状态。同时，在批判封建的总体格局上，又以人道主义的情怀发掘了民间自在状态下的朴实与坚忍，通过民间信仰及其民俗活动赋予小说广阔的文化内涵。《安徽俗话报》秉承启蒙的宗旨，采用地方俗话的形式，将启蒙目光投射到民间大众尤其是女性身上，大力宣扬女性启蒙思想，使"男女平权"的思想以丰富的内容和形式传播开来，为女性从生理到心理两个方面建构话语权做出了一定贡献。刘半农则在新文化运动中将自身情感内化于民间，站在民间立场来对抗中国传统主流文化。他在民间语言与民歌文体的审美认同上提出了自己关于新诗的理论主张，为新诗的发展拓宽了道路。在这些理论的基础上，刘半农自觉进行了探索民间文化的创作实践，集中体现为《扬鞭集》与《瓦釜集》。

关键词：萧红　《呼兰河传》　刘半农　民间现代性

---

* 李榛涛（1993—），上海大学文学院中国现当代文学专业硕士研究生，电子邮箱：89433596@qq.com。王哲（1994—），上海大学文学院中国现当代文学专业硕士研究生，电子邮箱：406771136@qq.com。幸鑫（1992—），上海大学文学院中国现当代文学专业硕士研究生，电子邮箱：1203133265@qq.com。

一 萧红《呼兰河传》的民间视野与文化建构①

作为一部充满生命体验及乡土气息的诗化小说，萧红的《呼兰河传》通过切身的民间记忆，真实地再现了呼兰河城的乡土人生，试图在"五四"与民间的复杂关系之中找到契合点。一方面，萧红承接五四精神与启蒙意识，深刻揭示了乡间民众的精神状态及生活方式，敏锐地发现了隐藏在这个闭塞村庄的种种丑陋与悲剧；另一方面，在批判愚昧麻木的总体格局上，又以人道主义的情怀发掘了民间自在状态下的朴实与坚忍，既赋予了小说广阔的文化内涵，也为我们观察乡土中国提供了更为丰富的视角。

小城呼兰河是一个带有原始封建性的北方乡土社会，闭塞、落后的整体环境给当地民众套上了愚昧狭隘的枷锁，他们对待新事物、新观念总抱有反感甚至恐惧的态度，因循守旧，过着平凡而卑微的生活。小说中，萧红对于故乡人民抱有的更多的是一种"哀其不幸，怒其不争"的批判态度，呼兰河众人"集体无意识"的看客心理、胡家婆婆的残忍麻木和有二伯"阿Q"式的精神胜利法，都是乡土民间群像及其精神状态的真实写照。以小团圆媳妇的遭遇为例，她太过大方、走路飞快、一餐吃三大碗饭，这些异于传统妇道的表现被认为是不合规矩的，胡家婆婆为了"纠正"这些反叛伦理的行为而不断折磨她，又为治疗小团圆媳妇找尽各种偏方怪招（比如洗开水澡驱鬼等）。可悲的是，这些残忍的行为是在"极其真诚的不自知其为害的态度下进行的"②，殊不知自己既是封建吃人社会的受害者，同时也用蒙昧的枷锁残害了别人。另外，那些围观或参与其中的街坊邻居也在不自觉中成为同谋者，他们对于封建迷信的追崇，对于残酷的纵容与麻木都深刻体现了积淀于民族灵魂与文化心理中的劣根性。在这一层面上，萧红正是以知识分子的立场去俯视民间，深刻批判了阻碍民族进步的思想愚昧与人性扭曲，企求将病态社会的民众从麻木的精神状态中唤醒，从而引起疗救。这一发掘，也是对鲁迅及"五四"以来国民性反思与再造总主题的继承和发展。

---

① 本部分内容根据李榛涛的发言整理而成。

② 赵德鸿、张冬梅：《萧红〈呼兰河传〉的文化阐释》，《学术交流》2007年第5期。

在卑琐平凡的另一面，《呼兰河传》也向我们展现出民间原始生命力的韧性。民间逻辑与审美的基本形态是"自由自在"的，"第一，'自由'主要在民间朴素、原始的生命力紧紧拥抱生活本身的过程中体现出来。第二，'自在'则是指民间本身的生活逻辑、伦理法则、生活习惯、审美趣味等的呈现形态"①。因此，各种宗教、信仰、哲学与文化鱼龙混杂的民间社会是一个藏污纳垢的有机整体，这里既有民族的惰性与糟粕性，也有自在的发展逻辑与顽强担当苦难的原始生命力，而萧红笔下的呼兰河人民虽然愚昧，却同样存在自在状态的生活习惯与审美趣味，有一种乡土民间的真挚和朴素。

好比东二街道的大泥坑"像被赋给了生命似的，它是活的……大家对它都起着无限的关切"一样，它早已成为呼兰河人们生命中一个不可或缺的部分，变成他们平凡生活增添趣味的消遣之物，甚至可以看作一种体现威严的神圣象征。正如费孝通在区分乡土民间社会与现代社会感情定向上的差别时所指出的，乡土社会是亚普罗式的西方古典精神，"亚普罗式的文化认定宇宙的安排有一个完善的秩序，这个秩序超于人力的创造，人不过是去接受它，安于其位，维持它"②。在这样的情感逻辑下，呼兰河人从来就没有想过把大坑填上，而是去接受它、维持它，将它作为历史文化的遗物，当作自己生命中苦难的一部分去感受。在面对生活的苦难与不幸时，他们似乎认为这是自己无法摆脱的命运，并不对未来抱有过多期待，只是为了生存而活着，平凡地度过自己的一生便是民间最大的愿望。正如萧红描述的那样，"假如有人问他们，人生是为了什么？他们并不会茫然无所对答的，他们会直截了当地不假思索地说出来：人活着是为吃饭穿衣……人死了就完了"。可见，如何在摆脱愚昧麻木的精神状态下保持民间固有的原始生命韧性与活力正是萧红所探寻的，人与城、生与死的轮回似乎也被赋予了生命之永恒的哲学内涵。

冯歪嘴子对于苦难的承受则是民间韧性的另一个体现。他心性善良，任劳任怨，但与王大姐的结合却得不到呼兰河民众的祝福，先是被磨坊掌柜赶出住处，又不时受到乡邻的嘲讽，妻子死了，小儿子也面黄肌瘦。然

---

① 王光东：《朴素之约》，山东文艺出版社，2004，第 4 页。
② 费孝通：《乡土中国》，人民出版社，2015，第 53 页。

而，这些生活的重担并未将他彻底压垮，"他不知道他已经处在了怎样的一种艰难的境地。他不知道他自己已经完了。他没有想过"。当别人都以为冯歪嘴子活不下去的时候，他依然顽强地活着。尽管也曾悲哀地流下眼泪，但每每看到自己的孩子却总能报以欣喜的、发自内心的微笑，因为他还有必须肩负起的责任。冯歪嘴子这份对生的执着及面对苦难的态度，正向我们展现出了紧紧拥抱生活本身的强韧生命力，而民间的朴实与坚忍也感染了萧红，她敬佩这种在苦难中形成的民间文化精神，赞美来自乡土民间的原始生命韧性。

此外，小说中出现了大量描绘乡间民俗文化活动的场景，也为故事性不强的小说增添了文化内涵和人生体验。萧红写道："跳大神有鬼，唱大戏是唱给龙王爷看的。七月十五放河灯，是把灯放给鬼，让他顶着个灯去托生。四月十八也是烧香磕头地祭鬼……狮子，龙灯，旱船等，似乎也跟祭鬼似的……"可见，呼兰河民间的精神文化活动大多建立在鬼神信仰的框架基础之上，深刻地体现了民间原始的生活经验及价值观念，而在现代文化与科学都极不发达的乡土民间，唯有求助神明的庇佑，将自身的希望寄托于超自然的力量，民间社会才能从心理层面上得到安慰与动力，才能不断在苦难中顽强地生存。这正是民间鬼神信仰作为一种精神文化存在的内在逻辑。

在萧红的乡土印象中，鬼神信仰主要呈现出两种基本形态。一是对自然界的崇敬，就如呼兰河城的民众在遇到缺水时会到龙王庙祭拜祈雨，河边举办的野台子戏也是通过唱诵祈福来获得龙王的庇护一样，以自然为对象的鬼神信仰普遍存在于中国的民间社会，受到民众自发的尊崇。二是生死方面的信仰，比如丧葬习俗、到娘娘庙求子等民俗信仰。关于跳大神，呼兰河民众相信掌控巫术的大神能够洗刷人的灵魂，将不洁之物赶出从而起到治疗的作用。在这样的思维逻辑下，跳大神在当地拥有很大的市场，人们对大神是害怕并尊敬的，尽管跳大神的巫师也不过是行使招摇拐骗的伎俩而已，但正是这份由衷的信任，让舍不得花钱的胡家婆婆花得心安理得，也造成了小团圆媳妇被百般折磨的悲剧。这种鬼神信仰的落后性及对民众思想的禁锢，显然是萧红所批判的。

然而，鬼神信仰在一定程度上又丰富了单调的民间生活，这些信仰往往衍生出许多与之相关的节日庆典，既包含了物质生活的内容，也提供了精神文化的需求。比如逛庙会后，人们都要到街上观赏、购买各种民间工艺品；比如民众通过唱野台子戏而聚集在一起，在台下引出了各种趣事；还比如放河灯的节日，久不出门的人也赶着热闹出来逛逛，放河灯的人络绎不绝……由此可见，一方面，民间的鬼神信仰虽然在相当程度上束缚了民众对于现代文化的认知力，造就了蒙昧无知的固化思想，但另一方面，它又以独特的姿态维持了整个乡间社群的稳定，营造了民众赖以生存的精神家园，使民众在信仰中持续不断地顽强生存。因此，我们无法对民间鬼神信仰做出简单的好坏判断，而应该如何看待这些民间赖以生存的信仰，如何去认识信仰与民间生存、文化艺术之关系也成为萧红思考的问题所在，她批判封建民俗信仰对国民性的桎梏，也对其中的民间合理性因素给予了充分观照。

总之，在五四精神的依托及巨细无遗的民间视野下，萧红塑造民间世界的努力与尝试让我们看到了呼兰河城"藏污纳垢"的生活百态，而穿插的一幅幅乡土风俗画，本身也蕴涵着巨大的文化含量与萧红自身实在的生命体验，深沉而忧郁的总基调，让萧红的文化建构与文化批判充满民族历史的厚重感。

二 《安徽俗话报》中的女性启蒙思想[①]

《安徽俗话报》是陈独秀早年在安徽创办的一份报纸。1904 年 3 月 31 日创刊，1905 年 8 月 15 日终刊，现存 22 期。《安徽俗话报》一开始筹建于安徽安庆，后转至芜湖，由上海东大陆印书局印刷。主要栏目有论说、要紧的新闻、本省的新闻、历史、地理、教育、实业和小说等专栏，后期又增加了诗词、闲谈、行情、来文、军事、格致、传记、调查等几个栏目。陈独秀不仅担任该报的主编，还是该报的主要撰稿人，《安徽俗话报》中作者化名为"三爱"的文章皆由他亲自撰写，同时他还负责排版、校对等具体事务。

由于其创刊人陈独秀在文学史上的特殊性，《安徽俗话报》一直备受学界关注。它既是研究陈独秀早期思想的重要资料，同时也为书写安徽地

---

① 本部分内容根据王哲的发言整理而成。

区革命运动提供了背景素材。"《安徽俗话报》不仅是安徽最早的俗话报，而且也是最早的革命刊物。"① 同时，受晚清女性启蒙思想的影响，在《安徽俗话报》刊发的 22 期白话报中，陈独秀等人多次提及妇女问题，劝导妇女参与革命，鼓励妇女戒缠足，呼吁男女平等，提倡婚姻自主，这些都为女性启蒙思想在当时的传播添上了浓墨重彩的一笔。

1904 年前后，风雨如晦，政局动荡。《安徽俗话报》作为地方性的革命报纸，不仅关心政局时势，对女性在革命中所发挥的作用格外重视。"不论是《叹五更》还是《送郎君》，或是《闺中叹》和《十杯酒》，都是民间传统的音乐形式，填以新词后，被认为是'俗曲新唱'。"② 由于诗歌短小精悍、题材灵活、内容丰富且易于传唱，大多采用第一人称写法，注重对人物的心理刻画，使文章读来更加细致和富有亲切感，在有关女性爱国思想的文章中，《安徽俗话报》更多采纳此种形式来激发妇女的爱国情感。重视女性在革命中所发挥的作用，呼吁女性爱国，激发妇女爱国情感，正是陈独秀们占据男性话语权后，将女性革命纳入国家革命范围内的一个显著表现。

1904 年《安徽俗话报》发表的有关女性革命的文章信息见表 1。

表 1　1904 年《安徽俗话报》发表的有关女性革命的文章

文章	作者	所在栏目	刊载期数	刊载年份
《叹五更·伤国事也》	龙眠女士	诗词	第一期	1904
《送郎君·悲北事也》	讴歌变俗人	诗词	第一期	1904
《闺中叹·恨国难也》	桐城方瑛子女士	诗词	第四期	1904
《十杯酒·讥苛税也》	黄金世界之女名士	诗词	第四期	1904
《从军行·仿十送郎》	浮渡生	诗词	第六期	1904
《爱国女儿墓》	佚名	闲谈	第六期	1904
《女儿叹》	曼聪女士	诗词	第十六期	1904

缠足与否，一直是近代中国不断讨论的问题，缠足的废除和反废除也一直处于互相颉颃的状态。究其根底，缠足是封建社会男权话语制度下的

---

① 汪杨：《新文化运动与安徽》，安徽大学出版社，2014，第 12 页。
② 张玺：《〈安徽俗话报〉的女性启蒙思想探析》，《东南传播》2017 年第 6 期。

产物，封建制度如果不从内部坍塌，缠足也很难彻底根除。缠足是对女性从身体到心灵的双重摧残，"三寸金莲"的女性不仅失去了正常的行动能力，她们的活动范围无非是从闺阁中走向另一个男性为主的家庭，并且一生都困在家庭之中；也因为身体上的残疾，她们很难走入社会中，和男性一样参加社会生产。缠足并非女性本身的愿望，它的出现就是为了谄媚男性，迎合男性畸形的审美趣味。所以，废除缠足势在必行。1860 年，传教士麦高温创立了第一个戒缠足会，传播戒缠足思想；1883 年，康有为成立了"不裹足会"，正式打响了国人废除缠足运动的第一枪。自此之后，废除缠足运动愈演愈烈，维新人士对废除缠足的热情空前高涨，他们不断投身废除缠足的运动当中，为女子身心命运奔走疾呼，各地纷纷成立不裹脚会和天足会，各大报刊也不断刊登缠足的危害和放脚的好处，《安徽俗话报》正是这股浪潮之下的一个时代缩影。第十三期有一插图名曰"包脚受辱"，是为识字不多的女性直接阅读而设的。此时的天足会和不裹脚会多是男性成立，废除缠足的探讨也是在男性中进行，女性很难介入。

1904 年《安徽俗话报》发表有关废除缠足的文章信息见表 2。

表 2　1904 年《安徽俗话报》发表的有关废除缠足的文章

文章	作者	所在栏目	刊载期数	刊载年份
《步步娇》	佚名	诗词	第二期	1904
《恨小脚歌》	桐城潘女士	诗词	第三期	1904
《劝徽州人不要裹脚的道理》	徽州不裹脚会来稿	来文	第四期	1904
《桐城不缠足善会的缘起》	桐城不缠足善会来稿	来文	第七期	1904
《放脚的法子》	节录吴门天足社稿	要件	第十九期	1904

女子教育也是《安徽俗话报》所关注的话题。长期以来，"女子无才便是德"的思想一直牢牢禁锢着传统封建家庭，女子因为天然的性别失去受教育的权利，她们所学所用也不过是女学，是为了男性和家庭而服务的。这个时候，男性启蒙者们重提女子受教育的权利，自然有受到西方"天赋人权"思想影响的原因，另外也是出于对革命力量的考虑。实际上，这个时期所倡导的女子教育，和女性真正所需要接受的教育大为不同。从《安徽俗话报》上发表的文章看来，不少男性作者提倡女子要学习育婴、早教、家务和理财等实用性技能，本质上是为了避免女性成为社会的负

担，同时回归到家庭当中去实现"相夫教子"的终极目标。这种女子教育更不包括实现女性自身的解放，实际上是将女子革命纳入国家革命的范畴之内，女性本身是被牺牲的。这些作者将男性和女性应受的教育有意识地区别开来，本质上仍旧没有脱离传统思想的禁锢，但在当时那样的时代环境之中，男性作者们能有如此想法已实属不易。这些对于女子受教育权利的呼唤，也警醒了部分女性，使她们勇于走出家庭，走入学堂接受教育，为后期女子教育的发展奏响先声。

1904 年《安徽俗话报》发表的有关女子受教育的文章信息见表 3。

表 3　1904 年《安徽俗话报》发表的有关女子受教育的文章

文章	作者	所在栏目	刊载期数	刊载年份
《家庭教育》	饬武	教育	第六期	1904
《家庭教育》	饬武	教育	第七期	1904
《家庭教育·续》	饬武	教育	第九期	1904
《敬告各位女东家太太》	了白	教育	第十七期	1904
《女子教育》	铁仁	教育	第十九期	1904
《女子教育·续》	铁仁	教育	第二十二期	1905

男女的不平等还体现在家庭关系上。"在家从父，出嫁从夫"，自古以来，女子在家庭中存在的价值就是不断被男性压榨，在正常的家庭关系中，也只能是男子的附庸品。虽然晚清时期已经出现了"男女平权"的思想，但早期提倡的"男女平等"常常只在夫妇之间的家庭伦理中讨论，至于实现真正的"平等"，仍然还有很长一段距离。随着晚清女报和女子团体的羽翼日益丰满，关于女性地位提升的呼声也越来越高。受过教育的女性不再满足于从前所谓的"男女平等"，她们对于社会权利提出了自己的要求，即要求更深一层次的"男女平权"。在这样的大背景下，陈独秀化名"三爱"所发表的关于婚姻的论断便在情理之中了。陈独秀认为，女人的社会地位低下，甚至连妓女都不如，这样的情况是不合乎情理的。一方面，他表现出对囿于封建婚姻的女性的同情，另一方面也表现出了对于西洋婚姻制度的向往。

1904 年《安徽俗话报》发表的有关婚姻制度的文章见表 4 所示。

表 4　1904 年《安徽俗话报》发表的有关婚姻制度的文章

文章	作者	所在栏目	刊载期数	刊载年份
《恶俗篇·婚姻》	三爱	论说	第三、四、六期	1904
《交合权》	佚名	闲谈	第四期	1904
《新婚游学》	桐城马君干女士	新闻	第十二期	1904
《再论婚姻》	雪聪	论说	第十六、十八期	1904
《女箴》	名隐	诗词	第十八期	1904

由于种种不可抗力的原因，备受欢迎的《安徽俗话报》仅仅刊出一年共 22 期便停刊了。但是它没有在历史的洪流中销声匿迹，而是熠熠生辉，具有独特魅力。《安徽俗话报》秉承着启蒙的宗旨，不遗余力地宣扬启蒙思想，将"男女平权"的思想以丰富的内容和形式传播开来，为女性从生理和心理两个方面建构话语权。《安徽俗话报》不仅是研究安徽地区革命进程的重要文献资料，同时也是在大革命背景下女性革命的侧写史之一。《安徽俗话报》的研究价值固然和它的创刊人陈独秀的历史特殊地位是分不开的，但其本身具有的明确的办刊宗旨、鲜明灵活的办刊内容、地方俗语的表达方式和明确的受众群体，使得它即使过去了一百余年，依旧保持着蓬勃的生命力。通过创办和编辑《安徽俗话报》，也为陈独秀在以后创办《新青年》累积了丰富的经验。

三　刘半农《瓦釜集》《扬鞭集》的民间化新诗探索①

新文化运动的目的是打倒中国传统主流文化，冲破封建藩篱，在这之中，民间文化与西方先进文化成为打倒主流文化所依靠的武器。在对这两种文化的选择之中，更多的"五四"知识分子倾向于学习西方先进文化。对于中国民间文化，他们所采取的态度是有差别的，一部分人只是将民间文化看作一种工具，更多的人是站在启蒙的角度来启蒙民间。而刘半农则能真正认同民间，自觉内在于民间文化，扎根其中，寻求其丰富趣味。

刘半农，作为新文化运动中的一员闯将，积极地为新文学披荆斩棘，

---

① 本部分内容根据幸鑫的发言整理而成。

拓展一方天地。继胡适的《文学改良刍议》与陈独秀的《文学革命论》之后，刘半农在《新青年》上发表了《我之文学改良观》与《诗与小说精神上之革新》，阐述自己对于新文学的看法。在这两篇及其他文章的论述中可以看出刘半农对于新诗的理论主张，其理论为新诗的发展拓宽了道路。这些理论的提出与他自觉站在民间立场是分不开的。刘半农不仅是一位诗论家，在不断探索理论的过程中，他也不断地创作，并形成了自己独特的风格，表现在诗集《扬鞭集》与《瓦釜集》之中。

（一）民间语言与民歌文体的审美认同

1918 年，刘半农首倡"歌谣"运动，使得民歌民谣进入知识分子的视野之中，而刘半农也以"歌谣"运动为契机，把民间文学与新诗的探索发展联系起来。从最初选辑《江阴船歌》开始，到刘半农自己创作《瓦釜集》，刘半农一直沉醉在民间语言的自然生动之中。与胡适等将民间语言看作一种"工具"不同，刘半农则是内在于民间语言之中，发现其自身的美感："大约语言在文艺上，永远带着些神秘作用。我们做文做诗，我们所摆脱不了，而且是能于运用到最高等最真挚的一步的，便是我们抱在我们母亲膝上时所学的语言。"[①] 这语言便是方言，刘半农创作中对于民间语言的选择让他的诗直白易懂、质朴自然、充满灵性。同时也是因为对民间的关注以及自身的性格，刘半农认为作诗要求真、自然。不仅内容要真，情感亦要真，他认为诗写得不好，无非是因为不真。刘半农对于这种不真的文学是深恶痛绝的，不真的文学在刘半农看来就是虚伪的文学，"自有这种虚伪文学，他就不知不觉，与虚伪道德互相推波助澜；造出个不可收拾的虚伪社会来"。[②] 这就将文学与道德、社会相联系，使得诗歌的革新具有了社会意义。

刘半农创作中对于民间语言的选择是基于他对民间语言美的发现，而他用民间语言的创作也实践着他"破坏旧韵重造新韵"的诗歌理论。语言是发展流动的，过去对诗歌起过规范作用的旧韵已不能适应新诗的表达，刘半农提出"破坏旧韵创造新韵"是适时的，同时也是具有震撼性的。破

---

① 刘半农：《瓦釜集·代自序》，载《瓦釜集》，北新书社，1926，第 2 页。
② 刘半农：《诗与小说精神上之革新》，《新青年》第 3 卷第 5 号。

旧容易，创新难，就如何创造新韵，刘半农提供了三种方法并说明了其可行性：压土音韵是最不妥当的；以京音为标准造新谱是比较妥当的；最佳的方法是以"国语研究会"调查所得撰一定谱。刘半农对于这三种方法均做过探索实践。就其创作来看，《瓦釜集》便是刘半农在留学期间，依江阴"四句头山歌"体式，采用江阴方言所作而成的；《扬鞭集》中的《面包与盐》《拟拟曲》等便是刘半农以京韵入诗的尝试。

当然这些创作不是一蹴而就的，刘半农在最初白话诗的起步阶段也"以古代的韵律来束缚诗的生命"①。《扬鞭集》开篇的《游香山纪事诗》就是如此，其中的诗篇都是很整齐的五言绝句。在其十诗中，公差斥责老农的描写可以看到杜甫《石壕吏》的影响。而在这之后，《扬鞭集》中虽然还有沿用旧诗诗词音节的诗，但是多去掉了旧诗的繁复，代之以自然朴素的风格，如《忆江南》《记画》等。

刘半农对新诗的革新除重视语言的问题外，还重视新诗的文体问题。他在《我之文学改良观》中除了提出要"破坏旧韵重造新韵"外，还提出要"增多诗体"。在"增多诗体"方面，刘半农认为"诗律愈严，诗体愈少"。②为此必须打破传统诗歌的束缚，关于这个问题他也提供了三种解决方法：自造；输入他种诗体；在有韵之诗外增无韵之诗。而他对于这方面的探索也很是自豪："我在诗的体裁上是最会翻新鲜花样的。"③《扬鞭集》中有散文诗的尝试：《窗纸》《晓》等；《新青年》上尝试最初的无韵诗《买萝卜人》。不论是散文诗，还是无韵诗，都打破了之前"以韵为诗"的观念，这些也都源于他对民间歌谣的审美认同。除此，刘半农在创作中自觉尝试用民歌形式进行创作，实践"增多诗体"的可能形式。最集中的体现就是他的《瓦釜集》。

对于其中的方言词汇，刘半农在诗后解释了其意思，在不破坏诗歌意味的同时，也能让人明白其中的含义，算得上方言文学的一种实践。诗人用浓浓的土语与不整齐的格式增强了诗歌的新鲜活泼之感。民歌形式自由，伸缩性强，表达不受限制，艺术表现力更强，使诗歌由形式上的变化，可以触及更多内容上的变化。民歌的体式使诗人争取到更多自我表达的自由。

---

① 刘半农：《我之文学改良观》，《新青年》第 3 卷第 3 号。
② 刘半农：《我之文学改良观》，《新青年》第 3 卷第 3 号。
③ 刘半农：《扬鞭集·自序》，载《扬鞭集》，中国文联出版公司，1998，第 2 页。

（二）民间生活与民间情感的理解共鸣

刘半农站在民间的立场去表现底层人民的生活与感情，是出于真正的理解与共鸣，而不是以启蒙者的角度去关心人民的疾苦、贬斥民众的愚昧。刘半农以理解、真挚的眼光去表现人民生活、情感的甜蜜与悲苦，表现出与"五四"其他知识分子不同的价值判断。他自觉于民间立场，发出了民众一直没有机会呻吟的"瓦釜之声"。

追求自然、向往自然的刘半农善于用纯净的眼光看待周围的世界，在他的笔下有浪漫的乡村生活，有温馨的相处方式，例如《扬鞭集》中的一首小诗《母亲》，诗中用简单的笔触为我们勾勒了一幅黄昏孩子熟睡之后，母亲在美好的月色下为孩子洗衣服的温馨画面，寥寥数字就将母亲对于孩子的爱，以及温馨的家庭生活诗意地表现出来。

对于爱情大胆火辣的描写，也是刘半农在文学描写中对于人的"性"的一种解放。沈从文评价其对于这类爱情山歌的描写："一个中国长江下游农村培养而长大的灵魂，为官能的放肆而兴起的欲望，用微见忧郁却仍然及其健康的调子，唱出他的爱憎，混和原始民族的单纯与近代人的狡狯，按歌谣平静从容的节拍，歌热情郁怫的心绪，刘半农写的山歌，比他的其余诗歌美丽多了。"① 刘半农对于爱情的描写是甜蜜的、美好的、羞涩的，一颦一笑，一举一动那么简单、直接，却都牵扯着心爱人的心弦。在《瓦釜集》第三歌中描写了两个相爱却互相不知的人，各怀心事地同在一片场上看一只油火虫虫的场面，这样一幅简简单单的画面却被诗中最后一句"同看仔一个油火虫虫飘飘漾漾过池塘"弄得人心骚动。刘半农创作的这些情歌最有价值的地方也许不是对于民歌的借鉴，对于诗体的拓展，而是在"对于朴素意境的重新体验，对于离生活渐行渐远的美学体验的'召回'"。②

除了有善于发现美的眼睛之外，刘半农也能清楚地看到一个黑色的人间，但是在刘半农眼中，民间的大众不是其他知识分子眼中的弱者形象，他不回避对于底层贫困生活的描写，但更多的是描绘民众对于自身苦难的

---

① 沈从文：《论刘半农的〈扬鞭集〉》，载鲍晶主编《刘半农研究资料》，天津人民出版社，1985，第287页。

② 姚涵：《刘半农对五四新文学的页献》，上海社会科学院出版社，2015，第93页。

接受与承担。

"五四"时期，很多作家诗人都对人力车夫进行过描写，人力车夫就是知识分子认识底层的一个窗口。但同样是对人力车夫的描写，胡适所站的角度就与刘半农不同，表达出来的效果也不同。胡适是站在知识分子的角度去同情年少的人力车夫，"客看车夫，忽然中心酸悲"①，但这种同情对于人力车夫没有一丝帮助，还不如剥削他的劳力，付给他报酬来得实在。刘半农在《拟拟曲》中则模仿两个北京的人力车夫，让他们自己发言，尽管生活贫困，他们依旧会努力生活。对于这些底层人民，体现出刘半农的人道主义精神，不是同情的人道主义，而是理解底层，从他们自身境遇想问题。他在《耻辱的门·后序》中写道："我们若是严格的自己裁判，我们曾否因为恐怕饿死，做过，或将要去做，或几乎要打主意去做那卖娼一类的事（那是很多很多的!）?"②

简而言之，在新文化运动时期，刘半农将其着力点用于对民歌的采集、研究与创作，自觉内在于民间文化，受民间文化的浸染，将民间文学诗意地表达出来。以其诗人的敏锐和民间审美方式探索着新诗的发展道路，其诗论对比于之前梁启超、黄遵宪的"新诗派"有了更大的进步，不再是"旧风格含新意境"，而是新风格与新意境并存；就是相较于同时代文人的诗论也有其独到之处，相比于胡适的"诗体的大解放"来说，刘半农的诗论更具有理性。在那个诗体刚开始解放的年代，刘半农对于新诗理论及创作的探索也许有不令人满意的地方，但刘半农新诗的创作在那个时代中已显出了成熟性，无愧于周作人将其称为最会写诗的人之一。

Locality，Language and Civil Modernity

Li Zhentao；*Wang Zhe*；*Xing Xin*

Abstract：This paper explores the issues of locality, language, and civil modernity through three different aspects. *Tales of Hulan River* written by Xiao Hong stands on the enlightenment position consistent with the May Fourth Litera-

---

① 胡适：《人力车夫》，载《尝试集》，人民文学出版社，1984，第 162 页。
② 刘半农：《耻辱的门·后序》，载《扬鞭集》，第 77 页。

ture, and profoundly exposes the ignorant and numb mental state of the people from Hulan River. Simultaneously, in the overall pattern of criticizing feudalism, she has explored the simplicity and perseverance of the people's free state with humanitarian sentiments, which endowed the novel's broad cultural connotation through folk beliefs and folklore activities. Adhering to the purpose of enlightenment, *Anhui Colloquial Periodical* has used the form of local sayings to project enlightenment to the public, particularly in women, and vigorously promote women's enlightenment thought so that the idea of "equal rights between men and women" has spreaded in rich contents and forms. It has made certain contributions to the construction of discourse power for women from physiological and psychological aspects. Liu Bannong internalizes his own emotions into the folk in the New Cultural Movement and stands on the folk position against traditional Chinese mainstream culture. And in the aesthetic identity of folk language and folk song style, he puts forward his own theoretical ideas about new poetry and broadened the road for the development of new poetry. On the basis of these theories, Liu Bannong consciously carries out the creative practice of exploring folk culture, which is embodied in the *Collection of Yang Bian* and *Collection of Wa Fu.*

Keywords: Xiao Hong; *The History of Hulan River*; Liu Bannong; Civil Modernity

About the Authors: Li Zhentao (1993 –), M. A. in Chinese Modern and Contemporary Literature, School of Liberal Arts, Shanghai University. E-mail: 89433596@ qq. com.

Wang Zhe (1994 –), M. A. in Chinese Modern and Contemporary Literature, School of Liberal Arts, Shanghai University. E-mail: 406771136@ qq. com.

Xing Xin (1992 –), M. A. Chinese Modern and Contemporary Literature, School of Liberal Arts, Shanghai University. E-mail: 1203133265@ qq. com.

民间潜流与文化重建的尝试

黄 娟 马 悦*

摘 要：本文选择两个个案：郑振铎创办《文艺复兴》杂志，借此接续"五四""文艺复兴"传统，注入新的时代内涵，尝试中国文化的复兴；当代作家徐则臣创作《耶路撒冷》，则试图通过乡土世界、民间精神和历久弥新的现实性力量，为当下中国提供一种精神返乡的可能性。二者虽跨越性较大，但都强调了民间力量之于中国文化重建的重要意义。

关键词：郑振铎 "文艺复兴" 《耶路撒冷》 文化重建

一 郑振铎与 "文艺复兴"①

抗日战争胜利后，郑振铎先生创办了大型文艺月刊《文艺复兴》，这是郑振铎面对抗战胜利后中国的文化现状，为复兴中国文化所做出的努力。郑振铎在《文艺复兴》的发刊词中提到："我们都是在敌伪的统治之下，经过'窒塞'，受过不能痛快的发表自己的写作的人。我们愿意在今日痛痛快快的写出自己心头上要说的话，要抒畅的情绪。我们将不再受到任何虎视眈眈的监视，我们将不再恐惧任何时候会降到身上的桎梏与逮捕。我们将大声疾呼着，为中国的文艺复兴而工作。"② 《文艺复兴》杂志

---

* 黄娟（1994—），上海大学中国现当代文学专业硕士研究生，电子邮箱：1152694225@qq.com。马悦（1995—），上海大学中国现当代文学专业硕士研究生，电子邮箱：2652268794@qq.com。
① 本部分内容根据黄娟的发言整理而成。
② 郑振铎：《发刊词》，《文艺复兴》1946年第1卷第1期。

的创办就是他实践文艺复兴的结果。《文艺复兴》杂志之所以为"文艺复兴"也颇有渊源,郑振铎在《文艺复兴》的发刊词中提到:"欧洲的文艺复兴终结了中世纪的漫长的黑暗时代,开启了新的世界,新的时代,发现了人,一步步走向民主。在文艺上,和在科学、政治、经济上,都同样的有了一个新的面貌,新的理想,新的立场,新的成就。中国今日也面临着一个'文艺复兴'的时代。文艺当然也和别的东西一样,必须有一个新的面貌,新的理想,新的立场,然后方才能够有新的成就。"① 郑振铎提到了欧洲"文艺复兴",他的文艺复兴实际上是在比附西方文艺复兴,"文艺复兴"的概念也经历了一个从西方到东方的发展演变过程。"五四"时期,胡适、蔡元培等近代学者就曾提过"中国的文艺复兴",胡适最早强调指出:"文学革命的目的是复兴中国的文学艺术,Renaissance 这个字的意思就是再生,等于害病死了再重新更生。更生再生运动,在西洋历史上,叫作文艺复兴运动。"② 或者说,这两个运动在表现形式上存在区别,欧洲文艺复兴是通过古代题材来表现新的时代精神,中国的新文化运动则是以现代题材来表现现代的情绪,本质上都是希望民族文化能够在现代社会发挥作用。蔡元培也将五四新文化运动比喻成中国的文艺复兴,"吾人一说到文化运动,就不能不联想到欧洲的文艺复兴,因为他实在是文化运动上最显著的一个例证"。"因而观察我国的文化运动,也可用欧洲的文艺复兴作一种参证。"他在旧金山中国国民党招待会上演讲时指出:"欧洲文艺复兴始于但丁的文学,今中国之新文化运动,亦先从文学革命入手。陈独秀、胡适、周作人、钱玄同诸氏所提倡之白话文学已震动一时。吾敢断言为中国文艺中兴之起点。"③ 这也表明蔡元培对文艺复兴运动的人文主义取向的偏好和对文化作为社会进步内在动力的强烈认同。

郑振铎在这里用"文艺复兴"作为杂志名称更多的是带有鲜明的中国色彩和特殊的时代含义的,一定程度上是对胡适等人"文艺复兴"梦想的继承超越。20 世纪 40 年代,中国面临战争胜利后文化领域的百废待兴,文艺复兴不仅要接续过去的文化传统,还要有新的东西注入,实现文化创

---

① 郑振铎:《发刊词》,《文艺复兴》1946 年第 1 卷第 1 期。
② 胡适:《中国文艺复兴运动》,1958 年 5 月 4 日胡适在台北演讲整理而成。
③ 郭辉、吴敏:《"中国的文艺复兴":蔡元培对新文化运动的一个独特定位》,《南京林业大学学报》(人文社会科学版) 2010 年第 4 期。

作领域的繁荣。郑振铎在发刊词中从欧洲文艺复兴，说到晚清民族主义的觉醒，说到五四新文化运动，他认为文学工作者不仅要继承五四运动以来未完成的工作，而且还要配合整个中国的动向，为民主、为绝大多数的民众而写作，文艺不能脱离社会而存在。《文艺复兴》杂志在郑振铎的带领下成为当时国内重要的大型文艺月刊。

通过对《文艺复兴》中作品的梳理，《文艺复兴》杂志前期刊发的作品主要以对抗战时期文艺经验的总结为主，发表作品的作家也主要是孤岛时期和沦陷时期与郑振铎关系友好的朋友，并且也都在《文艺复兴》的创刊过程中给予了一定的支持，这一时期主要的作家有巴金、茅盾、钱钟书、杨绛、辛笛、唐弢、师陀、靳以等，并且他们所发表的小说、诗歌、散文等艺术水平都很高。这些作品在《文艺复兴》上的发表为战后文学界带来了希望，也为更多的人进行文学创作提供了动力和平台。

郑振铎对文艺复兴有着更多的期待，希望中国文学能够寻求新的突破，因此在《文艺复兴》中也出现了一些新的创作现象。第一，许多没有尝试过长篇创作的作家在《文艺复兴》上发表了长篇小说，最有代表性的就是钱钟书的《围城》和李广田的《引力》，虽然这两部小说的创作实际要早于这个时期，内容也主要是围绕抗战时期的小资产阶级，但是对于在文坛上早已成名并且在自己熟悉的领域已有所成就的作家来说，这时期勇于尝试新的创作方式的态度对于文艺复兴来说弥足珍贵。郑振铎在《编后》中表示："我们有荣幸连续刊载两部风格不同然而造诣相同的长篇小说，弥补我们的遗憾和读者的怨望。李广田先生的诗和散文，有口皆碑，钱钟书先生学贯中西，载誉仕林，他们第一次从事于长篇制作，我们欣喜首先能以向读者介绍。"[1]

第二，一些诗人开始尝试进行小说写作，主要的代表作家是臧克家、李白凤，臧克家还发表了《挂红》《小虫》《梦幻者》《小弟兄》等短篇小说。郑振铎在《编后》中表示："诗人臧克家先生，好像最近方才下笔写小说；因为他的小说是那末深入而有力；我们读他的《挂红》，该怎样庆贺他这一方面的成功！"[2] 诗人李白凤也发表了短篇小说《马和放马的人》

---

[1] 郑振铎：《编后》，《文艺复兴》1946 年第 1 卷第 4 期。
[2] 郑振铎：《编后》，《文艺复兴》1946 年第 1 卷第 4 期。

《游动在桑干河两岸》，郑振铎也在《编后》中称为力作。

第三，一些新人小说家的出现，郑振铎一向不吝啬推举新人，在主编《小说月报》期间就重视对于新人的培养，发掘了一批优秀作家。《文艺复兴》上同样也出现了许多新人作家，比如后来的著名作家汪曾祺，最早在《文艺复兴》上发表过小说《复仇》、《小学校的钟声》和《老鲁》，郑振铎也在《编后》中对他的创作表示了肯定，当然其中也有一些发表过作品的作家后来再没有什么创作了。

在诗歌创作方面，中国新诗派的一些诗人在《诗创造》和《中国新诗》创办之前，最早也在《文艺复兴》上发表过作品，比如辛迪的《刘禾女之歌》《月夜之内外》《手掌》《阿Q问答》，穆旦的《诗四首》，陈敬容的《为新人类而歌》等，除此之外还有部分诗人是初次发表作品。郑振铎在《编后》中也强调："我们这里，介绍了几位不为江南人士所知的诗人们，李白凤和方敬先生们；他们在内地，知道的人也许比较多。他们的歌声是那末新鲜，那末秀丽！"[1] 这些诗人为战后诗歌领域的复兴进行探索，同时，《文艺复兴》也为诗人们提供了一个成长的平台。

在戏剧方面，杨绛在文艺复兴上发表了戏剧《风絮》，这是她第一次尝试悲剧创作，在同期的《编后》中郑振铎也表示："杨绛第一次在戏剧方面的尝试，犹如她在喜剧方面的超特成就，显示她的深湛而有修养的灵魂。"[2] 丁玲和陈明、逯斐合作的剧本《窑工》属于解放区的戏剧创作，主要围绕如何发动群众组织群众、巩固胜利、巩固新区的主题。这些不同主题的创作尝试为战后戏剧领域的复兴提供了新的途径。

《文艺复兴》上的这些新现象是郑振铎在复兴文艺过程中所进行的新文艺观念的努力，几乎只要有新的作家或作品在《文艺复兴》上出现，郑振铎都会在《编后》中提及，一方面表示对他们作品的肯定和鼓励，另一方面也是希望寻求《文艺复兴》杂志在文艺创作上有更多新的改变。作为主编之一的李健吾也曾在第二卷第六期的《编余》中直接说道："打开本期的目录，有心人将发出会心的微笑，奖掖我们的妄为，因为除去连载长篇之外，几乎很少几位作家曾经邀得读者的青睐。他们是一串生疏的姓

---

① 郑振铎：《编后》，《文艺复兴》1946 年第 1 卷第 4 期。
② 郑振铎：《编后》，《文艺复兴》1946 年第 1 卷第 4 期。

名，但是，相信读完他们的作品，正由于他们的年轻和陌生，格外引起读者的敬重。有谁对于中国的文艺运动表示怀疑吗？他们的苗壮，甚至于他们的柔嫩，正有力量改变他们的视听。这些无名的年轻作家来自四面八方，和我们并不相识，远道带来他们心血的初次结晶，不仅增加他们的信心，同时刊出之后，相信会有同情会鼓舞他们继续创作的雄心。"① 虽然抗战取得了胜利，但是国内的环境并不乐观，文艺复兴的使命依旧沉重，文艺只有不断开创新的局面才能具有活力。郑振铎1946年发表于《民主》的《文化正被扼杀着》中说道："文艺的繁华和蓬勃的现象，只是昙花一现。不到半年，低级趣味的方型周刊便大量出现，夺去了不少严肃性的杂志的地位。"随着"成本日昂，与销路日窄的双重压迫下，感受到难以支持下去的危机。于是，大部分文艺杂志和比较严肃性的杂志，便都无疾而终"。所以郑振铎不遗余力地为文艺创作而努力，高呼："文艺作家们，永远是向深处着，向远处看，向高处看的。"②

郑振铎创办《文艺复兴》杂志虽然距离五四运动结束已将近三十年，但为中国"文艺复兴"的主题是一脉相承的，郑振铎结合时代要求做出了新的改变，这不仅为当时的中国文化界带来了一批优秀作品，也为新人创作者提供了一个最初的成长平台。

二　从《耶路撒冷》的意象看民间精神与返乡意蕴③

王光东老师在《新文学的民间传统》中说，20世纪90年代作家在走向民间的时候，往往是一个自我精神与民间不断碰撞、交流、沟通的过程，他们在拥抱民间的同时，民间也以灼热的胸怀拥抱他们，民间给了90年代的人道主义情怀以新的支撑和生长的力量。④ 我们今天看21世纪的乡土文学，它们依旧从民间大地汲取丰富的内在生命活力，不同的是，在21世纪的乡土小说中，民间精神的内在生命力量更多地体现为，在面对琐碎

---

① 李健吾：《编余》，《文艺复兴》1946年第1卷第2期。
② 郑振铎：《文化正被扼杀着》，《民主》1946年第44期。
③ 本部分内容根据马悦的发言整理而成。
④ 王光东：《新文学的民间传统》，山东教育出版社，2010。

的日常、与期望相距甚远的现实生活，面对城市化带来的空洞和乏力感时，它始终都在那里，即使城市生活不尽如人意，故乡也变得千疮百孔不复从前，民间精神给人们的力量依然是强大的，它给破碎的人们呈现了一个可供回归的精神原乡，散发出乡情的温暖，以坚韧的生命力量和温厚质朴的慰安给身处城市的人们的精神以依靠。徐则臣的《耶路撒冷》就是这样的一个小说作品，它的写作为我们提供了一种精神返乡的可能性和乡土世界、民间精神的力量历久弥新的现实性。

随着城镇化的发展，21 世纪乡土文学的叙事空间呈现出跨域性的特征，乡土文学和城市文学之间的界限逐渐模糊，当代小说敏锐捕捉到社会现实的变迁，书写小城镇、小乡村的人进城之后的心理世界与情感的变化。尤其近年来有小说中流露出"返乡"的意蕴，集中表现了在城市中努力生存的、处于不同社会阶层的来自乡镇的人们，他们经历了城市化浪潮和市场经济的洗礼，目睹了理想的失落和物质至上的思想观念的转变，在城市中逐渐站稳脚跟，却失去了自己的精神原乡。《耶路撒冷》讲述的就是这样的离开—回归—寻找的故事。

五个儿时的伙伴，成年后怀着对城市和未来的幻想，离开了家乡淮海花街，在北京的学界、商界，甚至办假证界摸爬滚打，终于混出了所谓的人样。初平阳童年时偶然听到的"耶路撒冷"的优美发音，成为他执着半生甚至一生想要追寻的理想，在失去爱人、穷困潦倒等苦痛的煎熬中思考和学习，誓要远离琐碎平庸的日常。伙伴杨杰，靠倒卖、加工来自家乡的矿产水晶发了财，在生意越做越大的时候突然开始只做小单，珍视每一小块水晶的独特价值和水晶的灵性，雕琢出售原先只是作为下脚料丢弃的小块水晶；伙伴易长安，靠贩卖假证起家，而后卷入黑帮案件被追捕，最后在执着回老家的路上被捉到；而沉默隐忍的吕冬终于精神异常，留在家乡的精神病院中。在小说的结尾，他们都以不同的原因和方式，同样的结局回到生养他们的小镇上。记忆中的故乡已经不在，如今的小镇被商品化、市场化的潮流裹挟，早已不是从前的样子，寻找和重构理想性的故乡和回归质朴温厚的民间精神汲取养分成为小说的书写目标。这里笔者以小说中创建的耶路撒冷、"大和堂"、"斜教堂"、"穿解放鞋的耶稣"这几个隐喻，来展示作者是如何实现这样的回归与重构的。

首先看第一个意象"耶路撒冷"。年幼的初平阳在偷偷看做弥撒的秦环时第一次听到"耶路撒冷"这个词。从此之后,"耶路撒冷就总是不经意地窜到他的舌头上、钻进他的脑海中,在他还不懂外语、还没有明确汉字之美时就开始惊叹这四个字组合后呈现的韵味和美感。"① 当他遇见塞缪尔教授并和他成为朋友时,"耶路撒冷"的形象才走向真切实感。当初平阳基本实现了学业梦想却发现自己已经失去奋斗不止的动力,当他想要还乡却发现记忆中的故乡已经面目全非时,这个时候认知世界中的"耶路撒冷"才和宗教圣地耶路撒冷聚合成为一个整体,合成了初平阳为代表的现代知识分子追寻的和自我放逐的精神家园的象征体。在这篇小说中,宗教从来不单单是宗教,"耶路撒冷"也从来不是现实的那座城市。当初平阳走出少年,经历了爱情的破碎、现实生活的残酷琐碎、家乡小镇的翻天覆地之后,时间沉淀下的"耶路撒冷"是理想生活中的他只想去寻找和自我放逐的精神田园,"到更远去",到那"耶路撒冷"去,成为这一代知识分子潜意识里的精神追求。

其次是"大和堂""斜教堂"的隐喻。"大和堂"是主人公初平阳从小长大的房子,它面朝运河,二楼的窗户正对着运河上来来往往的大船,是初家医馆的招牌,也是运河边花街的标志性建筑之一。"大和堂"和它所代表的初家医馆,是这个小镇所有居民一有头疼脑热第一个想到的地方,而且唯物主义和玄学治疗并存的治疗方式,使其更成为如同神秘的传统民间智慧一般的存在。而坐落河边的地理位置使得二楼初平阳的房间随时都能看到运河上来来往往的大船,它们来往于上游的城和下游的镇,带给小镇的是代表着先进和时尚的城市的讯息,小镇的人们也通过这条河,走出小镇,通过这条河无私输出小镇的资源力量,通过这条河交换来金钱,通过这条河发家致富,最后也通过这条河想念曾经的故乡。这条河同样象征着主人公们童年生活的所有记忆和他们离开家乡的那刻起抛弃掉的所有东西,是构成他们精神家园最为重要的凭借。"斜教堂"是旧时代受尽屈辱的老太太秦环在那段不堪回首的日子中唯一的精神寄托和后半生最忠诚的信仰,也是少年初平阳第一次听到"耶路撒冷"这个充满悲悯和神秘、最为动听的词汇的地方。"穿着解放鞋的耶稣","斜教堂"代表的朴素的生活圣经和来自底层人民最简单的执着和纯真,构成了这个东方化的宗教

---

① 徐则臣:《耶路撒冷》,北京十月文艺出版社,2014。

理想的合理性。"大和堂"和"斜教堂"集种种记忆与期盼于一身，构成一个质朴的、传统的故乡，蕴含着神秘而温和的民间精神合法性。最后初平阳决定将"大和堂"交给儿时出走的伙伴秦福小，易长安的父亲放下一生的桎梏促进保留了"斜教堂"，即使未来也许无法阻挡小镇拆迁的潮流，但是代表了在面对商品化和个人化的浪潮下对朴素原始的民间精神的坚守。

再次是"穿解放鞋的耶稣"这一个隐喻。这个是整本书中最精彩和最耐人寻味的一个隐喻。秦环奶奶当年在"文革"的暴风骤雨中找到了基督，也找到了她内心永恒的宁静。当她想要用自己辛苦一生的钱为耶稣塑一尊神像时，却担心画像中耶稣赤裸的双足难以行走于中国北方漫漫的冬夜，便要木匠在雕刻时为耶稣加上一双解放鞋。这种典型的、带有苦涩的、幽默的"宗教本土化"的内容，一方面是乡村淳朴而又赤诚的信徒试图寻找自身的救赎时对西方宗教的想当然，而这种笨拙又温暖的再解读，实际上在另一方面，作为在风云变幻的年代里被裹挟的普通农村妇女，她所代表的广大普通农村民众在朝圣时，在面对心中坚定的信仰时，凝聚出了震撼人心的力量，而"耶稣的解放鞋"正是这种民间力量的外化形式，这种精神体现为朴素的关心和稚拙的付出，温和而不可动摇，具备乡土气息的耶稣形象正是民间精神在小说中的一个集中表现形态。

最后还想谈一点笔者在小说阅读过程中的一点想法。小说中的人物在各自的社会阶层中按照既有的轨迹发展生活，最后因为各种各样的原因殊途同归，回到故土。他们的行为方式都是理性而现代的，但是在精神上，他们都呈现出一种类似于迷信、偏执的特征，这其中还包括初平阳的父母除中医救人之外还会请笔仙、碟仙，会用铜钱给人驱魔；福小童年夭折的弟弟景天赐被闪电击中而精神异常，最后极其具有象征意味的自杀场景的描写，以及易长安被捕前极其准确的第六感，都使得整个小说的发展带有神秘色彩和类似于现代主义的写作特色，笔者认为这种表达方式可能映射着作者对民间精神的自我想象。《耶路撒冷》在面对城乡关系的当代变迁的态度上是呈现为逆城市化趋向的，在小说内容上因而也体现为向往理想乡村、对乡村进行重构的尝试态势。所以这种具备神秘性质的、不可掌握的力量，实质上是作者对深藏不露的民间的一种表现形式。

文学作品不是现实也不等于迷信，它提供了一种希望与可能性，这种表现与城市的、物质理想上的、世俗的精神相反，他所呈现的更多的是更深层的潜力，它拥有自在逻辑，拥有顽强对抗苦难的生命力。这种生命力与民间自我更新的能力相契合，它不受城市文化的侵蚀，不可被打败，成为重构理想化乡村在文化意义上的基础。这种野性而神秘的、无迹可寻的力量总是在不经意的时候给予人积极向上的动力，这种来自民间的温和含蓄的力量与人文精神，是我们的乡土世界在面对城市化、商品化等危机时能够坚守理想和诗意的底气。正是这种民间精神一以贯之的存在，像《耶路撒冷》《艾约堡秘史》这样具有返乡意味的小说才具有返乡的现实可能。

Sub-stream of Civil Society and Its Cultural Reconstruction

Huang Juan ; *Ma Yue*

Abstract：This article explores attempts at cultural reconstruction from two perspectives. Zheng Zhenduo founded the literature magazine *Renaissance* to continue the May Fourth "Renaissance" tradition, inject new era connotations, and try the revival of Chinese culture; *Jerusalem* written by the contemporary writer Xu Zechen tries to provide the possibility of a spiritual return to China through the local world, the folk spirit and the long-lasting realities of power. Although the two are quite different, they both emphasize the importance of folk power in the reconstruction of Chinese culture.

Keywords：Zheng Zhenduo；"Renaissance"；*Jerusalem*；Cultural Reconstruction

About the Authors：Huang Juan (1994 –), M. A. in Chinese Modern and Contemporary Literature, School of Liberal Arts, Shanghai University. E-mail：1152694225@ qq. com.

Ma Yue (1995 –), M. A. in Chinese Modern and Contemporary Literature, School of Liberal Arts, Shanghai University. Email：2652268794@ qq. com.

湖北文学研究

主持人语

刘川鄂 *

　　韦君宜，原名魏蓁一，1917 年农历十月二十六日出生于北京，为家中长女。祖籍湖北建始。"君宜"是她 1936 年在《清华周刊》第 45 卷第 1 期上发表《哀鲁迅》一文时首用的笔名，抗战后流亡到武汉参加湖北省委主办的黄安训练班时，将自己的姓名改为韦君宜。著有散文集《似水流年》、短篇小说集《女人集》、中篇小说集《老干部别传》、长篇小说《母与子》，晚年所写的回忆录《思痛录》和自传体小说《露莎的路》等。

　　韦君宜是 20 世纪知识分子的杰出代表，她是清华校团进步文化活动中的积极分子，是"一二·九"爱国学生运动中著名的笔杆子和中国共产党领导下的抗日爱国青年，奔赴抗日革命根据地后主要从事编辑工作。新中国成立之初，她主要从事青年团工作，后主要从事编辑出版工作直到离休，她用手中的笔记录下她所经历的风云变幻的时代与人生，韦君宜以她丰富的革命阅历和高度的使命感，编辑家的视野和作家的情怀，见证了 20 世纪中华大地从觉醒抗争到艰难向前发展的历史进程，同时也向我们展示了忠诚的共产党员坚守理想信念，勇于进取，为党为国为民奉献一生的精神品格。

　　首届"韦君宜文学创作与编辑活动研讨会"于 2018 年 10 月 26 日、27 日在韦君宜家乡湖北恩施召开。会议主要议题有三：一、韦君宜文学创作成就及文学史贡献；二、韦君宜编辑活动及对中国当代文学的影响；三、韦君宜研究与地方化建设。研讨会由湖北民族学院文学与传媒学院、建始县人民政府主办，湖北民族学院韦君宜研究所承办。会议期间恰逢位于建始县的韦君宜档案馆开馆，与会专家学者及韦君宜的女儿杨团女士前往参

---

* 刘川鄂（1961—），博士，湖北大学文学院教授、院长。电子邮箱：723308385@qq.com。

观。本专栏所收录的 4 篇文章，即这次会议的参会论文。

Host's Words

Liu Chuan'e

About the Author：Liu Chuan'e（1961 –），Ph. D.，Dean and Professor in School of Chinese Language and Literature，Hubei University. Email：723308385@ qq. com.

论韦君宜《母与子》中的姨太太形象

龚道林*

摘　要：韦君宜的长篇小说《母与子》用细腻朴实的笔触塑造了一个兼具姨太太与革命者双重身份的奇女子，如此身份设置可谓新颖别致，极大地丰富了中国现当代文学画廊中的女子形象。同时，韦君宜在向读者呈现沈明贞的人生遭际时，有力地抨击了以男权为中心的家庭本位思想，控诉了金钱婚姻对女子的伤害，其文化价值和社会意义不言而喻。

关键字：沈明贞　双重身份　姨太太文化

在通读韦君宜的作品之后，她的鸿篇巨制《母与子》给笔者留下了不可磨灭的印象，该作品以抗日战争为时代背景，在抗日救亡的呐喊声中追述了主人公沈明贞的一生。她出生于耕读之家，却不幸沦为富家次子的姨太太，饱受夫家欺辱，苟且偷生。随后在青年革命者的引领和革命形势的感召下，冲破封建家庭的藩篱，抛家舍业，毅然投身于革命事业。作者为主人公沈明贞巧设了姨太太与革命者的双重身份，如此别出心裁又自然的身份设置在笔者心头久久萦绕，引发了不少的思考与联想。这篇小说透射出来的姨太太文化更是值得我们深长思之的一个话题，文章语言看似娓娓道来，客观真实地记述着沈明贞的种种遭遇，实则字字含血、句句垂泪，对以男权为中心的姨太太文化进行了最为有力的抨击与控诉。

一　双重身份

中国现当代文学史上描写女性的文学著述不胜枚举，随着革命浪潮的

---

* 龚道林（1993—），湖北大学文学院硕士研究生，电子邮箱：1252031251@ qq. com。

爆发，众多为了党和国家的命运而奔走在前线的革命女性更是跃然于我们的文学画廊中。细细研读便会发现，这一庞大的女性群体大多由现代女学生群体构成，翻阅文学经典，我们一路上见证了众多从名家笔下成长起来的革命女性，如民国时期茅盾《幻灭》中的静女士、《虹》中的梅女士、杨沫《青春之歌》里的林道静，以及陈忠实《白鹿原》里的白灵和王安忆《长恨歌》中的蒋丽莉，均是从女学生逐渐蜕变为坚强革命女性的艺术典型。由于封建社会并没有女学生一说，女学生便成为一种现代身份的建构，她们在本土的形成应该追溯到清末。女学生和被拘束在闺阁中的传统女性性格截然相反，其穿着朴素，行为文明，接受现代教育，向往独立自由，追求个性解放，浑身散发着文艺气质，在感情上情窦初开，具有小资情调，强烈反对包办婚姻，奉行自由恋爱，是典型的"出走的娜拉"。特殊的身份使她们走出闺阁，踏入学校这个介于家庭和社会之间的过渡区。纯净和谐的学校就好似象牙塔一般保护着她们，在这里生活使得她们既能够暂时离开家庭的庇佑和封建传统的束缚，具有相对的独立性，有独立思考的空间，有培养、发展自身反抗性的可能，又能远离社会中的危险，不会被社会迫害，从而为成为"出走的娜拉"做准备。于是乎，但凡是果敢坚定的革命女性大多是由女学生成长起来的似乎已经成为我们的思维定式。尽管后来也有一些作家有意打破这样的思维定式，如丁玲1931年发表在《小说月报》上的《田家冲》就是将主人翁的初始身份定格为美丽温良的地主女儿，她毅然背弃自己的地主阶级家庭，舍弃养尊处优的生活，成为被反革命政权通缉的农民运动的组织者和领导者。但"年轻、有一定的知识储备、关心家国大事、对未来满怀憧憬"等特征似乎已经成为革命女性约定俗成的前提和基础。韦君宜的《母与子》彻底跳出了如上的叙事圈套，另辟蹊径，以沈明贞的姨太太身份为起点，讲述了这位革命女性的成长史，可以说沈明贞是我国现当代文学上一位难以复制的女性形象。

被媒婆不实的言论所欺骗，沈明贞阴差阳错地嫁进了崔家，从此沦为崔家次子的姨太太。本该半羞半喜的婚姻于她却是一种地道的耻辱，那些憧憬的美好彻底沦为幻影，甚或说是一具困住她身体与心灵的双重囚笼。丈夫是甩手掌柜，对她尴尬的生存处境不闻不问，大伯爷因为嫌贫爱富对她动辄严加训斥，正室刘氏太太则常常颐指气使，制定一大堆繁文缛节来欺压她，限制她的自由……她的婚姻生活仅仅以传宗接代为目的，在崔家地位低下得还不如一个下人，毫无人格尊严可言。如胡培德在《韦君宜小说的独到艺术——从〈旧梦难温〉〈老干部别传〉谈开去》中所言，韦君宜"痛快淋漓地书写封建家庭中姨太太生存的痛苦与辛酸，伦理道德的束缚与禁锢，种种社会的不平与逼迫"[①]。不得不承认，在韦君宜笔下，沈明贞看似光鲜亮丽的姨太太生活，实则是因饱受凌辱而痛不欲生的。

沈明贞自小读过一些诗书，她最希冀的状态便是既不做夫家的附庸品，亦不做儿女的累赘。但理想和现实总是相去甚远，她不愿在这样腐化的生活中沉沦，却又受特定时代的钳制，不敢迈出冲破枷锁的第一步，只能一再忍耐，在苟且与重生中徘徊。

悄然中，一场革命唤醒了沈明贞"沉睡"的思想，在进步书籍和以二儿子树华为代表的青年革命工作者的引导下，她的灵魂受到了洗礼，此刻沈明贞正跃跃欲试地想要挣脱封建礼俗的束缚，为家国大业献上自己的绵薄之力。持续逼近的战事、逐渐恶化的时局、苦不堪言的民众生活等共同勾勒出了当时的生活图景，那时的沈明贞被多种情感撕扯着，内心矛盾碰撞到了极致，深深的焦虑将她推向了风口浪尖。树华的来信成了她勇敢而坚定地走出这个如死水般的小镇，彻底与封建传统决裂，与姨太太生活告别的动力。自此，沈明贞抛家舍业，以垂老之年、妇孺之躯投入抗日救国的洪流中。沈明贞此举不仅果敢地结束了自己 24 年生不如死的姨太太生活，解救了自己被束缚的身心，亦帮助自己的子女脱离了那个深渊般的大家庭，为子女们提供了一片供他们闯荡的"沃土"。

文章为沈明贞设置姨太太与革命者的双重身份，使得主人翁性格更加富于变化，人物形象更加圆润饱满。吴宗蕙曾评价说："她立志以高尔基的名著《母亲》中的母亲符拉索娃为榜样，但她与符拉索娃毕竟生活在不同的国度，不同的时代环境，尤其是有着不同的出身、经历和遭际，她是中国的母亲，有着自己独特的个性，独特的人生道路和命运。"[②] 姨太太的初始身份，注定了沈明贞拥有自己的独特个性和命运，在不同的身份背景下，其所思所想、所作所为均不相同。一开始韦君宜为读者呈现的沈明贞是一个封建家庭的牺牲品，她对自己的婚姻虽有不甘，但迫于无奈也只能

---

① 胡培德：《韦君宜小说的独到艺术——从〈旧梦难温〉〈老干部别传〉谈开去》，《小说评论》1992 年第 4 期，第 28 页。

② 吴宗蕙：《谈韦君宜的〈母与子〉》，《当代作家评论》1986 年第 5 期。

妥协，为了保护孩子自身逐渐被封建礼教所蚕噬，俨然一尊没有思想、没有灵魂的行尸走肉。随着革命浪潮的逼近，她在水深火热的生活中被唤醒，为了革命而奔走呼号，如此符合时代特征的身份转变使沈明贞成为具有中国本土色彩的母亲形象。

如果说小说是说服的艺术，那该文记述沈明贞从忍辱偷生的姨太太逐渐成长为具有坚定信念的革命女性无疑是具有说服力的。一方面，沈明贞的姨太太身份为她成长为革命者做了有力的积淀。姨太太生活让她饱受凌辱，作为封建势力的受害者，她是憎恶这个封建大家庭的。她不是没想过逃离，但她无法割舍下自己的孩子，孩子是支撑她苟活的全部动力。而现在情形发生逆转，树华、俞嘉和等青年革命者在召唤她，加入革命队伍是为了更好地融入自己的儿子，了解树华的所思所想，也是为了解脱自己，更是为了给其他的孩子创造一片自由的天空，以彻底摆脱大伯爷的摆布。因此，她加入革命队伍是将革命情与母子情融为一体的表现，如此一来，她为追求幸福不惜触碰封建伦理道德规范的准绳，与过去的生活彻底划清界限便也毫不突兀。另一方面，沈明贞前后身份的裂变无疑是具有冲击力、说服力、震撼力的。姨太太是封建腐朽势力的化身，而革命女性则是进步思想的代表，两者是"新"与"旧"的代表，在同一人物身上设置这两种迥异的身份，其形成的内在冲击性便也不言而喻。

同时，姨太太与革命者双重身份的设置，打破了以往固化了的女性革命者的书写模式，这无疑是对女性主义写作的丰富。如此独到的人物身份更是文学图景中的独特标杆，是对中国现当代文学画廊中女性形象的丰富。

二 姨太太文化

《母与子》通篇采用现实主义的写实手法，用语朴实无华，没有任何雕琢的痕迹，朴素自然中暗藏着一股铿锵有力的情感。深长思之，不难发现作者从沈明贞的身上透射着一个发人深省的话题——男权文化、家庭本位思想、金钱婚姻等对旧社会的女子造成无法估量的创伤。

姨太太是男权至上的封建社会一夫多妻制度的产物，又称"妾""陪房""侧室"等。在中国很早就有姨太太的说法，《说文解字》对其做了如下释义："有罪女子，给事之得接于君者。从□从女。"孔传曾曰："役人贱者，男曰臣，女曰妾。"韦昭注："妾，给使者。"妾的另一个意思即"旧时男子在妻以外娶的女人"。如孔颖达疏："妾者侧媵，非正室也"，《吕氏春秋·慎势》有言："妻妾不分则家室乱。"《春秋传》又云："女为人妾，妾不聘也，聘则为妻，奔则为妾。"

韦君宜用娓娓道来的笔触展现着沈明贞炼狱般的姨太太生活，一件件煎熬的事例将一个在封建牢笼中苟且求生的姨太太推向了文学舞台，其处境之艰难、生活之艰辛跃然于我们的视野。

作为姨太太，沈明贞完全是"婚姻—继承"身份等级秩序的产物。她介乎于正室刘氏太太和婢女之间，不仅要为崔家提供生活上的服务，同时还得承担生育上的职责，所谓婚姻于她而言仅是长期的卖淫。她的少女生活被地道的耻辱所终结，新婚之夜没有"琴韵谱成同梦语，灯花笑对含羞人"的娇羞，也没有"天成佳偶是知音，共苦同甘不变心"的誓言，更没有"燕尔新婚正妙年，亲朋争说好姻缘"的祝福，有的只是对丈夫顺从的伺候与服侍。一夜无眠后，她脆弱的心灵被那无法逃遁的压力击碎了，万般无助下，她想以一死来挣脱束缚住自己身心的囚笼。可就在刹那间，她被现实的鞭子抽醒，明白耻辱附着在自己身上，普天之下像她这样遭受耻辱的女子难以计数，纵使失去生命也改变不了任何。那一刻，她跌入了绝望的谷底，了无边际的苦楚正一点点吞噬着她。觅死不成便得求生，自她决定苟活开始，她受欺压、受凌辱的命运便已注定。

法国著名女性主义研究者西蒙娜·德·波伏娃曾在其著作《第二性》中谈到"婚姻，是传统社会指派给女人的命运"，这句话用在沈明贞身上最为确切。初进崔家的那段时光是沈明贞最为忍辱负重的时期，家里人都称她为"新姑娘"，大伯爷的潜意识里更是从未承认过她的身份，对她也仅仅是以"新妹"相称。一个"新"字将她与正室刘氏太太的身份、地位严格区分开来，这也成了郁结于她心底的一个结。苏北小城这看似代代沿袭的称谓，实际上烙印着浓厚的封建文化印记。

沈明贞姨太太的身份不仅吞噬着她的青春，也残害着她的孩子。自己生养的孩子只能叫她"阿娘"，在大伯爷眼里，孩子们身份意义上的母亲只有刘氏太太，即使是在崔举廷和刘氏太太逝世后，大伯爷也未曾摘除沈明贞姨太太的标签，反倒是常常以尖酸刻薄的语言警醒着沈明贞姨太太的身份："新妹，他们父母死了，你现在就得代行母职啦，就得算他们的母亲啦。"① 只要稍有不合他心意的地方，便会对沈明贞严加斥责。当树华不再听任大伯爷的摆布时，他便会把气撒到沈明贞身上："我真该死！怎么会叫我家老二讨了你这种没家教的人！儿子倒是生了，只会养不会教，你哪里有资格教育儿女。"② 在这个大家庭，以大伯爷为代表的封建礼教戕害的不仅仅是沈明贞个人，连她子女也受到重创。大儿子崔立华便是典型的牺牲品，很早便被大伯爷剥夺了受教育的权利，被迫退学，回到家中运营生意，甚至连婚姻大事也不能自己做主。毫无疑问，大伯爷是封建男权思想、家庭本位思想的卫道者，他掌控着沈明贞的命运，还希冀扼杀沈明贞子女们的梦想，伤害从上一代延续到了下一代，陷入了无休止的循环。

在那闭塞的小城，在那落后的时代，扼杀住沈明贞命运的喉咙的除了大伯爷这样的男权主义的执行者，与刘氏太太这样男权思想的捍卫者也不无关系。男尊女卑的思想观念已经根植在她内心深处，三从四德成为她的行事准则，没有现代都市女性的独立意识，没有文化知识，自然也缺乏对生活的激情和抗争意识，再加上处在男权社会，交际、从事社会工作的权利被无情地剥夺，丧失了独立谋生的能力。所以，面对丈夫的纳妾她无法反对，只能在家里严格奉行嫡庶分明的准则，以保障自己的身份不被僭越。"她和崔举廷同坐的时候一定要明贞送茶递烟，她病了一定要明贞亲自煎药，出门一定得她走前面，在屋里她不先坐下，明贞不能坐下，吃饭她不动筷子，明贞不能先动，还有逢时遇节明贞还得给她磕头……"③ 一大堆繁文缛节看似捍卫了刘氏太太在崔家的正妻地位，殊不知，她却于无形中从同是婚姻家庭的受害者变成了伤害与自己同病相怜者的无情刽子手。

若问到底是什么摧毁了这个大户人家出身的善良纯真的小姐，将她变得如此麻木无情，那一定是祖祖辈辈延续下来的男权糟粕。即使是崔举廷的正妻，她依旧只能以自家男人的附庸身份而存在，经济不自主，人格更谈不上独立，在残酷的现实面前只能依靠自己的男人。所以，为了保住自

① 韦君宜：《母与子》，上海文艺出版社，1985，第 22 页。
② 同①，第 42 页。
③ 同①，第 30 页。

己的地位，彰显自己在这个大家庭的身份，她只能将所有的不甘发泄到本就没有尊严和地位可言的沈明贞身上。无声的忍耐换来的仅仅是对同是天涯沦落人的变相报复，却不能从根本上动摇真正束缚、坑害她们的夫权思想。从某种程度上说，以刘氏太太为代表的封建女性的懦弱、"纵容"，在无声中助长了夫权至上的男权思想猖獗的火焰。

正妻尚处于如此尴尬的生存境地，姨太太的生活有多煎熬便可想而知。沈明贞的人生际遇令我们哀婉叹息，谁又敢想象，在那个年代，像沈明贞这样忍辱求生的姨太太有多少？透过沈明贞这一个人物，我们可以看到一批在那个年代饱受凌辱的姨太太群像。文章中沈明贞被罚了跪，崔举廷轻描淡写的几句劝慰言辞中没有任何的体贴，反倒是将那个时代姨太太们艰难的处境展露无遗："为这还要赌气？只不过在自己内堂屋跪了一个钟头。别人家姬妾，当着众人挨嘴巴子的可不是一个哩。①"可以说，一个女子，只要是做了男人的姨太太，那便是人格丧尽。她们的人生不是"生成的"，而是"造就的"，封建社会夫权、夫权至上的传统、家庭本位思想、金钱婚姻等对她们的戕害共同造就了其压抑的生活、悲惨的命运，这一姨太太群像身上承载着重要的文化价值和社会意义。

韦君宜的《母与子》完整地勾画了姨太太们的生活画卷，还原了当时姨太太们最为真实的生存状态、生活逻辑及价值观念。以沈明贞为代表的姨太太们虽然并不完美，有着凡夫俗子普遍具有的瑕疵，但正因那是她们最本能、最真实的存在，才越发显得弥足珍贵。姨太太与革命者的双重身份设置，也让现当代文学史上的女性形象不再显得单一，是对 21 世纪女性题材或女性主义写作的一种丰富。同时，对姨太太文化的控诉，对以男权为中心的家庭本位思想、金钱婚姻对旧时代女子的残害的揭露，这之于文学意义上的社会学也有着重要的意义，为女性主义研究开拓出一片全新的领域。

---

① 韦君宜:《母与子》，上海文艺出版社，1985，第 35 页。

Discussion on the Image of the Concubine in Wei Junyi's *Mother and Son*

Gong Daolin

Abstract: Wei Junyi's long novel *Mother and Son* has created a strange woman with both the image of the concubine and revolutionist with delicate and simple brushstrokes. This identity setting is original and unique, which greatly enriches the female image in Chinese modern and contemporary galleries. At the same time, Wei Junyi strongly attacked the family-centered thought centered on male patriarchy when he presented Shen Mingzhen's life to the readers, accusing the money marriage of harming women, and its cultural value and social significance are self-evident.

Keywords: Shen Mingzhen; Double Identity; Concubine Culture

About the Author: Gong Daolin (1993 –), M. A. Candidate in Chinese Modern and Contemporary Literature at School of Chinese Language and Literature, Hubei University. E-mail: 1252031251@ qq. com.

与韦君宜相遇

宋俊宏[*]

　　摘　要：自 2002 年 10 月 27 日第一次和韦君宜邂逅，至今已十六年了。在这十六年里，韦君宜的《思痛录》当初带给我的灵魂震颤和精神洗礼从未消失过，而她追求真理、坚持思想独立和精神自由、敢于秉笔直书信史、勇于自我解剖和自我忏悔的精神，以及真诚坦率的良知写作则成了我的思想和精神的标杆，虽不能至，但心向往之。

　　关键词：韦君宜　《思痛录》　独立思想　自由精神　良知写作

一

　　2002 年 10 月 27 日，正在甘肃永靖县水电四局刘家峡中学当老师的我去甘肃白银看望一朋友，在和朋友闲逛新华书店时，无意中看到一本筱敏编选的《人文随笔：1979—2001》，翻开目录一看，发现里面有我正迷恋的谢泳、摩罗和余杰等人的作品，就毫不犹豫地买下了。我看书有个习惯，就是不论什么书都是从头看到尾，这也许是出身于农村的我小时候没有多少书看的缘故吧。就这样，我第一次和韦君宜相遇了。

　　因为这本书一开始编选的就是韦君宜的《"抢救失足者"》和《编辑的忏悔》。和韦君宜的这次相遇，我知道了 1942 年延安整风运动中还有一

　　* 宋俊宏（1977—），博士，湖北民族大学文学与传媒学院副教授，现从事中国现当代文学的教学和研究。电子邮箱：19760814@126.com。

个"抢救失足者"运动，这是我以前学习和阅读中从未听到过和看到过的内容。在阅读《"抢救失足者"》一文时，我被韦君宜所书写的事实真相震惊了，也被她秉笔直书历史的胆魄和勇气所折服，思想和精神受到了一次洗礼。当我看到抢救运动中那么多不远万里投奔革命的优秀知识青年被怀疑并打成特务后所经历的炼狱式的遭际时，内心非常难受。而对为了揪出并批判所谓的特务所采取的"信逼供"的审讯原则则感到深恶痛绝。这是一种怎样的审讯原则啊？"我们先'信'，'供'给你听，你不承认，我们就'逼'！"① 这完全是封建时代酷吏们欲钩织他人罪名而采取的一种最为卑劣的"有罪推理"的审讯行为。

从此，韦君宜这个名字便在我的心灵中扎下了根，让我不时地想起她。在以后的日子里，只要逛书店，我都有意寻觅她的作品，特别是《思痛录》，但遗憾的是我在书店从未发现过一本她的作品，就更谈不上阅读了。

再次和韦君宜相遇已是 2006 年。这一年，当了 6 年高中语文老师的我，为了改变命运，考上了母校西北师范大学文学院的中国现当代文学专业的研究生。由于一直以来，对中国现代知识分子的命运问题很感兴趣，所以读研后，就立志研究中国现代作家在 1949 年后的命运遭际和他们在 1949 年后的创作情况。基于这一动机，阅读了陈徒手的《人有病，天知否》、钱理群的《1948：天地玄黄》和《周作人传》、孙郁的《百年苦梦——20 世纪中国文人心态扫描》、支克坚的《胡风论》和《周扬论》及巴金的《随想录》等。当然，韦君宜的《思痛录》也是最想读的一本书。然而当我去学校图书馆借书时，却没有检索到《思痛录》及韦君宜的其他任何作品，仅仅检索到邢小群和孙珉编的《回应韦君宜》一书。失望之余，总算借到了一本和韦君宜及其《思痛录》有关的书籍了。

通过阅读《回应韦君宜》一书，我总算了解了韦君宜不平凡的人生经历和其《思痛录》的写作与出版始末，但这也更加深了我无法阅读《思痛录》全本的遗憾与痛苦。诸多学者对韦君宜及其《思痛录》的高度评价则让我阅读《思痛录》的欲望成倍增加。比如邢小群和孙珉在《回应韦君

---

① 筱敏编选《人文随笔：1979—2001》，中国工人出版社，2002，第 15 页。

宜》一书的《前言》中所说："《思痛录》的意义不仅仅属于韦君宜个人，而是成为 20 世纪末中华民族的一个精神坐标，成为投身革命的一代知识分子大彻大悟的典型象征。……我相信，随着时间的推移，它将如同一块精神化石，成为下世纪人们了解这个世纪中国知识分子心路历程和理解中国革命的入门之书，必读之书。"① 丁东在《反思历史不宜迟》一文中则认为，"（《思痛录》）虽然不过 12 万字薄薄一册，其思想深度和精神穿透力，足以与巴老享誉一时的《随想录》并论，甚至在某些方面已经超越"。②

　　一次去导师刘洁教授家聊天，不知怎么聊到韦君宜和她的《思痛录》，我就顺便问刘洁老师有没有《思痛录》一书。刘洁老师告诉我，她爱人吴春晗教授藏有此书。一听此言，让我激动不已，立马就提出能否借我一读，根本未想这一举动是否唐突和不礼貌。所幸，吴春晗先生非常高兴地把《思痛录》借给了我。这让我有一种"踏破铁鞋无觅处，得来全不费工夫"的兴奋和喜悦。一回寝室，我就迫不及待地花了两天时间读完了《思痛录》。

二

　　在阅读《思痛录》的过程中，首先打动我的是韦君宜崇高的写作动机和目的。在《思痛录》的《缘起》中，韦君宜这样表述她写此书的动机和目的："历史是不能被忘却的。十多年来，我一直在痛苦地回忆、反思，思索我们这一整代人所做出的一切，所牺牲和所得所失的一切。思索本身是一步步的，写下又非一日，其中深浅自知，自亦不同。现在均仍其旧。更多的理性分析还是留给后人去做吧！至于我本人，至今还不可能完全说透，我的思维方法也缺少讨论这些问题的理论根据和条理性。我只是说事实，只把事情一件件摆出来。目的也只有一个，就是让我们的党永远记住历史的教训，不再重复走过去的弯路。让我们的国家永远在正确的轨道

---

① 邢小群、孙珉：《回应韦君宜》，大众文艺出版社，2001，"前言"第 2 页。
② 丁东：《反思历史不宜迟》，载邢小群、孙珉《回应韦君宜》，大众文艺出版社，2001，第 365 页。

上，兴旺发达。"① 在我看来，只有真正心系国家和民族的命运与前途、有着强烈的社会责任感和历史忧患意识的共产党人，才能说出这样振聋发聩、警人反思的话语。

然而，更令我觉得了不起的是她在摆历史事实、述历史真相的过程中对自我灵魂的拷打与审问，为自己曾经"害人"的行为所做出的真诚忏悔。比如在"三反五反"运动中，为了完成上级规定的贪污分子比例，韦君宜把青年编辑丁磐石穷追成了贪污的"老虎"，使他多日失眠，刚谈的女朋友也吹了。其实丁磐石不过是在交党费时忘了带钱，把别人的五角钱写在他的名下罢了。对此，韦君宜写道："我，实在是从这时开始，由被整者变成了整人者，我也继承了那个专以整人为正确、为'党的利益'的恶劣做法。这是我应当忏悔的第一件事，所以记在这里。"② 一个人，只有真正意识到自己的罪恶，有了罪感，他才会去真诚地忏悔。只有通过忏悔，他的良知和人性才会回归。我认为，晚年的韦君宜做到了。

再如《一个普通人的启示》一文中，原是"左派"的李兴华在反右运动中被领导"平衡"成了"右派"，而这一决定却由韦君宜通知。这本来和韦君宜没什么关系，她只不过是执行上级决定的人罢了。但韦君宜却认为是因为自己没有冒实际上根本不起作用的风险，没有对将李兴华"平衡"成"右派"表示反对，而是"盲从"上级的决定，造成了李兴华悲剧性的一生。对此，韦君宜心里始终觉得对不起李兴华，认为自己有责任，应该为李兴华的悲剧命运做出自己的忏悔。"他死后，我一直在想，怎么会产生这样的悲剧？制造这个悲剧的人中间显然有我一个，可是我并不想这样。别的人，恐怕也一样。我并不愿意这样做却还是做了。这可以算作盲从，可是这盲从却造成了惨痛的结果。盲从者怎不感到伤痛和忏悔呢？光忏悔还不够，应当认真深思造成悲剧的根源。"③

从《思痛录》中，我还读出这么一层意思：无论任何时候，任何环境下，作为个人，我们都不能放弃独立思考的能力，一定要保持住自己独立的立场和自由的思想。因为只有这样，我们才不至于沦为他人驯服的工具和思想的奴隶，成为丧失自我判断能力的盲从者。

---

① 韦君宜：《思痛录》，北京十月文艺出版社，1998，第4页。
② 同①，第23页。
③ 同①，第88页。

后来，读到李建军《其言直，不隐恶——论韦君宜的晚年写作》一文，李建军在文末写道："她（韦君宜）的显示着忏悔精神和反思勇气的作品，也许不会引起国外汉学家们的注意，也许不会受到'诺奖'评委们的青睐，但是，对中国和中国人来讲，却有着特别值得珍视的价值。就此而言，韦君宜才是最值得我们尊敬和热爱的当代作家，而《露莎的路》和《思痛录》则是值得每一个中国读者认真阅读的伟大作品。"① 我觉得李建军对韦君宜及《露沙的路》和《思痛录》的这一判断和评价是准确的，是值得我们每一个中国读者认真深思的。

三

2007 年 9 月 27 日下午，我去西北师范大学附近一个经常去的小书店闲逛，准备淘几本便宜书。没想到，一进书店门，就在打折处理的书架上看到了我心心念念的《思痛录》。我一步跨到书架前，简直是以迅雷不及掩耳之势将其攥到手里，生怕自己一犹豫，就被别人抢走似的。现在想来，这次购书的经历应该是我在这家书店购书过程中最愉快、最兴奋、最值得的一次。只是当自己真正拥有了《思痛录》后，我却再也没有阅读过它，仅仅把它当成自己收藏的最有价值的一本书而已。但第一次阅读的深刻记忆，使我在和同学朋友聊起革命知识分子和"极左"政治的时候，总会说到韦君宜和她的《思痛录》。

2012 年 6 月，博士毕业后，我应聘到湖北民族学院文学与传媒学院工作。工作后，我发现学院有个"韦君宜研究所"，所长是蒋芝芸教授。和蒋芝芸教授的一次交谈中，她问我对韦君宜和她的作品是否感兴趣。我如实地告诉蒋芝芸教授，我仅仅读过《思痛录》和《回应韦君宜》这两本书。听了我的回答，蒋芝芸教授笑着问我是否有兴趣参加她的团队。我应诺了蒋教授的真诚邀请，从她那儿借了本韦君宜的《老干部别传》。因为我知道韦君宜获得过第一届全国优秀中篇小说奖的中篇小说《洗礼》就收录在该小说集中，而我当时正在阅读杨绛的长篇小说《洗澡》，就想当然地觉得这两部小说可能有比较的地方，是可以写成一篇论文的。可等我把

---

① 李建军：《大文学与中国格调》，作家出版社，2015，第 17 页。

两个文本阅读完后，才发现二者是两个截然不同的文本。

杨绛的《洗澡》书写的是知识分子在新中国成立之初的思想改造运动（"洗澡"运动）中的各种丑陋表现和龌龊行径，表面上看是在讽刺和批判知识分子的"丑恶嘴脸"，其实隐含的却是作者对异化和扭曲知识分子人格和精神的"极左"政治的审视和批判。而韦君宜的《洗礼》写的却是老革命老干部王辉凡在经历了"文革"炼狱的洗礼后，开始自我解剖、自我反思，"受了刑的我，不能不想到过去我亦曾刑人——不是鞭打火烙，而是由于我一语，致人于流离伤残之苦。"① 由此"觉今是而昨非"，进行自我灵魂的拷打与审问，最终回归人性的良善和正直，保持住了一个真正的共产党员的本色。

自然，这次的写作计划泡汤了，没能兑现对蒋芝芸教授的承诺。为此，长久以来，我心中充满了不安和歉意。不过，经过这次阅读，我对韦君宜书写"熟悉的人和事""尽力不以猜测去代替观察"② 的现实主义创作理念有了更进一步的体悟，对韦君宜通过文学创作来反思"极左"政治及其在人们精神上的遗患的写作动机充满敬意。

也许正是这份不安、歉意和敬意郁积在胸的缘故，2018年4月，我在网上淘了一套《韦君宜文集》（共5卷），准备好好阅读和研究韦君宜的作品。在我还没有静下心来阅读该文集时，7月19日下午，我就接到蒋芝芸教授的通知，说湖北民族学院文学与传媒学院计划10月召开"韦君宜文学创作与编辑活动研讨会"，让我准备会议论文。于是，利用暑假的时间，我阅读了《韦君宜文集》的前3卷。第一卷收入的是长篇小说《母与子》，第二卷收入的是长篇小说《露沙的路》和回忆录《思痛录》，第三卷收入的是小说集《女人集》、《老干部别传》和《旧梦难温》。

当阅读完这3卷《韦君宜文集》后，我的第一感觉是，韦君宜的小说绝大多数是自传性质的。即便不是自传性的，她所写的人也都是她熟悉的，所写的事都是她亲历过的。因为一些小说的情节和线索她曾在回忆录《思痛录》中叙述过。比如《母与子》的主题和人物及其经历就在《当代人的悲剧》中书写过，《露沙的路》简直就是《"抢救失足者"》的小说

---

① 韦君宜：《老干部别传》，人民文学出版社，1983，第142页。
② 韦君宜：《老干部别传》，第263、264页。

版，《平常疑案》的情节在《十年之后》出现过……也许正是因为这个原因，对我来说，阅读过程中缺少了那种新鲜感和好奇心。不过，最后还是被韦君宜流露在小说中的那份坦率与真诚、反思与忏悔的情感所征服。

四

在阅读过的这些小说中，中篇小说《母女》引发了我的不少思考和联想。该小说以莎莎与母亲孙惠英就自费留学美国问题的争吵展开，莎莎说母亲当年放弃赴美留学是"真傻"，并说自己的同学根本"不相信"母亲当年的举动。从莎莎口中听到"真傻"和"不相信"的话语，母亲大动肝火，由此引发了母亲的回忆。当年孙惠英为了革命信仰，为了民族解放事业，毅然放弃留学美国深造的机会，家中有人就说她"真傻"；"文化大革命"中，成了走资派的孙惠英在接受"造反派"外调时，造反派也"不相信"她当年为了革命而放弃留美的事实，认为她"不肯老实交代罪行"。这些都曾深深伤害过孙惠英的感情。孙惠英想试图通过这些往事的回忆和讲述让莎莎改变留学的念头，但由于时代不同、观念不同，她的这些经历和讲述并没有说服莎莎，莎莎还是决定要去美国留学。最后孙惠英通过情感恐吓，吓住了莎莎。为了平息母亲内心的恼怒，莎莎不敢再在母亲面前提自费留学一事。母女矛盾冲突得以暂时化解，但孙惠英却"陷入了沉思"。

表面上看，莎莎和母亲孙惠英间的矛盾冲突主要表现在是否自费去美国留学的问题上。但实际上，莎莎和母亲孙惠英的矛盾冲突的根本原因在于二人由于不同的身份和经历所形成的不同的人生观和价值观上。

母亲孙惠英是老革命、老干部，当年她为了自己所信仰的革命理想，为了民族的解放大业，毅然放弃了去美国留学。即便在以后的岁月里饱受人生磨难和坎坷，但她从未为当年的选择后悔和怨恨过，倒是永远为顶替自己去美国留学而且最后留在美国的妹妹孙惠均惋惜，引咎自责。觉得自己当年没有帮助妹妹继续走革命的道路，让她无奈去美国留学，从而把一个"纯洁勇敢的灵魂"给"污染了"。因为当年的革命者认为，美国是资本主义国家，是一个到处充满罪恶的阴暗世界。而他们力图建立的社会主义国家则是处处充满阳光的光明世界。可现在，自己的女儿竟然要走孙惠

均的道路，这无形中是对自己一生所奋斗的事业的否定。这让老革命、老
干部孙惠英难以接受，所以她断然拒绝了女儿莎莎的请求。在我看来，孙
惠英之所以做出这样的决定，不仅是出于对自己信仰的坚守和尊严的维
护，也是出于对女儿的保护，不让她纯洁的灵魂再被美国资本主义社会所
污染。这里流露出的是老革命、老干部面对革命信仰危机和出国浪潮时的
不适感和尴尬心境。

莎莎因为是家中最小的孩子，自小生活于母亲为她设置好的保护网
中，对母亲一辈的信仰、经历和苦难没有多少切身的感受，养成了自我任
性的性格。当她看到周围的同学朋友都纷纷想尽各种办法办理自费出国留
学，而自己的二姨就是美籍华人时，她自然会产生自费出国留学的想法，
想去外面的世界看看，这非常符合她的个性和整个时代的氛围。当她的欲
求被母亲毫不犹豫地否定后，她对母亲的不满和不理解就自然而然地流露
了出来，不经意间就说出了在母亲孙惠英听来很刺耳、很伤心的话语。

莎莎想自费去美国留学，而且"不管学什么。学我现在学的专业也
行，没这个专业，随便改什么专业也行。听说上美国念中文系最好办，中
国人一考准考上"。"目的是上美国嘛，什么系不系的完全无关紧要。"① 莎
莎这些话语很值得我们回味反思。从某种意义上说，莎莎的这些话语代表
了 20 世纪 80 年代出国热潮中大多数出国者和想出国者的真实心态。被封
闭和压抑久了的国人，认为外国尤其是美国是一个特别开放和自由的国
度，而且遍地是黄金，处处是机会。因此人们只想着出国，只要能出国，
只要能出国读书，上什么学校和学什么专业对他们来说都不是最先考虑
的，也是无关紧要的。

这不由让我想起当下的出国留学热。现在，由于国内教育体制的不完
善和教育中存在的各种问题，只要有条件的人家，几乎没有不想把孩子送
出去留学的，甚至有人在小学阶段就把孩子送往国外读书。这一行为中，
除了国人想让孩子接受良好的教育思想外，是否也存在崇洋媚外的思想？
是否和我们的教育真的存在大问题有关？这是值得我们深思的问题，我想
韦君宜在写这篇小说时未必没有这种思想，虽然在文本中没有出现有关反
思中国教育问题的只言片语，但她后来在《八岁半的小朋》中，通过小朋

---

① 韦君宜：《韦君宜文集》（第三卷），人民文学出版社，2013，第 232 页。

之口对我们当下的教育做了反思和拷问。

五

2018 年 10 月 26 日，湖北民族学院文学与传媒学院举办了首届"韦君宜文学创作与编辑活动研讨会"，作为会议主办方单位的一员，我参加了这次会议。在这次会议上，我聆听了韦君宜女儿杨团对母亲的追忆和评价。虽然以前也看过杨团写的《〈思痛录〉成书始末》和《纪念我的母亲》，但现场听她再讲述时，韦君宜作为母亲的形象更立体、更饱满地在我的脑海中勾画了出来；而《新文学史料》主编郭娟的发言，仿佛让我看到了韦君宜在人民文学出版社从事编辑工作时的忙碌身影和她不遗余力扶持帮助文学新人出书的那份赤诚和热情；湖北大学文学院院长刘川鄂教授认为韦君宜的《思痛录》将在中国思想史上和文学史上占有一席重要地位，他引用评论家李建军的话说《思痛录》是"值得每一个中国读者认真阅读的伟大作品"，他的发言对我启发很大，让我重新认识了韦君宜文学创作的价值和意义。此外华中师范大学的董中锋教授，武汉大学的吴永贵教授，湖北省文联的李建华副主席及我院教师李莉、蒋芝芸、王飞霞、江佳慧和龙亚莉等的发言，对我进一步认识和研究韦君宜产生了很大的启发。

10 月 27 日，作为会议代表，我与其他会议代表一起赴湖北建始县参加韦君宜档案馆的揭牌仪式，并参观了韦君宜档案馆。在韦君宜档案馆，我看到了韦君宜一生的文学创作成就，看到了韦君宜在身体偏瘫后康复身体的器械，看到了韦君宜偏瘫后为了恢复写作功能而练习写字的小学生习字本。透过那些歪歪扭扭的字迹，我看到的是韦君宜的超强意志力和巨大的精神力量，想到的是韦君宜创作长篇自传体小说《露沙的路》和《思痛录》一些篇章的艰难与不易，因为它们都是在韦君宜偏瘫后完成的。于是，禁不住生出崇敬之心。反观自身，却发现总是以各种理由和借口为自己的懒惰开脱，顿生愧疚之心。另外，还看到了韦君宜生前用过的卧具、桌子等，才发现她在文章中说自己一家生活简朴并非虚言。一个曾经出身富贵，后来又身居高位者，日常生活用品却如此朴素简陋，怎不令人心生敬意！

从 2002 年 10 月 27 日初遇韦君宜的作品算起，截至 2018 年 10 月 26—

27 日参加首届"韦君宜文学创作与编辑活动研讨会",我与韦君宜相遇已16 年了。在这 16 年里,她的《思痛录》虽然曾经给我的思想和灵魂带来过很大的冲击和震动,为了这次研讨会,也认真地细读了她的小说文本,但最后发现自己还是没有完全走进她的文学世界。因为自己到目前还没有写出一篇像样的有关韦君宜研究的文章。但她追求真理、坚持思想独立和精神自由、敢于秉笔直书信史、勇于自我解剖和自我忏悔的精神,以及真诚坦率的良知写作则成了我的思想和精神的标杆,虽不能至,但心向往之。

An Encounter with Wei Junyi

Song Junhong

Abstract:It has been 16 years since I first met Wei Junyi on October 27, 2002. In these 16 years, I had received the soul tremor and spiritual baptism that have never vanished by Wei Junyi's memoir *Si Tong Lu*. Wei Junyi's thoughts of seeking truth, insisting on ideological independence and spiritual freedom, writing straight histories and dissecting herself, the spirit of repentance and her honest writing, have become the benchmark of my mind and spirit. Though I cannot achieve these thoughts and spirit, the heart yearns for it.

Keywords:Wei Junyi;*Si Tong Lu*;The Independent Mind;The Spirit of Freedom;The Honest Writing

About the Author:Song Junhong (1977 –), Ph. D., Professor in School of Literature and Communication, Hubei University for Nationalities. Research interests and specialties:teaching and research of Chinese modern and contemporary literature. Email:19760814@ 126. com

《母与子》中的民俗语词与民俗文化

江佳慧*

摘　要：《母与子》不仅刻画了沈明贞这样的革命母亲和英雄母亲形象，同时也反映了当时的风俗人情。小说描述了"请春酒"习俗、做满月习俗、婚礼习俗、"吃讲茶"习俗等。这些习俗反映了当时中国的饮食文化、婚育文化和诉讼文化，依然影响当今的社会生活。其中"请春酒"习俗有利于留存和发扬传统的美食文化，也能给该习俗存留区带来一定的经济价值。"吃讲茶"是旧时民间解决纠纷的形式之一，与当今的庭外和解有一定的相似之处。现今新兴的"吃讲茶"，目的不再是解决纠纷，它已成为邻里之间相互传递信息、沟通情感的主要形式。这些习俗的存在有利于人们相互交流、增进了解，对构建和谐社会有着潜移默化的促进作用。

关键词：《母与子》　请春酒　吃讲茶

基金项目：湖北省教育厅人文社科重点项目"鄂西南留守儿童语言能力及语言教育对策研究"（项目编号：16D071）

作为反映20世纪三四十年代革命浪潮的鸿篇巨制《母与子》，不仅展现了以崔家为主线的革命萌芽与发展过程，刻画了沈明贞这样的革命母亲和英雄母亲形象，同时也反映了他们生活地域的风俗人情。小说开篇描述了崔家在老家苏北过春节时的"请春酒"习俗和为孙子办满月酒的做满月习俗，崔家去成都以后，小说又写到了"吃讲茶"的习俗，还通过主人公

---

*　江佳慧（1973—），博士生，湖北民族大学文学与传媒学院副教授，研究方向为汉语应用与规范，著有《方言语汇与民俗——以景阳镇为例》。电子邮箱：490951007@ qq.com

沈明贞的回忆让读者了解了旧时的婚礼习俗。本文将重点分析这些与民俗事象有关的民俗语词，以期了解当时中国的饮食文化、婚育文化和诉讼文化，分析其对当今社会的影响和现实意义。

一 "请春酒"习俗

小说开篇描述了苏北小城崔家准备年夜饭和春酒的情形。按照崔家历年形成的老规矩，沈明贞拟定的请春酒菜单还需要崔家的大伯爷崔甫廷过目才能确定。根据小说的描述，"中产以上家庭的主妇也是家家忙，忙着办年饭请春酒。这差不多得算是各家主妇展览她们的治家能力的年终评比。除了自己吃之外，还得请亲眷、请西席老爷子、请常来常往的医生、请商号里同人。"① 对崔家二房里精心准备的请春酒菜单，大伯爷过目后让长子过来传达自己的意见，"爹过了目，说菜还可以，要弄两样细点心，最好苏州式的。不要老是鱼肉，村里村气叫外人见笑。"崔家的大伯爷虽然自己不会下厨，但一定要在菜谱和厨艺上做些指导，强调崔家的菜单一定要精致讲究，高端大气。

请春酒的菜单定下以后，由家里男主人开出一张通红的知单，请亲友来品评。可见"请春酒"在苏北是十分重要的过年习俗之一，大户人家把请春酒看成展现主妇实力以及家庭实力的重要机会。同时请春酒还是联络生意场上同仁和日常交际圈人士的聚会，大家通过请春酒联络感情，为将来的生意做铺垫，甚至通过请春酒考察主人或来宾家境，以便为儿女的联姻做谋划。比如崔家大伯爷如此看重此次的请春酒事宜，就因为这次请的有从南京回来的程三爷，崔家大女儿崔敏华最终嫁到了程家成为程家长媳。战乱时候，程家可以从南京逃往上海租界避难，这在崔甫廷看来是一桩十分称心的联姻。

"春酒"一词早在春秋时期就有记载，《诗·豳风·七月》："八月剥枣，十月获稻。为此春酒，以介眉寿。"关于春酒的解释，有四种不同看法，其一为冬天酿制的酒，其二为春天酿制的酒，其三为春酿冬成的酒，

---

① 本文引用的《母与子》原文均出自韦君宜《母与子》，上海文艺出版社，1985。此处引文取自《母与子》后记中所录田家英给沈明贞原型肖禹所作的碑文。

其四为冬酿春熟的酒。李善注："春酒,谓春时作,至冬始熟也。"按川南地区"请春酒"习俗来看,此处的春酒应该是冬天酿制的米酒,也称为醪糟儿。"请春酒"中的"春酒"不仅仅指酒,更多的是指春节期间的饮宴。明清时期的文学作品有关于"请春酒"的记载,如《儒林外史》第十一回:"正月十二时,娄府两公子请吃春酒。"现代小说也对该习俗有过描述,如沙汀《淘金记》十七:"破五以后是私人请春酒。"除苏北以外,我国还有不少地方有此习俗,如四川、福建等地。该习俗如今不像以往那么隆重,但在部分地区尤其是乡镇依然保留。

二 "吃讲茶"旧俗

"吃讲茶"指有争议的双方共同请彼此都信得过的地方名流到茶馆公开给两方断是非的仪式。胡祖德《沪谚外编》中说:"'吃讲茶':因事争论,双方往茶肆中,将事由宣之于众,孰是孰非,听凭公论。"① 该习俗在四川、江浙沪等地均盛行过,尤其是清末和民国时期。《天下四川人》记载:"四川俗语说:'一张桌子四只脚,说得脱来走得脱。'当民间在房屋、土地、水利、山林、婚姻等方面发生纠纷,争执不下时,便由双方当事人出面,共同邀请地方上的头面人物作为主持人,通过在茶馆说理,以调解和处理纠纷。这就是在旧时四川民间流行最广的一种勾兑方式——'吃讲茶'。"②

所请的中人(调解人)必须秉公处理双方的争议,处理的结果也须让在场的茶客信服。争议双方既然认可这种解决方式,一般也要无条件服从中人的判决。茶钱由输的一方给付,也有赢的一方出一半以示大度和公平的。"吃讲茶"的细节在各地有不同之处,但目的均是解决民间纠纷。其程序大致为双方及中人均到约定的茶馆坐定,茶馆先给每桌倒茶水。中人喝过第一杯茶之后,把茶杯往桌上重重一放,表示调解开始。接下来双方各自陈述争议事由,一同前来的证人也可以发言补充。待双方陈述完毕,中人会继续询问一些信息,然后拿出解决方案,作为最终的裁定。双方接

---

① 胡祖德:《沪谚外编》,上海古籍出版社,1989,第 67 页。
② 陈世松:《天下四川人》,四川人民出版社,1999,第 221 页。

受调解并喝下和解茶，由输家支付双方的茶资。郁慕侠的史料笔记《上海鳞爪》记载："下层社会中的群众们，双方每逢口角细故发生，必邀集许多朋友到茶馆里去吃讲茶。怎样叫'吃讲茶'呢？就是双方的曲直是非，全凭一张桌子上面去审判。倘结果能和平解决，由一和事老者将红绿茶混合倒入茶杯，奉敬双方的当事人一饮而尽，作为一种调和的表示。"①

《母与子》的第三十章提到了"吃讲茶"习俗，崔家大房的女婿程云浩（崔敏华之夫）战时在成都做投机倒把生意得罪了人，请人讲和"吃讲茶"。这种解决纠纷的方式类似于今天的庭外调解，是民间自治力量的体现。陈会林总结了"吃讲茶"的要素：（1）自愿发起；（2）以茶为媒；（3）众人参与；（4）权威人士主导调解或裁决；（5）程序大致严明；（6）强制效力。② 当双方所请的中人做出裁定后，冲突双方必须接受，不能再因此事去告官。若一方反悔，则为邻里不齿，被视为不讲信用的人。

三 "满月酒"习俗

"满月酒"是全国多地都有的习俗，新生儿出生后亲朋好友在孩子满月这天或者主人家选择的吉日到新生儿家庆贺。小说写到了沈明贞的大儿子崔立华生子以后所办的满月酒。按照当地习俗，孙子的出生也是沈明贞地位改变的标志。在外人看来，崔家的满月酒不仅仅是新生命诞生的庆贺酒，也是沈明贞事实上的扶正仪式。沈明贞本来是嫁过来做崔家二房崔举廷的姨太太的，佣人们只能称她"新姑娘"，生了儿子以后改称"新太太"，大房崔甫廷夫妇称其"新妹"。正太太去世后，其丈夫还未将她扶正也去世了，因此，她的身份始终还只是打上姨太太烙印的"新太太"。儿女们只能叫她"阿娘"，不能叫"妈妈"。在孙子的满月酒上，大伯爷崔甫廷借纠正立华知会众亲友，他对立华说："以后称呼就要改一改啰，以后该叫她妈妈啰。我也不喊'新妹'了，喊句'沈妹'吧，你也是有孙子的人了。在我们崔家一场，我们诗礼人家，不能办那种于礼上有亏的事。这件事我想了很久，你生立华在先，先头的刘妹去世在后，举廷在世又没有

---

① 郁慕侠：《上海鳞爪》，上海书店出版社，1998，第114页。

② 陈会林：《"吃讲茶"习俗与民间纠纷解决》，《湖北大学学报》（哲学社会科学版）2008年第6期。

办。没有个由头，我不好随便讲，你就不要心里有疙瘩啰。"当下就喊佣人们进来，更改称呼，叫太太。所以，类似崔家这样的满月酒，不仅仅是对添丁进口的祝福，还是家庭成员家庭地位和社会地位改变的标志，隐含了当时的婚姻制度和礼俗制度。

四 "请春酒""吃讲茶"与民俗文化

（一）"请春酒"等习俗蕴含的民俗文化

上述习俗都与日常饮食有一定的关联，属于我国丰富的饮食文化的一部分，从中也可以窥见我国的婚育文化和诉讼文化。

常言道：民以食为天。中华民族历来重视饮食文化，尤其是年节时期的饮食。此时菜品的丰富程度是全年最隆重的，餐饮的各个环节也有很强的仪式感，蕴含了传统的节日文化和饮食文化。"请春酒"总是在正月进行，是年节文化的一部分，它是展示厨艺、增进亲友感情、传承美食工艺的重要手段。

中华民族是重视传宗接代的民族，新生命的诞生是家族繁衍的大事。满月酒在乡镇依然有一定的市场，部分农村地区的满月酒是新生儿外婆家族财力展现的又一重要时机。新生命的诞生对于父亲这边的家族和母亲娘家的亲戚而言都是大事。对娘家父母而言，新生命的诞生代表女儿已经真正成为夫家的一员。娘家亲友准备的贺礼往往最丰富、最隆重，有些地方也把做满月酒称为"安置外婆客"。庆贺当天，新生儿的外婆家要邀约众亲友共同前往女儿家庆贺，去的人越多越让人艳羡，贺礼越丰富越有面子。这一习俗不仅体现了传统的婚恋文化，也是生育文化的体现。

"吃讲茶"体现出了底层民众对地方名流的信任，是乡村自治力量的呈现，蕴含了传统中国的诉讼文化。普通百姓是最怕惹上官司的，出现纠纷也宁愿私了而不愿意见官，这就给"吃讲茶"这种解决纠纷的形式提供了土壤。担任中人的人员常常是受过教育的乡绅或者告老还乡的官员，他们必须有声望、处事公平，"吃讲茶"也给他们提供了服务家乡父老的机会。总体而言，这种诉讼方式虽然也有弊端，但在促进社会的整体和谐、节约司法成本方面依然有其独特的存在价值。

（二）"请春酒"等习俗的演变

以上探讨的各项习俗中，"请春酒"还活跃在人们的春节文化中，尤其是乡村和县城一级的城市依然保留了古风。如今有此习俗的部分地区把"请春酒"所请的对象进一步泛化，不再局限于亲友和同仁。单独突出"春酒"的饮食特色，并与当地的美食与旅游相结合，专门打造"春酒"文化特色店。如川南"请春酒"习俗，已成为地方文化品牌。该地区的"请春酒"习俗在饮食、程序、礼仪、工艺、原材料等方面都非常讲究。客人坐定以后，依次上醪糟饮品、点心干盘，最后是富有特色的正菜九大碗。每道菜品从选材到烹制，从造型到配色，都讲究形、色、香、味，让体验者拥有艺术享受。既吸引了本地食客，也招徕了外地游客。至于满月酒，自八项规定开展以来，大型的满月酒则只在乡镇可见，城市主要是至亲参加的简单庆贺。另外，"吃讲茶"已淡出历史舞台，但现代诉讼中的庭外调解却与其有异曲同工之妙。因为"吃讲茶"有促进邻里相互了解、促进社会和谐的作用，一些有此习俗的地方在对"吃讲茶"的形式和目的加以改造后，开始在民众中推行，取得了较好的效果。

（三）"请春酒"等习俗的现实意义

如果说"请春酒""满月酒"是联络亲友感情的重要途径，那么"吃讲茶"就是个人与群体其他成员联系的主要手段，这些习俗在今天依然具有现实意义。它们在促进情感交流和社会和谐方面具有不可取代的价值。

当今社会，人们的生活节奏快、精神压力大、亲友之间交流的时间少，"请春酒"等形式便于舒缓压力，放松身心，增加亲友之间的沟通机会。部分地区亲友之间年节时期流行"吃转转饭"，即一群亲友约好轮流到某一家吃饭，这种形式类似于"请春酒"。亲友之间平时没有时间相聚，年节时候"吃转转饭"正好相互交流感情。同时，"请春酒"还保留了传统的礼仪文化，迎送客人、座位安排、敬酒让菜等都有相应礼数，是传统社会美好礼仪文化的发扬。同时，把"请春酒"打造成为地方美食品牌也能发挥经济效应，既展示了传统美食工艺，又产生了相应的经济价值。可以说，把"请春酒"打造成文化品牌一举多得，既传承了先辈的饮食制作技艺，又对当地文化有很好的展示和宣传作用。

有些村镇利用传统习俗为现实生活中的精神需求服务，如江苏昆山的周庄镇，为更好地推进社会主义精神文明建设，于2012年恢复周庄镇南湖"吃讲茶"场所，同时向各村推广，开展每周一次的集中宣讲活动。在传统"吃讲茶"习俗基础上，有意识地添加了宣传党的方针政策的"道德讲堂"。周庄民众以茶馆为载体，通过吃茶的形式相聚在一起，在谈笑间交流商业信息和生产生活中的大事小情。他们要"讲"的不再是传统"吃讲茶"习俗中的纠纷始末和各自诉求，而是国家的方针政策。当然，"吃讲茶"也保留了一些传统功能，即帮助化解邻里之间的纠纷和家庭成员之间的矛盾。据文献记载，"吃讲茶"这一"民间法庭"已经成为周庄"道德讲堂"的主要平台，周庄"吃讲茶"古为今用，作为"道德讲堂"价值观的交流平台，不断在"讲"的过程中将民主、和谐、平等与百姓生活密切相关的核心价值理念融合进去，在促进社会和谐的同时，也加大了对群众的宣传教育，增强核心价值的凝聚力、影响力。[1]

民俗具有地域性，以上习俗通行的地域不同，不同的通行地域又有名称或者细节上的差异。民俗还有变异性[2]，随着社会生活的变化而变化，每个时代又会产生新的风俗习惯。《母与子》以细腻的笔触让读者在获得艺术享受的同时，还了解了当时当地的风俗人情。每个人都生活在一定的社会习俗中，作品中刻画的艺术形象要么适应当时的习俗，要么与旧习俗抗争，要全面了解这些人物形象必须充分认识他们生活的习俗背景。关于"请春酒"等习俗的描写可以启发读者全面了解沈明贞等老一辈革命家抛家舍业干革命的深层原因，促使读者深刻认识其"爱子成仁而不顾，镣铐在前而不屈"的内在动力。

Folklore Words and Folk Culture in *Mother and Son*

Jiang Jiahui

Abstract：*Mother and Son* not only portrays the image of a revolutionary

---

① 顾伟林：《从"民间法庭"到"有效思想政治工作阵地"——周庄"吃讲茶"与道德讲堂有机融合的探索》，《中国农村教育》2015年第5期。

② 钟敬文：《民俗学概论》，上海文艺出版社，2009，第16页。

mother and heroic mother like Shen Mingzhen, but also reflects the customs and folklore of that time. The novel describes the custom of Qingchunjiu, the custom of Manyuejiu, wedding customs, Chijiangcha customs and so on. These customs reflect China's food culture, marriage culture and fertility culture at that time. These customs still affect our social life today. The custom of Qingchunjiu is conducive to retaining and carrying forward the traditional food culture, and it can also bring economic value to the customary reserved area. Chijiangcha is one of the old forms of civil dispute resolution, and it has certain similarities with today's out – of – court reconciliation. The emerging Chijiangcha is no longer a solution to disputes. It has become the main form of communication between neighbors. The existence of these customs is conducive to people's mutual exchanges. Furthermore, it can enhance understanding, and has a subtle influence on the construction of a harmonious society.

Keywords: *Mother and Son*; Qingchunjiu; Chijiangcha

About the Author: Jiang Jiahui (1973 –), Ph. D. , Professor in School of Literature and Communication, Hubei Minzu University. Research interests and specialties: Chinese application and specification. Magnum opuses: *Dialect Vocabulary and Folk Custom-Taking Jingyang Town as an Example*, etc. Email: 490951007 @ qq. com.

韦君宜的编辑生涯与时代担当

王飞霞[*]

摘　要：韦君宜是 20 世纪知识分子的杰出代表，也是知名的编辑出版家，在她一生的编辑出版活动中，她始终用最真实的文艺作品反映时代的发展和进步，树立正确的出版价值观，引导出版事业向着有利于读者，有利于出版事业发展的方向前进。她有胆识、有决断力，用一双智慧的大手推动出版了一大批有影响力的现实主义作品，带给当时文学界一股清风。她热爱编辑工作，不遗余力地培养青年编辑，用自己的言行影响着后来者。

关键词：韦君宜　编辑思想　编辑实践　出版价值观

韦君宜是中国当代历史上卓越的编辑家和作家、革命家，是 20 世纪少有的具有反思精神的思想者。她是清华的高才生，18 岁参加"一二·九"抗日救亡学生运动，加入中国共产党，22 岁进入延安，为解放区和新中国的编辑出版工作耕耘一生。作为一位个性鲜明的作家，写作和出版了十多部短篇小说集和散文集，以革命文学家的光辉形象为后世留下了宝贵的精神财富。而作为一位颇有影响力的编辑家，她又是一个有胆识、有预见、有决断力的出版人，她始终以优秀的出版物启迪民智，用最真实的文艺作品反映时代的发展和社会进步；她大力培养文学新人，推动文学创作，注重以人为本的人道主义精神和人文理想的反映；她主张以现实主义的编辑思想指导编辑工作，强调编辑的创作活动必须能促进编辑事业的发展，注重提升编辑的职业道德，要抛弃名利观，树立为作者服务的思想。

---

* 王飞霞（1980—），湖北民族大学文学与传媒学院讲师，研究方向为文艺与传媒，主要著述有《土家族文化审美之元》等。电子邮箱：402228585@ qq. com。

韦君宜高尚的人格魅力，独特的编辑思想宛如一阵清风，在当前的出版环境下重新去观照韦君宜的编辑思想，能够为编辑活动的优化和出版事业的发展提供一个更加澄明的参照和借鉴。

一 行动中的知识分子

韦君宜是我国文学界公认的编辑家。她是"一二·九"运动中著名的笔杆子，曾在求学期间担任过进步刊物的编辑和作者。韦君宜的一生就是为编辑出版事业奉献的一生，她的编辑生涯就是她的革命生涯，两者是融合在一起的。1939年，韦君宜经组织安排到了延安，被安排在《中国青年》杂志当编辑；1940年赴晋西北负责主编《中国青年》晋西版；1949年中华人民共和国成立，她出任《中国青年》的副主编、主编；1954年到《文艺学习》担任主编；1960年调任作家出版社总编辑；1961年出任人民文学出版社副社长兼副总编辑；1981年2月任人民文学出版社总编辑；1983年10月任人民文学出版社社长。她由编辑出版事业介入社会，让人民群众真正感受到"出版是人类冲出黑暗和蒙昧的火把，出版人是一批高擎火把的人，他们引领着社会精神生活的建构……出版是历史长河与时代风云的镜子和明灯，映照着人类精神生活的波澜壮阔"。[①] 作为编辑的韦君宜丰富的人生阅历和为家国立言的责任担当，使她从事编辑工作开始就明白了出版和出版人的价值，树立起自己的出版理想。

（一）唤醒青年的革命意识，鼓舞青年的斗志

韦君宜创办的刊物，亦如她的作品，倾注了对于青年人的无限热爱。1939年韦君宜经组织安排被调到延安，担任中央青委机关刊物《中国青年》的主编。《中国青年》是中国社会主义青年团创办的机关刊物。它的创刊宗旨是："要帮助青年取得一些切近合用，然而在学校里不容易得到的知识，要介绍一些可供研究的参考资料，把青年引导到切实的路上。"[②]

---

① 本刊记者：《守护出版的神圣与纯粹——专访著名出版家、上海出版集团原总裁陈昕》，《中国编辑》2018年第9期。
② 李荣霞：《韦君宜在〈中国青年〉时期的期刊编辑思想研究》，《新媒体研究》2017年第12期。

在刚进入编辑部的时候，她先是参加"中央青委"的一个工作组去安塞考察，后来又进入"西北青年考察团"去调研前方农村"青救会"的建设情况，这些经历使韦君宜深刻了解了青年团以及青年本身应具有的责任和义务，她看到当下青年迷茫无措，没有远大的理想抱负和坚定的思想意志，她在担忧的同时也在不断地寻找解决问题的方法。她先后创办"答读者问""生活·思想·学习""双周座谈"等栏目发表专题文章，围绕着青年们关注的理想观、劳动观、幸福观等问题展开热烈讨论。

韦君宜对青年的良苦用心，虽说是作为一个编辑应尽的义务和责任，但更多的是她发自内心对青年的喜爱和希望，韦君宜在她执笔的发刊词《和晋西青年朋友见面》中提出："这里没有什么高深研究。它将陪伴晋西广大青年，中下级干部，做一点科学知识的普及，下层工作经验的交流。反映大家的生活，发表大家习作。有一份力，发一分光……使它光辉似雪，就和那岢岚上银辉的积雪一样。"《中国青年》（晋西版）满足了在中国最偏僻、最落后地区普及知识、启迪民智的需要。在《中国青年》创刊65 周年之际，她又一次寄语青年："热爱祖国，怀抱大志，追求理想，这是几代青年人珍贵的传统。不论形势如何，虽九死其尤未悔。这是我对当代青年的希望。鄙视那些鼠目寸光的人吧。"[①] 她大力邀请青年人喜爱的作家为《中国青年》撰稿，郭沫若、茅盾、丁玲、胡风、邓拓、于光远、李锐等知名人士针对青年的思想问题发表看法。这些文章增强了刊物的可读性、思想性和理论色彩，一方面在青年群体中宣传了马克思主义的基本观点，对青年人进行了共产主义人生观、世界观、价值观的教育。另一方面也更好地指导了青年团的工作，解决了青年们在日常生活、学习和工作中暴露的思想问题，帮助他们正确对待婚姻、恋爱等生活中的问题。

韦君宜深刻体会到作为一个共产党员，必须全心全意为人民服务，努力把实现共产主义作为党和国家共同理想信念和奋斗目标，争取为人民和国家谋利益、谋幸福。当然，这些崇高伟大的理想不能只靠一个人完成，必须发动广大青年团体投身社会主义建设之中。对此，韦君宜在编辑过程中大量摄取马克思列宁主义、毛泽东思想中主要的思想源流以及与时代相

① 谭锐：《韦君宜人民文学出版社时期编辑思想探索》，《北京印刷学院学报》2014 年第 1 期。

契合的理念向青年团体进行宣传，让青年结合实事政治发表自己的见解，关注国家的动向发展。韦君宜还收集整理青年的来访稿件，对其加以编辑校对之后进行发刊出版，极大激发了青年团体对党和国家事业的关心和热爱。

（二）把握时代脉搏，推动文化复兴

1979 年 10 月 30 日，第四次全国文艺工作者代表大会召开，邓小平同志在"祝辞"中说："艺术创作提倡不同形式和风格的自由发展，在艺术理论上提倡不同观点和学派的自由讨论"，对"文艺的行政命令必须废止"，"作家写什么和怎么写"，"不要横加干涉"。韦君宜参加了这次盛会，她敏锐地感觉到文艺界全面"解冻""复苏"的时刻到来了，立即着手出版反映现实的作品，因为她认为"文学是给整个社会的，是社会的事业，这是第一义的"。

韦君宜以一个编辑出版家对党、对人民、对历史负责的使命感，推动人民文学出版社的拨乱反正。她力排众议停止了"青松式"作品的出版，尽力帮助一些反映真实生活的作品出版或再版，尤其是主持人民文学出版社集中重印了 50 种中外文学名著，给广大读者输送了一批好的精神食粮，也成为新时期文学复兴的先声。

为缓解"八亿人民八台戏，全国同读一本书"的书荒局面，韦君宜大开书禁，为被打成"封、资、修黑货"的中外古今文学图书、典籍"落实政策"，恢复名誉，让中外古典名著、名家精品重新上市。她首次出版了难度极大的中译本《莎士比亚全集》等外国名著，推出了古典名著《金瓶梅词话》（点校本）和《子夜》《家》《儒林外史》《唐诗选》等。当《查泰莱夫人的情人》在湖南出版时，引发轩然大波，韦君宜说："在清华上学时就读过原文，不觉得'黄'，写得很美。"①

二 "敢为天下先"的编辑情怀

韦君宜在编辑出版活动中有勇有谋，大胆无畏，力求真实。她说过：

---

① 谭锐：《韦君宜人民文学出版社时期编辑思想探索》，《北京印刷学院学报》2014 年第 1 期。

"文学作品一定要准确、深刻地反映生活，不光靠作家的胆识和勇气，也需要编辑有这样的胆识和勇气。"① 1976 年莫应丰的长篇小说《将军吟》公开发表，这是一部描写 20 世纪 60 年代"文革"灾难的现实主义作品，围绕着空军某兵团进行"文化大革命"的全部过程，讲述了老一代的革命家彭其在"文化大革命"中的经历、命运、遭际，通过彭其、陈镜泉、胡连生三位革命军人在运动中的不同遭际，歌颂了老一代革命家在生死考验下坚持革命原则，敢于和错误路线做斗争的精神。小说一方面表达了一位正直将军在特定年代的内心悲愤；另一方面又塑造了立体化的人物群像，真实地反映了现实生活中尖锐的矛盾和斗争，再现了一个时代的精神生活。这部作品是一部历史悲剧，其思想对"文革"具有否定性，在当时是受到抵触的，可韦君宜全然不惧，她说："我被这作品真切的细节、活生生的人物所感动了，这是'文化大革命'！'文化大革命'里的波澜起伏就是这个样子。作者虽然是怀着爆发的热情写的，但是这作品却写得很严谨，每个人物都是经过深入而仔细地描画的，结构也作了严格地忠于现实的安排，再奇巧的情节也是入情入理，绝非编造……这一切都是何等亲切啊！……这是第一部正面描写'文化大革命'的长篇小说，一部历史的画卷，让它留在人民的心里吧。"② "既然确是好作品，咱们就出。至于他说的风险我也知道，最成问题的就是对毛主席他老人家有些不恰当的描写。我说，这些描写咱们把它去掉，改一改，别的照样出。于是就把作者请来，改成现在这个样子，终于出来了，也没事。"③

　　《生活之路》和《沉重的翅膀》的出版经历和《将军吟》极为类似。当时竹林的《生活之路》的稿件已经被很多家出版社退过稿，而且作者单位以函件证明作品文章有政治观念倾向不正的问题，导致这篇文章在当时引起强烈的争论，没有人敢接受。韦君宜很推崇这类写实主义文章的出版，于是她就叫编辑把故事的简介编写下来，她亲自拿到茅盾先生那里寻求建议，得到茅盾先生的认可之后，韦君宜就将这篇作品推出，照应当时人们的心声和渴求。还有《沉重的翅膀》的出版，小说描写国务院一个重工业部和所属的曙光汽车制造厂，在 1980 年围绕工业经济体制改革所进行

---

① 韦君宜：《韦君宜文集》（第五卷），人民文学出版社，2013，第 133 页。
② 韦君宜：《韦君宜文集》（第五卷），第 105 页。
③ 韦君宜：《韦君宜文集》（第五卷），第 134 页。

的一场复杂斗争。小说描绘了郑子云、陈咏明等人在改革初期敢于向旧习惯、旧观念发起挑战，义无反顾地举起标新立异的旗帜，围绕经济管理体制改革展开的一场与反改革的"鏖战"，热情歌颂了党的十一届三中全会的正确路线。作者以真挚的感情直面现实，韦君宜认为这部作品对推动改革有重要作用，于是就坚持出版，小说得到社会的全面肯定和高度评价，顺利获得了第二届"茅盾文学奖"。

"对于优秀的文艺作品要敢于支持"，作为时代的传播者，韦君宜以卓绝的胆识在强大的政治压力下，坚持自己的原则与立场，以智慧的方式将现实的原型展现在大众面前，深刻而准确地反映了现实生活，这是作为编辑的勇气。《未完成的画》由司徒乔的夫人冯伊湄执笔，讲述了画家司徒乔先生复杂曲折的一生。这本堪称当时传记文学中的最佳作品，其用批判的方式廓清了传记文学这一文学样式，如同在清晨的新鲜空气中做了一次深呼吸，因为这几年弄得大家一提到写传记就等于"树碑立传"，以至于把传记文学这一文学形式糟蹋了。韦君宜谈到了这本书的出版过程："书确实写得好的，而要想出书就必须'力排众议'。正当我们感到困恼的时候，幸亏廖承志同志答应为这本书写序，在序中介绍了司徒乔的生平。此外他还正颜厉色地斥责了那种因海外关系就不许人家出书的荒谬主张。党的领导同志给了出版工作以支持，我们决定发稿了"[1]，这部作品忠实地写生活，写人物，写他的思想活动，这个真实的人能使人同情，觉得他可爱，比那些给人物头上戴光圈的"三突出"写法，效果强得多，读这样的文学作品是一种艺术享受。

在韦君宜的积极主张之下，《东方》《生活的路》《爱与仇》等一大批现实主义的作品得以出版，说明了一个编辑除了要对稿件和作者有正确的认识之外，还必须具备足够的胆识、魄力、决断力，用智慧的方式主动传播优秀的文学作品，践行一位编辑家的社会责任意识与使命意识。

三 "独立而严肃"的编辑形象

韦君宜的一生纯真、坚毅、无私、理性，作为一位出色的编辑家，她

---

[1] 韦君宜：《韦君宜文集》（第五卷），第107页。

的思想是开放的、创新的、独立的，她以一个自由人的精神和人格去实践自己的编辑工作。韦君宜的编辑个性主要体现在以下几点。

第一，编辑要有淡泊名利的职业操守。韦君宜说："当编辑要有事业心，要热爱这一行，不能有私心，不能有名利观点。如果想通过编辑达到什么个人目的，以为当编辑能爬上去，那肯定是要失败的……当编辑不能怕辛苦，不能偷懒，不能图清闲省事，不能考虑自己的名利。这就是我几十年做编辑的经验。"① "我可能终生是一个默默无闻的编辑，也可能一辈子只是一个小记者，局级处级可能和我们终生无缘，可是，我审查、加工过的书稿，我奉献给读者的是我的心血，我的精品。……斤斤计较自己什么级别，是很难把编辑工作做好的。高升为局级的主编值得人们关心的依然是，刊物办得怎么样，有没有推出什么好作品，有没有开拓出什么新局面……一味热衷于为更高的级别而奋斗，是很难做出什么值得人们称道的成绩的。"② 编辑要具备一颗金子般的心，有可贵的敬业精神，心无旁骛地全心全意为读者服务，你就会发现自己有用不完的劲儿，愿意去进行创造性的工作，开拓出一片新的局面。在为读者服务的过程中，你会感到极大的乐趣。经过你的手，弄出了几部传之后世的优秀作品，得到了作者和读者的认可与肯定，这是极有成就感的一件事。冯骥才、张抗抗、莫应丰、韩少功、王蒙、张洁等知名的作家他们是怎么来的？这些新生代的新作家在韦君宜的手中被发现，他们成名了，而作为编辑则是默默无闻的。

莫言丰，当代著名作家，他的成名作和代表作《将军吟》能出版，离不开一位伯乐——韦君宜。1978年的冬天，韦君宜去湖南组稿，一位名不见经传的转业军人登门造访，他此行的目的是投稿，军人的爽直让他直截了当地说出了这些话："出版社敢不敢收他这个稿，如果敢，他就回去取来送给我们；如果瞻顾徘徊，那就算了。"③ 他和韦君宜谈到了他创作这篇小说的缘由以及曲折的创作过程。凭着职业的敏感，韦君宜在没有看到稿子的前提下，果断地答应接受这部稿子，并带回出版社请编辑部的同志们逐一审读。严谨的作品、真切的细节、奇巧的情节、活生生的人物，引起了编辑们热议。这部现实主义的小说对"文化大革命"里的波澜起伏进行

---

① 韦君宜：《韦君宜文集》（第五卷），第 69 页。
② 黄伊：《编辑的故事》，金城出版社，2003，第 35 页。
③ 韦君宜：《韦君宜文集》（第五卷），第 104 页。

了否定，这是一个尚未触碰的选题。韦君宜不怕辛苦，不图清闲省事，也不计较自己的名利，她亲自把小说搞成故事梗概，送给茅盾看，在得到茅盾的首肯后，出版了这部有风险的现实主义小说。《将军吟》的出版，构成了中国当代文学史乃至中国当代文化思想史上的一个奇迹，这部作品获得了第一届"茅盾文学奖"，我们因此记住了莫应丰。"为他人作嫁衣"的韦君宜仍然默默地继续她的编辑事业，她把一部历史的画卷留在了人民的心里。

第二，以质取胜的审稿原则。在编辑作品时，要严把质量关，只认作品不认人，即使是名家也不能例外。在如何处理与作者的关系时，韦君宜强调"树立作家是我们的衣食父母，要为他们服务的思想"。韦君宜在审读完张杰的长篇小说《沉重的翅膀》后，惊喜交加，她激动地说："多少年了，文艺戴上了脚镣手铐。多少年了，我没有看到过，《沉重的翅膀》这样的好作品。"韦君宜提了意见并亲自动笔修改后成了初版，立即有人以一级组织的名义公开反对而且上升至中央某部门，并以权威文件的形式提出了一百多条意见，开列出五十多处错误，韦君宜仔细阅读后认为这些意见有不实之词，她一面请中央体制改革委员会的负责同志阅读作品，一面直接找到胡乔木同志，以充分的事实陈述，为《沉重的翅膀》讨回了公道。张杰说："没有君宜同志，就没有《沉重的翅膀》；没有君宜同志，更没有这部小说获得如此殊荣的今天。"

第三，注重提升编辑的业务水平。在韦君宜看来，编辑必须德才兼备，两者缺一不可。编辑的才首先就是专业素养，她时常教导编辑们要"掌握比较全面的技能，才能胜任作品，自己要练笔，要能写出一点东西，这样在跟作家交流时，才有共同语言，作者才能信服你。"不动笔写一个字的编辑是没有办法做好编辑的，在写作的过程中就能看出理解的深或浅。另外，编辑要多学习多读书，掌握既专又杂的知识。除了要阅读大量的文学作品，还要花时间学许多理论。举个例子，韦君宜在主编《文艺学习》期间，林默涵为她开具了一张"文学青年必读书目"之清单，她把这张清单贴在自家墙上，看一本，划一本。有了坚实的文学底子，判断一篇稿子好坏，问题出在哪里，水平如何，有什么问题，就能说得头头是道。郭沫若的知识广博，凡是和文学有关的领域他几乎都能涉及。茅盾对于古今中外的知识也是无所不知。相较而下，我们这一代的编辑不应该是知识单薄的，应该青出于蓝而胜于蓝。

第四是注重对青年编辑的业务培训。韦君宜每月都会在出版社主持一次编辑月会，她会请老专家来讲，请经验丰富的老编辑讲，请精明强干的业务骨干讲，更多的时候往往是自己讲。她颇有预见性地说："人文社独占文学专业出版社的局面以后肯定保不住了，各省都在成立地方文艺出版社，争夺作家和作品的现象在所难免。编辑今后的工作不仅是编书出书，还要和作者多联系，多交心，参加到竞争行列之中去。"她时常说，作为编辑不能小看图书的内容简介，要把简介写好，这样读者才可能购买。针对出版界出现的大手大脚花钱请作家，以及一种作品重印几十次等现象，韦君宜严肃地说："一个好的编辑，实在不应该推波助澜地去支持这样的事。这样做对作家、对创作有什么好处呀！"在她看来，好的出版人是要当出版家，而不是出版商。

作为编辑家、作家、革命家的韦君宜区别于与她同时代的编辑家，她的信仰、使命感推动她勉力前行，她在有限的空间里言说着知识分子的独立人格，在制度的安排下用行动"编辑"着话语权。

Wei Junyi's Editorial Career and the Role of the Era

Wang Feixia

Abstract：Wei Junyi is an outstanding representative of intellectuals in the 20th century. She is also a well-known editor and publisher. During her lifelong editing and publishing activities, she always uses the most authentic literary and artistic works to reflect the development and progress of the times, establish correct publishing values, and guide publication. The cause is in the direction of benefiting the readers and facilitating the development of the publishing industry. She has the courage and determination, and used a pair of wisdom to promote the publication of a large number of influential realism works, bringing a breeze to the literary world at that time. She loves editorial work and spares no effort to train young editors to influence latecomers with their words and deeds.

Keywords：Wei Junyi; Editorial Thought; Editorial Practice; Publishing Values

About the Author：Wang Feixia（1980 – ）, Lecturer in School of Literature and Communication, Hubei Minzu University. Research interests and specialties：literature and media. Magnum opuses：*Aesthetics of Tujia Culture*, etc. Email：402228585@ qq. com.

语言学研究

明代通俗文献用字趋向的雅俗分化及其原因

张美兰　战　浩*

　　摘　要：通过《金瓶梅》（两种版本）、《水浒传》（三种版本）、《西游记》（两种版本）间的版本异文，《清平山堂话本》与《古今小说》、《警世通言》、《拍案惊奇》相关篇目间的文献异文，发现不同的版本和文献用字存在雅俗两种趋向。用字面貌趋雅的一类小说文本主要是受其背后的规范化用字策略影响，这与该类文本的创作目的、创作者的知识文化水平、书商的生产销售意愿、定位的消费、阅读群体密切相关。小说文献内部用字的雅俗分化真实反映了不同文本在社会各阶层的分流，不仅是语言学、文字学的问题，还是社会学的问题。

　　关键词：明代　小说　用字策略　《金瓶梅》　《水浒传》

　　基金项目：清华大学自主科研专项"文献文本比较与明清汉语研究"（项目编号：20185080014）

　　明代出现了一批重要的小说文献，如明代"四大奇书"《三国演义》《水浒传》《西游记》《金瓶梅》，"三言二拍"《喻世明言》《警世通言》《醒世恒言》《初刻拍案惊奇》《二刻拍案惊奇》。这些小说用词浅近，多俚词俗语，用字缺少严格的规范，通假字、俗字、讹误字俯拾皆是，汉语史研究中一般将这些小说文献作为明代通俗文献的代表。不仅是今人有这

＊　张美兰（1963—），博士，香港浸会大学中文系教授，主要进行汉语史词汇语法研究，涉及禅宗语言、近代汉语词汇语法、世界汉语教育史、近代汉语文献整理与研究等，《近代汉语语言研究》《禅宗语言研究》《〈祖堂集〉语法研究》《明清域外汉语文献语言研究》《〈清文指要〉汇校与语言研究》《〈官话指南〉汇校与语言研究》专著12种，发表语言学研究论文120多篇。电子邮箱：mlzh1809@ hkbu.edu.hk。战浩（1992—），硕士，清华大学中文系，从事汉语史专业研究。

样的认识，对小说文献用字趋俗的印象当时人已有，怀林在《水浒传》（容与堂本）述语中云："《水浒传》讹字极多，和尚谓不必改正，原以通俗与经史不同故耳。"但是，已有学者注意到小说文献的不同版本存在精致与粗陋之别，如涂秀虹[①]、张献忠[②]等，但这些研究主要是从文本的语言、插图、内容等方面进行考察。本文从用字规范的角度，利用明代《金瓶梅》（词话本与崇祯本）、《水浒传》（容与堂本、天启刻本与贯华堂本）、《西游记》（杨闽斋本与世德堂本）之间的版本异文，《清平山堂话本》与《古今小说》（《喻世明言》的初刻本）、《警世通言》、《拍案惊奇》相关篇目的文献异文，研究不同版本和文献的用字趋向，从而考察明代小说文献内部的雅俗分化，并探究导致这一现象的原因。每个文本用字繁简正俗不一，本文力图保持原文用字面貌，特此说明。

一　不同版本或文献间的用字异文

（一）表示"吃食""遭受""被动""原因""乞求"义

《金瓶梅》（两种版本）、《水浒传》（三种版本）、《清平山堂话本》与《古今小说》、《警世通言》用字分别如表 1 所示（表 1 中分别简称"金""水""清""古""警"，下同）。[③]

表 1

类别 \ 编号 \ 文献	金		水			清	古	警
	A	B	A	B	C	A	B_1	B_2
吃食	吃/乞	吃	吃/喫	吃/喫	喫	—	—	—
遭受	吃/乞	吃	乞/吃/喫	乞/吃/喫	喫	吃/乞	喫	喫
被动	吃/乞	吃	乞/吃/喫	乞/吃/喫	喫	吃/乞	喫	喫
原因	吃/乞	吃	乞/吃/喫	乞/吃/喫	喫	—	—	—
乞求	乞	乞	乞/吃	乞/吃	乞			

---

① 涂秀虹：《论〈水浒传〉不同版本的文学价值——以评林本和贯华堂本为中心》，《文史哲》2013 年第 4 期。

② 张献忠：《晚明通俗文学的商业化出版及作者和受众分析》，载中国社会科学院历史研究所明史研究室编《明史研究论丛》（第十三辑），2014。

③ 表中用字信息只是以点带面，反映每个文本的突出用字特征，并非文本用字的全貌。

1.《金瓶梅》

（1）A. 姐姐們都乞_{吃食}勾來了罷，一個也曾見長出愧兒來？（46 – 1214①）

B. 姐姐每都吃_{吃食}勾來了罷，幾曾見長出塊兒來？（10 – 46②）

（2）A. 月娘乞_{遭受}了一驚，就不上去。（33 – 861）

B. 月娘吃_{遭受}了一驚，就不上去。（7 – 33）

（3）A. 他爹見了我，訕訕的，乞_{被動}我罵了兩句沒廉恥。（25 – 651）

B. 他爹見了我，訕訕的，吃_{被動}我罵了兩句沒廉恥。（5 – 25）

（4）A. 但乞_{原因}了這左眼大，早年尅父；右眼小，周歲尅娘。（29 – 758）

B. 但吃_{原因}了這左眼大，早年尅父；右眼小，周歲尅娘。（6 – 29）

（5）A. 却說陳經濟晚夕在冷舖存身，白日間街頭乞_{乞求}食。（93 – 2768）

B. 陳敬濟晚夕在冷舖存身，白日間街頭乞_{乞求}食。（19 – 93）

2.《水浒传》

（1）A. 你先吃_{吃食}了些晚飯，我使你一處去幹事。（2 – 2）

B. 你先吃_{吃食}了些晚飯，我使你一處去幹事。（2 – 2）

C. 你先喫_{吃食}了些晚飯，我使你一處去幹事。（6 – 1）

（2）A. 特使人打聽得哥哥乞_{遭受}官司，直要來鄆城縣刼牢。（36 – 36）

B. 特使人打聽得哥哥吃_{遭受}官司，直要來鄆城縣刼牢。（36 – 36）

C. 特使人打聽得哥哥喫_{遭受}官司，直要來鄆城縣劫牢。（40 – 35）

（3）A. 李逵乞_{被動}宋江逼住了，只得撇了雙斧，拜了朱仝兩拜。（52 – 52）

B. 李逵乞_{被動}宋江逼住了，只得撇了雙斧，拜了朱仝兩拜。（52 – 52）

C. 李逵喫_{被動}宋江逼住了，只得撇了雙斧，拜了朱仝兩拜。（56 – 51）

（4）A. 乞_{原因}我把話來侵他底子，那豬狗便打我一頓栗暴，直叉我出來。（26 – 26）

B. 乞_{原因}我把話來侵他底子，那豬狗便打我一頓栗暴，直叉我出來。

---

① 回數 – 頁碼，下文同。

② 卷數 – 回數，《水浒传》《西游记》引例後括號中的數字與此同。

(26 - 26)

C. 喫$_{原因}$我把话来侵他底子，那猪狗便打我一顿栗暴，直叉我出来。(30 - 25)

（5）A. 在城中安不得身，只得來城外求吃$_{乞求}$度日。(62 - 62)

B. 在城中安不得身，只得來城外求吃$_{乞求}$度日。(62 - 62)

C. 小乙城中安不得身，只得來城外乞$_{乞求}$度日。(66 - 61)

3. 《清平山堂话本》《古今小说》《警世通言》

（1）A. 如今看要教侍兒吃$_{遭受}$甚罪名，皆出賜大尹筆下。(1 - 简帖和尚①)

B$_1$. 如今看要侍兒喫$_{遭受}$甚罪名，皆出賜大尹筆下。(35 - 简帖僧巧骗皇甫妻)

（2）A. 叫門公開了山門，清一打一看時，乞$_{遭受}$了一驚。(3 - 五戒禅师私红莲记)

B$_1$. 叫門公開了山門，清一打一看時，喫$_{遭受}$了一驚。(30 - 明悟禅师赶五戒)

（3）A. 前日，一件物事教我把去賣，吃$_{被动}$人交加了。(1 - 简帖和尚)

B$_1$. 前日，一件物事教我把去賣，喫$_{被动}$人交加了。(35 - 简帖僧巧骗皇甫妻)

（4）A. 周氏不敢言語，乞$_{被动}$這大娘罵了三四日。(雨窗集·错认尸)

B$_2$. 周氏不敢言語，喫$_{被动}$高氏罵了三四日。(卷三十三·乔彦杰一妾破家)

按：关于《金瓶梅》中表示被动的"吃"和"乞"，学界一直存在争议。一种观点认为"吃"表示被动的用法来自"遭受"义，"乞"是"吃"的借字（如江蓝生）；② 一种观点认为"乞"表示被动的用法来自"给予"义，"吃"是"乞"的借字（如张惠英）。③ 两种观点各有从者。我们的调查显示，表示"吃食""遭受""被动""原因"等义，《金瓶梅》

---

① 卷数 - 篇目，下文同。

② 江蓝生：《被动关系词"吃"的来源初探》，《中国语文》1989 年第 5 期。

③ 张惠英：《说"给"和"乞"》，《中国语文》1989 年第 5 期。

（词话本）中"乞"与"吃"混用，崇祯本在词话本用"乞"处基本用"吃"。当词话本用"乞"时，表示"吃食""遭受""被动""原因""乞求"义的词在用字上无差别，崇祯本中的改动则使表示"吃食""遭受""被动""原因"义的词在书写形式上表现为"吃"字，表示"乞求、求取"义的词在书写形式上表现为"乞"字，通过记录文字的差异区分了截然不同的词。《水浒传》（容与堂本、天启刻本）中表示"吃食""遭受""被动""原因""乞求"义，"乞"与"吃"混用，贯华堂本中表示"吃食""遭受""被动""原因"基本都用"喫"，表示"乞求"基本都用"乞"。《清平山堂话本》中表示"遭受"和"被动"，"乞"与"吃"混用，《古今小说》《警世通言》与之对应篇目的文句中基本都用"喫"。《水浒传》（贯华堂本）、《古今小说》、《警世通言》中的改动也使表示"遭受""被动"等义的词与表示"乞求"义的词通过书写形式的不同得以区分。反映出在《金瓶梅》（崇祯本）、《水浒传》（贯华堂本）、《古今小说》、《警世通言》的编写者的语言认知中，这里表示"遭受""被动"等义的词是一个词，字应作"吃（喫）"。这支持了"吃"表示被动的用法来源于"遭受"义，"乞"是"吃"的借字的观点。

（二）表示"使役"

《金瓶梅》（两种版本）、《水浒传》（三种版本）、《清平山堂话本》与《古今小说》用字分别如表 2 所示。

表 2

文献	金		水			清	古
编号	A	B	A	B	C	A	B₁
使役	教/交	教	教/交	教/交	教	教/交	教

1.《金瓶梅》

（1）A. 赏了他五錢銀子，交他吃了飯，伺候與哥兒剃頭。（52 - 1377）

B. 赏了他五錢銀子，教他吃了飯，伺候與哥兒剃頭。（11 - 52）

2.《水浒传》

（1）A. 戴宗那里肯要，定交收放庫内，公支使用。（41 - 41）

B. 戴宗那里肯要，定交收放庫内，公支使用。（41－41）

C. 戴宗那里肯要，定教收放在庫内，公支使用。（45－40）

3.《清平山堂话本》《古今小说》

（1）A. 相公交門吏出問："何事要見相公？"（3－五戒禅师私红莲记）

B₁. 東坡教門吏出問："何事要見相公？"（30－明悟禅师赶五戒）

按：明代汉语"教（交）"字使役句常见。"教"的使役用法上古已有，汉代用例不多，唐代至明代末期一直大量使用。"交"的使役用法最早见于唐代。《广韵·肴韵》中"教""交"均为"古肴切"，我们把"交"看作"教"的通假字。① 唐宋元时期，表示使役，文献文本用字"教"之作"交"屡见不鲜，通俗文学作品中尤甚，如唐代《敦煌变文集》（尤其是散文、唱词偈语）多用"交"，宋代杂剧文献《刘知远诸宫调》用"交"而不用"教"，元代口语性较强的《元典章·刑部》则多用"交"（209例），少用"教"（80例）。② 明代以降，"交"的使役用法似乎开始衰微，如香阪顺一较早指出《水浒传》中"交"的使役用法受限③，杨月蓉也指出《三国演义》《西游记》《红楼梦》《英烈传》等文献中已经不用"交"④。我们的调查显示，表示使役，《金瓶梅》（词话本）中"交"和"教"混用，崇祯本在词话本用"交"处大量改用"教"；

---

① 学界认为"交"是"教"的通假字的观点如太田辰夫："但无论如何，'教'出现在先，它变为平声，然后再用'交'这是没有疑问的。"（《中国语历史文法》，北京大学出版社，1987，第226页）冯春田引太田辰夫的这句话，并指出："除了读音的关系之外，这又是认为'交'是'教'的借字。"（《近代汉语语法研究》，山东教育出版社，2000，第618页）蒋冀骋、吴福祥："与本字没有固定的对应关系的假借字，我们不认为是俗字。如……交可借作教，也可借做（作）校，还可借为觉（见《敦煌变文集》）。"（《近代汉语纲要》，湖南教育出版社，1997，第27页）姜仁涛："这些例子中的'交'，都是'使、让、叫'义，古人多解作通'教'。严格地说，是'交'与'教3（按：即表示"使、让、叫"义，读作平声的"教"）'通假。"（《"教"的变调构词——兼论"教"与"学"、"敩"、"交"、"叫"、"较"的音义关系》，载《汉语史学报》（第十辑），上海教育出版社，2010，第369页）张海媚："在'教'的读音和'交'的使令义的来源上，我们倾向于认为平声'教'由去声破读而来，在'使令'义上，'交'是'教'的通假字。"（《金代诸宫调词汇研究》，南京大学出版社，2014）本文依据以上学者的观点，把"交"看作"教"的通假字。

② 刘华丽：《汉语使役句句法、语义的历时研究》，博士学位论文，清华大学，2015，第26、46、66页。

③ 〔日〕香阪顺一：《〈水浒传〉词汇研究（虚词部分）》，植田均译，文津出版社，1992，第334页。

④ 杨月蓉：《从"着"与"教"的注音谈辞书注音原则》，《辞书研究》2004年第3期。

《水浒传》（容与堂本、天启刻本）表示使役，"交"和"教"混用，贯华堂本基本用"教"；《清平山堂话本》表示使役，"交"与"教"混用；《古今小说》在与之对应篇目的文句中基本将"交"改作"教"。

（三）表示"原因""自、从""顺随、听从"

《金瓶梅》（两种版本）、《水浒传》（三种版本）用字分别如表 3 所示。

表 3

文献	金		水		
编号	A	B	A	B	C
原因	由	繇	由	由	繇
自，从	由	繇	由	由	繇
顺随，听从	由	繇	由	由	繇

1.《金瓶梅》

（1）A. 月娘見他罵大罵小，尋由$_{原因}$頭兒，和人嚷鬧上弔。（81 – 2491）

B. 月娘見他罵大罵小，尋繇$_{原因}$頭兒，和人嚷鬧上弔。（17 – 81）

（2）A. 西門慶由$_{自，从}$正門而入。（39 – 1023）

B. 西門慶繇$_{自，从}$正門而入。（8 – 39）

（3）A. 眞個由$_{顺随，听从}$他，我就不信了。（26 – 674）

B. 眞箇繇$_{顺随，听从}$他，我就不信了。（6 – 26）

2.《水浒传》

（1）A. 不問事由$_{原因}$，又開五指，去閻婆臉上只一掌，打個滿天星。（21 – 21）

B. 不問事由$_{原因}$，又開五指，去閻婆臉上只一掌，打個滿天星。（21 – 21）

C. 不問事繇$_{原因}$，又開五指，去閻婆臉上只一掌，打箇滿天星。（25 – 20）

（2）A. 今日到來經由$_{自，从}$我村中過。（2 – 2）

B. 今日到來經由$_{自，从}$我村中過。（2 – 2）

C. 今日倒來經繇$_{自，从}$我村中過。（6 – 1）

（3）A. 上下肩禪和子都不采他，由$_{顺随，听从}$他自睡了。（4 – 4）

B. 上下肩禪和子都不采他，由$_{顺随，听从}$他自睡了。（4 – 4）

C. 上下肩禅和子都不采他，繇_{顺随,听从}他自睡了。（8－3）

按：繇，《尔雅·释水》："繇膝以下为揭，繇膝以上为涉，繇带以上为厉。"郭璞注："繇，自也。"《尔雅》训释"揭""涉""厉"等词时用到"繇"，郭璞注中却专门为"繇"加注，这表明"繇"在《尔雅》时代可能依然通行、易懂，但到晋代已经不再是一个易懂的字，因此郭璞需要在此加以注释。晋代以后的字书多把"繇"作为一个古字，例如《经典释文》："繇，古由字。"

（四）表示"必须、须要""终将、必定、原本""转折""少许、一点儿""片刻、短时间"

《金瓶梅》（两种版本）、《水浒传》（三种版本）、《清平山堂话本》与《古今小说》、《警世通言》、《拍案惊奇》（表中简称"拍"）中的用字分别如表 4 所示。

表 4

文献 编号 类别	金		水			清	古	警	拍
	A	B	A	B	C	A	B₁	B₂	B₃
必须，须要	湏/須	須	湏/須	湏/須	須	湏/須	須	須	須
终将，必定，原本	湏/須	須	湏/須	湏/須	須	湏/須	須	須	須
转折	湏/須	須	湏/須	湏/須	須	須	須	須	須
少许，一点儿	湏/須	須	—	—	—	—	須	須	—
片刻，短时间	湏/須	湏	湏/須	湏/須	須	湏/須	須	須	須

1.《金瓶梅》

（1）A. 自古道：欲求生快活，湏_{必须}下死工夫。（5－162）

B. 自古道：欲求生快活，須_{必须}下死工夫。（1－5）

（2）A. 你家武大郎知，湏_{必定}連累我。（4－138）

B. 你家武大郎知，須_{必定}連累我。（1－4）

（3）A. 王婆道："大官人先頭娘子湏_{转折}也好。"（3－130）

B. 王婆道："大官人先頭娘子須_{转折}也好。"（1－3）

（4）A. 些湏_{少许}微瞞，表情而已。（36－962）

B. 些須_{少许}微瞞，表情而已。（8－36）

（5）A. 湏$_{片刻}$臾大盤大碗吃了飯。（9 – 249）

B. 須$_{片刻}$臾片刻吃了飯。（2 – 9）

2.《水浒传》

（1）A. 男大湏$_{必須}$婚，女大必嫁。（5 – 5）

B. 男大湏$_{必須}$婚，女大必嫁。（5 – 5）

C. 男大須$_{必須}$婚，女大必嫁。（9 – 4）

（2）A. 明日事露，湏$_{必定}$連累下官。（59 – 59）

B. 明日事露，湏$_{必定}$連累下官。（59 – 59）

C. 明日事露，須$_{必定}$連累下官。（63 – 58）

（3）A. 隔墙湏$_{转折}$有耳，窓外豈無人。（16 – 16）

B. 隔墙湏$_{转折}$有耳，窓外豈無人。（16 – 16）

C. 隔牆須$_{转折}$有耳，牕外豈無人。（20 – 15）

（4）A. 湏$_{片刻}$臾之間，只見戴宗舒眉展眼，便扒起來。（39 – 39）

B. 湏$_{片刻}$臾之間，只見戴宗舒眉展眼，便扒起來。（39 – 39）

C. 須$_{片刻}$臾之間，只見戴宗舒眉展眼，便爬起來。（43 – 38）

3.《清平山堂话本》《古今小说》《警世通言》《拍案惊奇》

（1）A. 我你既爲夫婦，不湏$_{必須}$如此。（3 – 刎颈鸳鸯会）

B$_2$. 我你□爲夫婦，不須$_{必須}$如此。（38 – 蒋淑真刎颈鸳鸯会）

（2）A. 非蛾投火身湏$_{必定}$丧，蝙蝠投竿命必傾。（雨窗集上 – 错认尸）

B$_2$. 飛蛾撲火身須$_{必定}$丧，蝙蝠投竿命必傾。（33 – 乔彦杰一妾破家）

（3）A. 湏$_{片刻}$臾，衆侍女簇擁一美女至前。（敧枕集下 – 李元吴江救朱蛇）

B$_1$. 須$_{片刻}$臾，衆侍女簇擁一美女至前。（34 – 李公子救蛇获称心）

按："須"与"湏"是一组正俗字，《正字通》"須"下引徐铉："此本须鬂之'须'借为所须之'须'，俗书从水，非是。"《俗书刊误·卷一》："須，俗作湏，非。"在这组正俗字的使用上，我们的调查显示，《金瓶梅》（词话本）中"湏"和"須"混用，崇祯本中尽管也用"湏"，但除表示"片刻、短时间"外，与词话本相比，更倾向用"須"；《水浒传》（容与堂本）前 71 回、（天启刻本）前 71 回中，"湏"与"須"混用，贯华堂本基本都用"須"；《清平山堂话本》中"湏"与"須"混用；《古今小说》《警世通言》《拍案惊奇》与之对应的相关篇目中基本都用"須"。

（五）表示"饰物""打扮、装饰"等义

《金瓶梅》（两种版本）、《水浒传》（三种版本）、《清平山堂话本》与《警世通言》中的用字分别如表5所示。

表5

文献 编号 项目	金		水			清	警
	A	B	A	B	C	A	B₂
饰物	飾/餙	飾	飾/餙	飾/餙	餙	飾/餙	餙
打扮，装饰	飾/餙	飾	飾	飾	—	—	—

1.《金瓶梅》

（1）A. 今日往廟上去，替你置了些首飾（饰物）珠翠衣服之類。（6–178）

B. 今日往廟上去，替你置了些首飾（饰物）珠翠衣服之類。（2–6）

（2）A. 性明敏，善機变，會粧飾（打扮）。（22–574）

B. 性明敏，善機变，會粧飾（打扮）。（5–22）

2.《水浒传》

（1）A. 石秀便把那婦人頭面首飾（饰物）衣服都剥了。（46–46）

B. 石秀便把那婦人頭面首飾（饰物）衣服都剥了。（46–46）

C. 石秀便把那婦人頭面首餙（饰物）衣服都剥了。（50–45）

3.《清平山堂话本》《警世通言》

（1）A. 只說到小二偷了我家首飾（饰物）、物件，夜間逃走了。（雨窗集上–错认尸）

B₂. 只說道小二偷了我家首餙（饰物）、物件，夜間逃走了。（33–乔彦杰一妾破家）

按："飾"与"餙"是一组正俗字，明代焦竑《俗书刊误》："飾，俗作餙。"《汉语大字典》亦引此说。在这组正俗字的使用上，我们的调查显示，《金瓶梅》（词话本）中"飾"与"餙"混用，崇祯本多将"餙"改作"飾"；《水浒传》（容与堂本）前71回、（天启刻本）前71回中"飾"与"餙"混用，贯华堂本多将"飾"改作"餙"；《清平山堂话本》中"飾"与"餙"混用；《警世通言》与之对应的相关篇目中多将"飾"改

作"餻"。

（六）表示"身体"义

《金瓶梅》（两种版本）、《水浒传》（三种版本）、《西游记》（两种版本）（表中简称"西"）、《清平山堂话本》与《古今小说》、《警世通言》、《拍案惊奇》用字分别如表 6 所示。

表 6

文献	金		水			西		清	古	警	拍
编号	A	B	A	B	C	A	B	A	B₁	B₂	B₃
身体	體/軆/躰/体	體/軆/体	體/軆/体	體/軆/體/体	體	体	體	體/躰/体	體	體	體

1.《金瓶梅》

（1）A. 王姑子揭開被，看李瓶兒身上肌軆都瘦的沒了。（62 – 1720）

B. 王姑子揭開被，看李瓶兒身上肌體都瘦的沒了。（13 – 62）

（2）A. 那胡僧躰貌從容，氣也不喘。（第 49 回，P1299）

B. 那胡僧體貌從容，氣也不喘。（卷十，第 49 回）

（3）A. 娘子若服了我的藥，必然貴体全安。（17 – 443）

B. 娘子若服了我的藥，必然貴體全安。（4 – 17）

2.《水浒传》

（1）A. 誰想，寫了三千貫文書，虛錢實契，要了奴家身體。（3 – 3）

B. 誰想，寫了三千貫文書，虛錢實契，要了奴家身體。（3 – 3）

C. 誰想，寫了三千貫文書，虛錢實契，要了奴家身體。（7 – 2）

（2）A. 楊志口裡只是叫苦，軟了身体，扎掙不起。（卷十六，第 16 回）

B. 楊志口裡只是叫苦，軟了身體，扎掙不起。（卷十六，第 16 回）

C. 楊志口裏只是叫苦，軟了身體，扎掙不起。（卷二十，第 15 回）

3.《西游记》

（1）A. 去時几骨几胎重，得道身輕体亦輕。（1 – 2）

B. 去時几骨几胎重，淂道身輕體亦輕。（1 – 2）

4.《清平山堂话本》《古今小说》《警世通言》

（1）A. 二婦人見洪三巳（已）招，驚得魂不付体。（雨窗集上 – 错认尸）

B₂. 二婦人見洪三巳（已）招，驚得魂不附體。（33 – 乔彦杰一妾破家）

（2）A. 金眼黄口，赭身錦鱗，躰如珊瑚之狀。（欹枕集下 – 李元吳江救朱蛇）

B₁. 金眼黄口，赭身錦鱗，體如珊瑚之狀。（34 – 李公子救蛇获称心）

按："體""軆""躰""骵""体"是一组正俗字，《正字通》："軆，俗體字。"又"骵，俗體字。""躰，俗體字，从體为正。""体，从本，俗书四體之體省作体，误。"在这组正俗字的使用上，我们的调查显示，《金瓶梅》（词话本）用"軆""體""躰""体"，崇祯本用"體""体""骵"，但从数据统计来看，崇祯本比词话本倾向用"體"①；《水浒传》（容与堂本）前71回用"體"或"体"处，天启刻本前71回用字与容与堂本基本相同，个别改为"體"，而贯华堂本则基本都用"體"；《西游记》（杨闽斋本）用"体"处，世德堂本用"體"；《清平山堂话本》既用俗字"体""躰"，也用正字"體"；《古今小说》《警世通言》《拍案惊奇》在与之对应的相关篇目中则均用正字"體"。

二 异文反映的不同用字趋向及其产生的原因

（一）趋雅与趋俗两种用字趋向

在"吃（喫）/乞""教/交""繇/由""须/湏""飾/餙""體/軆/躰/骵/体"的使用上，不同版本或文献之间的异文表现为"乞"、"交"、"由"、"湏"、"餙"、"軆/躰/体"与"吃（喫）"、"教"、"繇"、"须"、"飾"、"體"之间的用字差异。根据这一差异，大体可将《金瓶梅》（词话本）、《水浒传》（容与堂本、天启刻本）、《西游记》（杨闽斋本）、《清平山堂话本》归为一类（记作甲类）；而将《金瓶梅》（崇祯本）、《水浒传》（贯华堂本）、《西游记》（世德堂本）、《古今小说》、《警世通言》、《拍案惊奇》归为一类（记作乙类）。从通假字、正俗字的角度分别来看，甲类的文献或版本中通假字、俗字较多，乙类中有所减少。综合来看，甲类与乙类的异文中，甲类所用的字有的不见于《说文》，如"由""餙"

① 词话本共用俗字（軆、躰、体）37例，崇祯本将其中24例改为正字（體）；词话本用正字（體）55例，崇祯本将其中15例改为俗字（体、骵）。

"軆""躰""体"等，乙类所用的字则多能在《说文》中找到依据，如喫，《说文·口部》："食也。"教，《说文·支部》："上所施下所效也。"繇，《说文·系部》："随从也。"须，《说文·水部》："面毛也。"飾，《说文·巾部》："刷也。"軆，《说文·骨部》："总十二属也。"《说文》在明代的正字法中起到至关重要的作用。董海茹以《俗书刊误》为例考察了明代的正字法，指出："《俗书刊误》的正字几乎全部出自《说文》篆体或或体。它以《说文》字形为依据，反对对原有形体和理据的破坏，因此它主要以是否合乎'六书'为正字标准"，"由于时代和当时文字理论的限制，古代字书中普遍存在的保守现象在《俗书刊误》中，甚至是《正字通》中也很难避免。"① 由此可见，异文表现出的乙类版本或文献的用字趋向与明代的正字观是相符的。

比照汉语教科书中的用字情况，能够更加清晰地揭示出甲类与乙类不同的用字趋向。汉语教科书以教人识字正音为基本功能，追求文字使用的规范性，因而可以作为当时社会用字的典范。以明代汉语教科书《翻译老乞大》（约刊行于 1507—1517 年）、《训世评话》、《忠义直言》为例来看：表示"吃食""被动"等义，三种教科书只用"喫"，不用"吃"和"乞"；表示使役，《翻译老乞大》和《训世评话》只用"教"不用"交"，《忠义直言》用"教"30 例，"交"2 例；表示"必须"，三种教科书只用"须"不用"湏"；表示"饰物""打扮、装饰"，《训世评话》只用"飾"不用"餙"；表示"身体"，《训世评话》《忠义直言》只用"軆"。如表 7 所示（表中简称《翻》《训》《忠》）。

表 7

文献	《翻》	例句	《训》	例句	《忠》	例句
吃食	喫	你喫甚麼飯？（第15）	喫	他母親愛喫江水和鯉魚。（3 –9①）	喫	喫人的飲食，當救人的患難。（申鳴許国）
被动②	喫	若無免帖，定然喫打三下。（第3）	喫	你的親兄弟負了官錢，還不得，每日喫折倒。（55 –176）	喫	若賊兵邊，我等都喫他害了。（秀实忠烈）

---

① 董海茹：《从〈俗书刊误〉看明代正字法》，硕士学位论文，河北师范大学，2012，第34、8、45 页。

续表

文献	翻	例句	训	例句	忠	例句
使役	教	教一箇看着，别的都投這人家間去来。（第30）	教	不敢教伱做媳婦。（5-378）	教/交	教小女出来都拜那部將。（张丕抚士）
必须	須	不須多説。（第73）	須	必須生蛙并合劑藥，乃可療矣。（9-17）	須	爲臣的，過著君王的門，須下車馬。（〔伯〕玉恭敬）
饰物，打扮	—	—	飾	退，飾一婢薦之。（17-38）	—	—
身体	—	—	體	形容體貌，十分可喜。（42-127）	體	有賓客見他體羸瘦。（君实德政）

①则数-页码，下文同。

②参见蒋绍愚、曹广顺《近代汉语语法史研究综述》，商务印书馆，2005，第394页。有一种意见认为"吃"字被动式宋代才产生，原因就在于把带施事的句子作为界定"吃（喫、乞）"字式产生的标准，而这种用例在宋代以前罕见。其实不一定把施事的出现定为标准（参"被"字式）。并指出"喫摑"（燕子赋，敦煌文书）、"喫打骂无休"（刘知远诸宫调）、"喫拿"（水浒，58回）这三例都可以分析为被动式。参见许仰民《〈金瓶梅词语〉语法研究》，中华书局，2006，第332页。将被动式分为"助+动""介+宾+动""介+宾+所+动"3种类型，其中"助+动"是"表被动的介词直接与谓语动词结合"。根据以上学者的意见，本文将"吃（喫、乞）+动"作为被动句式的类型之一。

　　乙类版本或文献的用字比甲类更接近汉语教科书，这再次证明其在文字使用上的规范化倾向，从而与甲类在用字上形成了趋雅与趋俗的鲜明对比。

（二）基于市场的图书创作与生产

　　图书作为商品在市场中流通必须依赖于供与求两个环节的实现，供给环节包括创作者对文本进行创作，书商组织生产与销售，最终由消费者进行购买。这一过程中，创作者的知识文化水平、书商的生产和销售意愿决定了图书最终呈现的面貌，包括一本书的主题、内容、语言、文字、插图、外观等要素，而消费者又往往能够影响创作者和书商创作并生产出符合其阅读需求的不同书籍。因此，与甲类的版本和文献相比，乙类的版本和文献用字趋雅，实际上是作为商品本身的一个要素反映了乙类背后的创作者、书商及其所针对的消费群体的情况。

　　第一，乙类文本的创作者具有一定的知识文化水平。以《金瓶梅》

（崇祯本）为例，郑振铎早已指出："（词话本）有许多山东土话，南方人不大懂得的，崇祯本也都易以浅显的国语。我们可以断定的说，崇祯本确是经过一位不知名的杭州文人的大大笔削过的。"① 傅憎享指出："《金瓶梅》词话本是说话人述录的，是向说听的话本归化，呈俗文化形态；而子本崇祯本是经过文人加工，向阅看的读本异化，呈文人文化形态。""词话直书实录口语语音，而且是忠实地实录。皆只记其音而不循声顾义。而且同言异字不求齐一，这与文人用字习惯截然不同。崇祯本恪守文人用字格范：求正字、求齐一。"② 从傅憎享的研究中实际可以看到创作目的、创作者、用字策略的统一关系：词话本的创作目的是服务于说听，只要求忠实记录内容而不要求用字的规范，说话人凭借说书经验能够满足对内容的述录要求，但知识文化水平有限，则既不追求也无法实现用字的规范化；崇祯本的创作目的是服务于阅看，这就对文本用字提出更高的要求，文人一般不仅自觉追求文字使用的规范，也具有相应的知识文化水平能够真正做到规范用字。

第二，乙类文本背后的书商具有生产和销售精品图书的意愿。张献忠指出："万历以后，很多书坊纷纷刊刻《三国演义》等这类累积型的非原创性小说，受众有了更多的选择，市场竞争因此加剧，如果这时仍靠书坊主自行简单编纂，很有可能被竞争激烈的市场淘汰，于是这时的书坊主纷纷延请文人学者对于《三国演义》《水浒传》《西游记》等小说进行校正、注音或评点。"③ 这一历史现象虽不能直接证明乙类的书商具有生产、销售精品图书的意愿，但表明万历以后的书商为在市场中逐利更加注重读者的阅读体验，从而在优化图书的内容、语言、文字等方面做出更多努力。以此为基础，我们推断：乙类文本用字的规范化是书商为提高图书质量而采取的一项策略。

第三，乙类文本针对的消费者也是具有一定知识文化水平的文人士大夫。尤其体现在《金瓶梅》（崇祯本）与《水浒传》（贯华堂本）对"谿"

---

① 郑振铎：《谈金瓶梅词话》，载《郑振铎全集》（第四卷），花山文艺出版社，1998，第239页。

② 傅憎享：《〈金瓶梅〉俗与文异向分化》，载《〈红楼梦〉与〈金瓶梅〉艺术论：傅憎享文集》，社会科学文献出版社，2015，第345—346页。

③ 张献忠：《晚明通俗文学的商业化出版及作者和受众分析》，载中国社会科学院历史研究所明史研究室编《明史研究论丛》（第十三辑），2014，第210页。

字的使用上。"繇"字在晋代郭璞注中已经需要注解释义，晋代以后的字书《经典释文》《正字通》等也都将该字作为一个古字，用"繇"而不用"由"，显然增加了阅读的难度，不符合一般市民阶层对通俗文献简单易懂的阅读需求，甚或是创作者有意识地排除消费者中文化水平较低的市井阶层。涂秀虹指出明代嘉靖以后，《水浒》故事不仅在市民阶层广为流传，也深受文人阶层的青睐，其繁本序者皆是文化精英，李贽为容与堂本作序称《水浒传》为"忠义"之书，"有国者""贤宰相""兵部""督府"不可以不读；袁无涯本"订文音字"，对《水浒传》进行大量校改工作，比容与堂本更明显定位于具有较高文化的群体；贯华堂本删去大量"盖主为俗人说"的"四六语"，无图，共七十回，毫不理会贪多求全的读者需求及其所熟悉的情节内容，小说正文前的卷一至卷四的序言等内容每一篇都要求较高的知识文化水平，而不是为文化水平较低的阅读群体作的导读，可见贯华堂本向版本的精致化方向更加进步，将消费者定位于文人士大夫的倾向更加突出。① 这为我们的推断提供了佐证。

总体来看，通俗文献中乙类文本出现用字趋雅现象，离不开其背后的规范化用字策略，这种用字策略的背后又是服务于阅看的创作目的、书商在激烈市场竞争中的逐利行为、锁定文人士大夫作为消费群体的种种驱动，而创作者较高知识文化水平及其对用字规范的自觉为实现这一用字策略提供了客观和主观方面的保障，从而形成了与甲类文本用字的雅俗分野，体现在书写形式上就是我们看到的一系列异文现象。此外，从小说的社会地位来看，无论是文人士大夫参与乙类文本的创作、校正、评点，还是这类文本将文人士大夫定位为消费、阅读群体，都体现了一部分明代小说社会地位的提高，不同的小说文本针对不同的消费群体进行分流，从而也形成了流传于社会上层与市井阶层的不同面貌的小说文本的对立。

三 结语

本文对明代《金瓶梅》（两种版本）、《水浒传》（三种版本）、《西游

---

① 涂秀虹：《论〈水浒传〉不同版本的文学价值——以评林本和贯华堂本为中心》，《文史哲》2013年第4期。

记》（两种版本）、《清平山堂话本》及其相关文献间的异文进行调查，发现《金瓶梅》（词话本）、《水浒传》（容与堂本、天启刻本）、《西游记》（杨闽斋本）、《清平山堂话本》（甲类）与《金瓶梅》（崇祯本）、《水浒传》（贯华堂本）、《西游记》（世德堂本）、《古今小说》、《警世通言》、《拍案惊奇》（乙类）在"吃（喫）/乞""教/交""繇/由""须/湏""饰/餙""體/軆/躰/骵/体"等 6 组文字的使用上存在甲类用"乞""交""由""湏""餙""軆/躰/体"，乙类用"吃（喫）""教""繇""须""饰""體"的差异。这 6 组用字异文中，甲类使用通假字、俗字处，乙类多用本字、正字，与追求用字规范化的明代汉语教科书如《翻译老乞大》《训世评话》《忠义直言》等文献用字面貌趋近，表现出了明显的用字规范化趋向，从而在通俗文献中与甲类文本形成文字使用上的雅俗分野。

与甲类文本相比，导致乙类用字趋雅的直接原因是规范化的用字策略。以阅看为创作目的，创作者具有较高的知识文化水平，书商通过提高用字规范化程度提高图书的质量，在市场竞争中获利的意愿，以具有较高知识文化水平的文人士大夫为消费、阅读群体的定位等，都是刺激、驱动、保证这一用字策略实现的重要因素。文人、士大夫参与创作和以文人、士大夫为消费、阅读群体都表明明代部分小说的社会地位提高。这也说明文本的雅俗分化与其在不同社会阶层间的流动密切相关，因而不单单是语言学、文字学上的问题，还是一个社会学的问题。

毋庸讳言，乙类文本中依然存在不少通假字、俗字，甚至存在甲类文本用本字、正字，而乙类用借字、俗字的异文的情况。例如表示"片刻、短时间"，《金瓶梅》崇祯本较词话本更倾向用俗字"湏"；表示"饰物"，《水浒传》贯华堂本比容与堂本、天启刻本，《警世通言》比《清平山堂话本》更倾向用俗字"餙"。这是一种正常的现象，一方面当时社会对通俗文献的用字规约较少，上层尽管有严格的文字政策，但主要是针对官方公文[①]；另一方面文字的规范化是一个历史过程，难以做到一蹴而就。

---

① 篇幅所限，明代官方公文中的用字问题笔者将另文撰述。

The Differentiation between Elegance and Vulgarity in the Usage of Characters in Popular Literature of the Ming Dynasty and Its Reasons

Zhang Meilan; *Zhan Hao*

Abstract: Through variants in two versions of *Jinpingmei*, three versions of *Shuihuzhuan*, two versions of *Journey to the west*, and *Qingpingshantang Huaben*, *Gujin Xiaoshuo*, *Jingshi Tongyan*, *Paian Jingqi*, it is found that: there are two trends of elegance and vulgarity in different versions and literature characters. A kind of novel texts with elegant features are mainly influenced by the strategies of using standard characters behind them, which are closely related to the creation purpose, the knowledge and culture level of the authors, the willingness of booksellers to produce and sell, the targeted consumption and reading group. The elegance and vulgarity of the characters in the literature of the novel truly reflects the divergence of different texts in different social strata, which is not only a problem of linguistics and philology, but also a problem of sociology.

Keywords: The Ming Dynasty; Novel; Strategy of Characters Using; *Jinpingmei*; *Shuihuzhuan*

About the Authors: Zhang Meilan (1963 –), Ph. D. , Professor in Department of Chinese Language & Literature, Hong Kong Baptist University. Research interests and specialties: Chinese linguistics as the followings: the Chan Language; the vocabulary and grammar of early modern Chinese Language; textual collation and criticism on early modern Chinese; world history of Chinese language education; the historical evolution of common words in Chinese. She had published 12 monographs and more than 120 academic papers. Magnum opuses: *Modern Chinese Language Studies*, *Research on Chan Language*, *Grammar Research on " Zu Tang Ji"*, *Research on Chinese Literature Language in the Field of Ming and Qing Dynasties*, *Collection of Proofreading and Language Studies on " Qing Wen Zhi Yao"*, *Collection of Proofreading and Language Studies on " Mandarin Guide"*. E-mail: mlzh1809@ hkbu. edu. hk.

Zhan Hao (1992 –), M. A. in Department of Chinese Language and Literature, Tsinghua University. Research interests and specialties: the history of Chinese language. E-mail: zhanhao92@163. com.

类型学视角下的明代致使结构研究

石　锓　刘　念*

　　摘　要：本文从类型学的视角考察了明代致使结构的句法形式和语义参项，发现以下几点。明代致使句的致使者，从形式上看，结构形式相对简单，语法上体词性强，常常被省略；从语义上看，生命度等级高，施事性突出。明代致使句的被致使者，从形式上看，句法位置有前移的趋势。使动句和使成句的被致使者在句末。表致使的"V得"句、"把"字句和使令句的被致使者移到了句中动词之前。从语义上看，被致使者的有生性上有两种情况：一是表致使的使动句、使成句、"V得"句和"把（将）"字句，其被致使者既可以是有生的对象，也可以是无生的对象；二是使令句的被致使者倾向于是有生的对象。明代致使句的致使结果，从形式上看，可由不及物动词和形容词充当，更多的是由复杂的谓词性结构充当。从语义上看，大部分由不及物动词、形容词和各类复杂结构充当的没有及物性；少数由及物动词充当的有及物性。明代汉语表致使力的词语有三类：动词、动词性结构和介词。具体而言，使动句、使成句、使令句由动词表致使力，表致使的"V得"句由动词性结构"V得"表致使力，表致使的"把（将）"字句由介词"把"和"将"表致使力。不管是用哪类成分来表现致使力，它们的语法意义都是"致使"。

　　关键词：类型学　致使结构　句法形式　语义参项

---

* 石锓（1962—），湖北大学文学院教授，博导，湖北省语言学会副会长，中国历史语言学会理事。研究方向为汉语史、近代汉语语法词汇。刘念（1988—），湖北大学文学院博士生。

基金项目： 国家社科基金重大项目 "类型学视角下的明清汉语语法研究" （项目编号：15ZDB098）；国家社科基金重大项目 "多卷本断代汉语语法史研究" （项目编号：14ZDB092）

一　类型学视角下的致使结构研究

致使（causative）作为英文术语最早出现于 1600 年[①]。1898 年，《马氏文通》提出了 "致动" "承读" 等表致使的概念。1924 年，黎锦熙的《新著国语文法》提到了使成式。1942 年，吕叔湘在《中国文法要略》中首次提出了 "致使句" 的概念。

从语言类型学的角度看，其对人类语言的致使结构主要有两大看法：一种看法认为，致使结构是由两个事件组成的复杂结构；另一种看法认为，致使结构并不是由两个事件组成，而只是形态句法中增加论元的一种手段。Comrie、Song、柴谷方良认为：致使结构一般由致使事件（the causing event）和被致使事件（the caused event）两部分组成。致使事件一般指致使者做某事或者发起某事件，即致使结构中表原因的部分。被致使事件一般指被致使者执行某种活动，或者致使者的活动导致被致使者经历某种条件或者状态的变化，即致使结构中表结果的部分。Payne、Whaley、Dixon 认为：致使结构是指在一个基本的小句里增加一个论元（an additional argument），这个论元就是致使者（causer）。笔者认为，"致使结构是由两个事件组成的复杂结构" 这一看法，比较符合汉语致使结构的特点。

语言类型学者普遍认为，研究致使结构要考虑形式类型，即词汇性致使、形态性致使、分析性致使，也要考虑直接致使、间接致使等语义机制，还要考虑致使者和被致使者被赋予什么句法地位。

近年来，汉语学界专门研究汉语致使结构的学者众多。从语言类型学角度论述汉语致使结构的有郭锐、叶向阳、牛顺心、郭姝慧、黄成龙、刘

[①]　R. M. W. Dixon, *Basic Linguistic Theory* (*volume 3*) (Oxford：Oxford University Press, 2012), p. 242.

华丽等。① 从生成语法角度论述汉语致使结构的有顾阳、沈阳、何元建、熊仲儒等。② 从认知语言学角度论述汉语致使结构的有程琪龙、周红、施春宏、孟凯、杨江锋等。③ 从构式语法理论角度研究汉语致使结构的有张翼、吴为善、李宗宏等。④ 综合运用多种研究方法论述汉语致使结构的有邓守信、邢欣、谭景春、范晓、刘永耕、陈昌来、宛新政、张豫峰等。⑤ 这些研究主要是关注现代汉语层面的致使结构（也有把汉语与其他语言对比研究的），对明清时期的致使结构还很少有人研究。

伯纳德·科姆里指出："近来对使成结构发生强烈兴趣的原因之一是这种研究涉及形式句法和语义分析的交互作用，而且在许多情形里涉及形式参项和语义参项的互相联系。"⑥ 本文拟采用语言类型学的观念考察明代汉语致使结构的使用情况，重点关注其形式参项和语义参项的有关问题。

---

① 详参郭锐、叶向阳《致使表达的类型学和汉语的致使表达》，第一届肯特岗国际汉语语言学圆桌会议论文，新加坡国立大学，2001；牛顺心《汉语中致使范畴的结构类型研究》，南开大学出版社，2014；郭姝慧《现代汉语致使句式研究》，博士学位论文，北京语言大学，2004；黄成龙《类型学视野中的致使结构》，《民族语文》2014年第5期；刘华丽《汉语使役句句法、语义的历时研究》，博士学位论文，清华大学，2015。

② 详参顾阳《论元结构及论元结构的变化》，载沈阳主编《配价理论与汉语语法研究》，商务印书馆，2000；沈阳、何元建、顾阳《生成语法理论与汉语语法研究》，黑龙江教育出版社，2001；何元建、王玲玲《论汉语使役句》，《汉语学习》2002年第4期；何元建《论使役句的类型学特征》，《语言科学》2004年第1期；熊仲儒《现代汉语中的致使句式》，安徽大学出版社，2004。

③ 详参程琪龙《Jackendoff"致使概念结构"评介》，《国外语言学》1997年第3期；周红《现代汉语致使范畴研究》，复旦大学出版社，2005；施春宏《动结式致事的类型、语义性质及其句法表现》，《世界汉语教学》2007年第2期；孟凯《现代汉语"X+N役事"致使复合词研究》，博士学位论文，北京语言大学，2009；杨江锋《汉语迂回致使结构的多维度研究》，博士学位论文，浙江大学，2016。

④ 详参张翼《倒置动结式的认知构式研究》，《外国语》2009年第4期；吴为善《自致使义动结构式"NP+VR"考察》，《汉语学习》2010年第6期；李宗宏《现代汉语使因突显类致使构式研究》，博士学位论文，华东师范大学，2013。

⑤ 详参邓守信《汉语使成式的语义》，载《功能主义与汉语语法》，北京语言学院出版社，1994；邢欣《致使动词的配价》，载沈阳、郑定欧主编《现代汉语配价语法研究》，北京大学出版社，1995；谭景春《使令动词和使令句》，载《语法研究与探索（七）》，商务印书馆，1995；范晓《论致使结构》，载《语法研究与探索（十）》，商务印书馆，2000；刘永耕《使令度和使令动词的再分类》，《语文研究》2000年第2期；陈昌来《论现代汉语的致使结构》，《井冈山师范学院学报》2001年第3期；宛新政《现代汉语致使句研究》，浙江大学出版社，2005；张豫峰《现代汉语致使态研究》，复旦大学出版社，2014。

⑥〔英〕伯纳德·科姆里：《语言共性和语言类型》（第二版），沈家煊、罗天华译，北京大学出版社，2010。

二 汉语致使结构的定义、基本要素与类型

（一）致使结构的定义

致使概念是人类概念中最基本的认知范畴。科姆里给致使结构的定义是：一个宏观场景由 A 和 B 两个微观事件组成，"A 导致了 B 的出现"或者"A 使 B 产生"，那么 A 与 B 之间就存在致使关系。例：

（1）因为下雨，所以他来不了了。

（2）下雨让他来不了了。

以上两个句子，都包含两个事件：一个事件是"下雨"，另一个事件是"他来不了"。"下雨"是"他来不了"的原因，"他来不了"是"下雨"的结果。"下雨"这个事件导致了"他来不了"的出现。这两个句子都表示一种致使关系。不同的是：例（1）用一个复句表现这种致使关系，例（2）用一个单句表现这种致使关系。本文讨论的致使结构仅指用单句或小句内部的句法形态手段来表达的致使结构。一般的小句结构都是一个单一的事件，而致使结构是由两个事件组成的小句结构，因此致使结构常常是一个复杂的谓语结构。

（二）汉语致使结构的基本要素

Talmy 认为：世界上任何致使事件是事物或事件 A 通过动作 B 传递给 C，致使 C 出现 D 的状态或结果。其致使事件模式如下所示：

A → B → C → D

Ungerer 还把致使模式具体描述为以下五个过程：（1）施事要做某事；（2）施事发出致使性的动作；（3）产生新的下位事件；（4）作用而导致出现下一个下位事件；（5）施事的目标实现。[①]

———————————

[①] 参见陈忠《认知语言学研究》，山东教育出版社，2006。

依据以上分析，本文把汉语典型的致使结构也分析为四个基本要素：致使者（causer）、致使力、被致使者（causee）和致使结果。例：

    （3）我们派他去北京。

例（3）中，"我们"是致使者，"派"是致使力，"他"是被致使者，"去北京"是致使结果。"我们派他"是原因，在句前；"他去北京"是结果，在句后。

（三）现代汉语致使结构的类型

现代汉语的致使结构到底有哪些类型，各家看法分歧很大。程琪龙提出，汉语致使结构包括三种类型：第一类只有致使动词，如使、令等；第二类除了有致使语义外，其谓词还有一定的词汇意义，如逼、请等，常体现为兼语式；第三类的谓词是表示具体动作的动词，这类动词一般由结果动词句、"得"字结构等成分来协助表示致使义。① 邢欣将其分为五类：兼语句、复句句型、形容词或不及物动词带宾语句、特殊补语句、动词短语做宾语句。② 范晓认为汉语的致使结构共有两大类、七小类。1. 显性致使句："使"字句、"V 使"句、"使动"句、"把"字句。2. 隐性致使句："使令"句、"V 得"句、"使成"句。③ 郭锐、叶向阳分汉语致使表达式为十类：使令句、使字句、间隔述补式、隔宾述结式、粘合述结式、同根异形式、同形式、隐含型、结果述宾式、致使宾语式。④ 沈阳、何元建、顾阳认为汉语基本的致使结构只有三种：使动结构、词的使动用法以及有使动用法的"V 得"结构。⑤ 牛顺心认为汉语致使结构包括使令式、致动式、隔开式、形态型、使动式和复合式。⑥ 郭姝慧分汉语致使结构为四类：

---

① 程琪龙：《Jackendoff "致使概念结构"评介》，《国外语言学》1997 年第 3 期。
② 邢欣：《致使动词的配价》，载沈阳、郑定欧主编《现代汉语配价语法研究》，北京大学出版社，1995。
③ 范晓：《论致使结构》，载《语法研究与探索（十）》，商务印书馆，2000。
④ 郭锐、叶向阳：《致使表达的类型学和汉语的致使表达》，第一届肯特岗国际汉语语言学圆桌会议论文，新加坡国立大学，2001。
⑤ 沈阳、何元建、顾阳：《生成语法理论与汉语语法研究》，黑龙江教育出版社，2001。
⑥ 牛顺心：《汉语中致使范畴的结构类型研究》，南开大学出版社，2014。

结果谓词致使句、"使"字致使句、"得"字致使句、倒置致使句。① 熊仲儒认为,汉语的致使句包括"使"字句、"让"字句、"把"字句、动结式、重动句、双宾句、与格变体等。② 宛新政认为,汉语的致使句包括使字句、致使性把字句、使令句、使成句、V 得致使句等。③ 周红认为汉语有七种致使结构,其中基本句式是"使"字句,由它派生出六种致使句:兼语句、动结句、"得"字动结式、重动句、"把"字句和"被"字句。④ 李宗宏认为,现代汉语致使句可以分为两类:一类是具有致使义动词的致使句,包括"使"字句、使令句、使动句、"把"字句等;另一类是不具有致使义动词的致使句,包括动结句、"V 得"句、结果补语句、重动句等。⑤ 张豫峰把现代汉语的致使句分为三类:一是有标记的致使句,包括"使"字句、表致使的"把"字句、表致使的"V 得"句;二是无标记的致使句,包括使成句、使动句;三是特殊的致使句,包括"化"尾动词构成的致使句、动宾式离合词构成的致使句。⑥

综合起来看,使令句、使成句、使动句、表致使的"V 得"句和表致使的"把"字句是大家公认的汉语致使结构。

本文拟讨论明代的使动句、使成句、使令句、表致使的"V 得"句和表致使的"把(将)"字句。

三 明代致使结构的句法形式

(一) 使动句

使动句是指由致使义动词或形容词带上宾语作谓语,表致使意义的句子。这是上古汉语使动用法在明代的留存。因使动用法的衰落,这种致使结构在明代的使用频率并不高,甚至较少见。例如:

---

① 郭姝慧:《现代汉语致使句式研究》,博士学位论文,北京语言大学,2004。
② 熊仲儒:《现代汉语中的致使句式》,安徽大学出版社,2004。
③ 宛新政:《现代汉语致使句研究》,浙江大学出版社,2005。
④ 周红:《现代汉语致使范畴研究》,复旦大学出版社,2005。
⑤ 李宗宏:《现代汉语使因突显类致使构式研究》,博士学位论文,华东师范大学,2013。
⑥ 张豫峰:《现代汉语致使态研究》,复旦大学出版社,2014。

（4）弟子们正然出兵，只见一阵信风所至……（《三宝太监西洋记》·六十九回）

（5）双手合掌，两脚跌跏。（《三宝太监西洋记》·三回）

（6）来安说了，贲四于是低着头。（《金瓶梅词话》·五十八回）

（7）大小姐红了脸，便往房里躲。（《型世言》·一回）

例（4）中，"弟子们出兵"是"弟子们使兵出"的意思；例（5）中，"双手合掌"是"双手使掌合"的意思；例（6）中，"贲四低着头"是"贲四使头低着"的意思；例（7）中，"大小姐红了脸"是"大小姐使脸红了"的意思。其中，"出""合""低"是致使动词，"红"是形容词。

1. 使动句的要素构成

从致使句的基本要素上分析，以上四例中，"弟子们""双手""贲四""大小姐"是致使者，"兵""掌""头""脸"是被致使者，"出""合""低着""红了"是致使力与致使结果的融合。

2. 明代使动句的语法特点

从结构方式上看，明代的使动句继承了上古使动句的结构形式，并没有什么发展，都是"$S + V_{使} + O$"结构。

与上古汉语的使动用法相比，明代的使动句有如下不同。

一是进入"$S + V_{使} + O$"结构的动词（致使动词），其语义特点不同。上古汉语里，因为表致使的手段不多，所以能进入使动用法的动词在语义上没有限制。随着动词使动用法的解体，后来的使动句中的动词一般要具有致使意义。彭利贞发现，"和这种古代汉语'活用'相比，现代汉语使宾动词（即我们所说的致使动词）有着本质的区别。它是一个相对封闭的动词小类。能进入使宾动词特定框架并实现为使宾关系的动词是有限的"。[1] 也就是说，现代汉语里只有少数有致使义的动词和形容词才有使动用法。同时，谭景春发现，现代汉语里的致使动词有致使义和非致使义两个义项。[2] 只有含致使义项的动词才能进入使动句。明代，也只有少数表致使义的动词和形容词能进入使动句。如："合""闭""出""破""伤"

---

① 彭利贞：《论使宾动词》，《杭州大学学报》1993 年第 6 期。

② 谭景春：《致使动词及其相关句型》，载《语法研究与探索（八）》，商务印书馆，1997。

"正""低""红"等。同时，它们的非致使义形式也不能进入使动句。如，"出兵"是"使兵出"的意思，是使动句；"出门"不是"使门出"的意思，就不是使动句。因为，"出兵"的"出"含致使义，"出门"的"出"不含致使义。

二是进入"S + V$_使$ + O"结构的动词（致使动词），其语法特点不同。上古汉语使动句中的动词没有带时体助词，明代汉语的致使动词可以带一些表时体的成分，如"了""着"等。如例（6）的"低着"。

三是句法限制不同。任鹰注意到：上古汉语里，动词、形容词甚至名词都有使动用法，现代汉语中名词没有使动用法。[①] 现代汉语中宾语形式更为复杂，使动词语本身还可以采用重叠等复杂形式。其实，这些句法限制明代已经出现。

与现代汉语相比，明代汉语的致使动词和形容词与上古汉语一样都是单音节的。而现代汉语的致使动词或形容词有许多是双音节的。例：

（8）我们要消除不良影响。

（9）这些活动丰富了我们的文化生活。

上两例的使动句里，"消除"和"丰富"就是双音节的动词和形容词。明代，双音节动词和形容词还没有使动用法。

（二）使成句

明代汉语里，有一类由动补结构带上宾语作谓语，并表致使意义的句子，我们称之使成句。例：

（10）妇人……扯碎了文书，方才了事。（《金瓶梅词话》·十九回）

（11）他便勒住了马不走。（《三宝太监西洋记》·二十三回）

（12）魏三哥在家再收拾好了东西，烫热了酒。（《三言二拍·二刻拍案惊奇》·卷四）

（13）贼忘八，你打死了咱人，还来寻甚么？（《型世言》·九回）

---

① 任鹰：《主宾可换位动结式述语结构分析》，《中国语文》2001 年第 4 期。

以上四句，每句都包含两个事件，"妇人扯文书""他勒马""魏三哥烫酒""你打咱人"是句子的致使原因事件，"文书碎了""马住了""酒热了""咱人死了"是句子的致使结果事件。四个句子的致使关系是"妇人扯文书使文书碎了""他勒马使马住了""魏三哥烫酒使酒热了""你打咱人使咱人死了"。

1. 使成句的要素构成

从致使句的基本要素上分析，以上四例中，"妇人""他""魏三哥""你"是致使者，"扯""勒""烫""打"是致使力，"碎了""住了""热了""死了"是致使结果，"文书""马""酒""咱人"是被致使者。各要素的结构顺序是：致使者 + 致使力 + 致使结果 + 被致使者。

2. 使成句的范围

从上面的举例可以看出，使成句都是动结式的动补结构。因此，郭锐指出，述结式一般都有致使性。熊仲儒也认为动结式是致使结构的组成部分。笔者认为，并不是所有的动结式都是致使结构，表致使意义的使成句是有语义限制的。

从语义关系上说，明代至少存在三类动结式。例：

（14）妇人……扯碎了文书，方才了事。（《金瓶梅词话》·十九回）

（15）弟子已经游遍了五岳哩。（《三宝太监西洋记》·六回）

（16）刘官人感伤了一回，也是死怕了儿女的心肠。（《三言二拍·二刻拍案惊奇》·卷三十二）

为了便于分析，我们把以上三句的句子主干提取出来如下：

（17）妇人扯碎了文书。

（18）弟子游遍了五岳。

（19）刘官人死怕了儿女。

以上三句中的"扯碎""游遍""死怕"都是动结式。但这三句并不都是致使句。通过转换分析就可以清楚发现这一点。例：

　　（20）妇人扯文书使文书碎了。

　　（21）弟子游五岳使五岳遍了。

　　（22）刘官人死儿女使儿女怕了。

　　通过转换分析，我们发现，只有例（20）的转换是成立的，其他两句的转换都不成立。也就是说，只有例（20）的动结式是致使结构，其他两例的动结式不是致使结构。

　　那么，表致使的动结式有什么特点呢？通过分析就会发现，以上三句在形式上没有区别，它们的区别在补语的语义指向上。例（17），补语"碎"的语义指向是宾语"文书"，是"文书碎了"；例（18），补语"遍"的语义指向是动词谓语"游"，既不是主语"弟子遍了"，也不是宾语"五岳遍了"，而是动词"游遍了"；例（19），补语"怕"的语义指向是主语"刘官人"，既不是宾语"儿女怕了"，也不是谓语动词"死"害怕了。

　　由此我们认为，使成句的语义限制就是该句式补语的语义指向宾语。

3. 明代使成句的语法特点

　　与现代汉语相比，明代的使成句有以下几个特点。

　　一是致使者都是体词性结构。

　　明代，充当致使句致使者的大都是体词，也有体词性结构。例如：

　　（23）听得蒋日休医好了熊汉江的女儿。（《型世言》·三十八回）

　　（24）难道他两个摆布死了相公，连夜走了？（《三言二拍·二刻拍案惊奇》·卷十一）

　　例（23）中的致使者"蒋日休"是名词；例（24）中的致使者"他两个"是体词性结构。

　　现代汉语里，致使句的致使者可以是谓词性结构。宛新政统计发现，现代汉语的使成句 6% 的致使者是谓词性结构。① 例：

---

　　① 宛新政：《现代汉语致使句研究》，浙江大学出版社，2005。

（25）这一问减轻了她心理上的年龄六七岁。

上例中，"这一问"虽是致使者，但却是一个谓词性结构。

二是被致使者大多前移或省略

从形式上看，明代表致使的使成句大多没有宾语。一般有两种情况：一是被致使者前移，二是被致使者省略。

被致使者前移的。例：

（26）角儿蒸熟了，拿来我看。（《金瓶梅词话》·八回）

（27）你把灯吹灭了，不要做声。（《三言二拍·二刻拍案惊奇》·卷九）

例（26）的被致使者是"角儿"，被前移到句首做话题，意思是"你蒸熟了角儿"；例（27）的被致使者是"灯"，被介词"把"提前，意思是"你吹灭了灯"。

有的被致使者被前移后，在原来的位置会留下代词复指。例：

（28）我去把个海来煎干了它。（《三宝太监西洋记》·四十一回）

上例中，被致使者是"海"，被介词"把"提前后，原来的位置又用代词"它"复指，句子意思是"我去煎干了海"。

被致使者省略。例：

（29）你做差了！你抱怨那个？（《金瓶梅词话》·十八回）

（30）船到岸边，叫船家缆好了。（《三言二拍·二刻拍案惊奇》·卷一）

例（29），依据常识推断，省略的被致使者是"事"，指"你做差了事"；例（30），依据上下文推断，省略的被致使者是"船"，指"船家缆好了船"。

三是被致使者可以位于致使结果之前

现代汉语里，使成句只有一种语序，即"致使者 + 致使力 + 致使结果 + 被致使者"。明代的绝大多数使成句都是这种语序，但也有少数使成句的语序可以是"致使者 + 致使力 + 被致使者 + 致使结果"。例：

（31）怪小淫妇儿，麻犯人死了。（《金瓶梅词话》·十三回）

（32）夫人盥手净了，解开包揭起看时，是古老纸色。（《三言二拍·二刻拍案惊奇》·卷一）

例（31）"麻犯人死了"现在的语序是"麻犯死人了"；例（32）"盥手净了"现在的语序是"盥净手了"。这是唐宋以来的一种结构在明代的遗留。

（三）表致使的"V 得"句

"V 得"句是指动词后带"得"字、整个"V 得"结构再带补语的句子。典型的"V 得"句在现代汉语里是一种使用频率相当高的句式，它主要表示某个主体事物发出动作或状态后所涉及产生的情状。表致使的"V 得"句是"V 得"句中的一个小类。

明代，部分"V 得（的）"句可以表致使意义。例：

（33）小淫妇，害得老子好苦也。（《金瓶梅词话》·五十四回）

（34）这两个将军……杀得个姜尽牙没有存身之地。（《三宝太监西洋记》·二十四回）

（35）只要儿子调理得身体好了，那怕少了孙子？（《三言二拍·二刻拍案惊奇》·卷三十二）

（36）胡似庄与杨兴对酌，灌得杨兴一些动不得。（《型世言》·三十一回）

以上四句，每句都包含两个事件，"小淫妇害老子""这两个将军杀姜尽牙""儿子调理身体""胡似庄灌杨兴"是句子的致使原因事件，"老子好苦""姜尽牙没有存身之地""身体好了""杨兴一些动不得"是句子的致使结果事件。四个句子的致使关系是"小淫妇害老子使老子好苦""这两个将军杀姜尽牙使姜尽牙没有存身之地""儿子调理身体使身体好了"
"胡似庄灌杨兴使杨兴一些动不得"。

1. 表致使"V 得"句的要素构成

从致使句的基本要素上分析,以上四例中,"小淫妇""这两个将军"
"儿子""胡似庄"是致使者,"害得""杀得""调理得""灌得"是致使
力,"老子""姜尽牙""身体""杨兴"是被致使者,"好苦""没有存身
之地""好了""一些动不得"是致使结果。各要素的结构顺序是:致使
者 + 致使力 + 被致使者 + 致使结果。

2. 表致使"V 得"句的范围

缪锦安注意到,得字句中主谓结构做补语的一类有表致使的功能。范
晓把 V 得式归为致使结构,并指出:"并不是任何'V 得'句都是致使句,
只有内部表示致使关系的'A + V 得 + B + C'构成的'V 得'句才是致
使句。"①

宛新政总结了表致使的"V 得"句的句法语义限制。句法上,"得"
字后面一般是主谓短语。如上面列举的四例,"得"字后面的"老子好苦"
"姜尽牙没有存身之地""身体好了""杨兴一些动不得"都是主谓短语。
语义上,全句主语和"V 得"组成的主谓短语支配或影响"得"字后的主
谓短语。如,"小淫妇害得"这个主谓短语,支配或影响"老子好苦"这
个主谓短语。同时,宛新政通过统计发现:现代汉语里,表致使关系的
"V 得"句也并不多,只占整个"V 得"句的24%。②

3. 明代致使"V 得"句的语法特点

一是致使者都是体词性结构。

明代,致使"V 得"句的致使者主要是体词,还有个别体词性结构,
没有谓词性结构充当的情况。例:

(37)寒风吹得那窗纸有声。(《金瓶梅词话》·七十一回)

(38)五十名夜不收走得尘土迷天。(《三宝太监西洋记》·二十
八回)

---

① 范晓:《论致使结构》,载《语法研究与探索(十)》,商务印书馆,2000。
② 宛新政:《现代汉语致使句研究》,浙江大学出版社,2005。

现代汉语里,谓词性结构可以充当致使者。例:

（39）他打喷嚏吓得我赶紧关窗户。

（40）接过奖状高兴得李老头欣喜若狂。

以上两例中的致使者"他打喷嚏""接过奖状"是谓词性结构。这表明,从明代到现代,汉语致使结构的致使者,事物性在减弱,事件性在加强。

二是致使者是句中主要动词的施事。

明代,致使者都是"V得"中"V"的施事。如上举各例中,"小淫妇"是"害"的施事,"这两个将军"是"杀"的施事,"寒风"是"吹"的施事,"五十名夜不收"是"走"的施事。

现代汉语里,"V得"中"V"的受事也可以充当致使者。例:

（41）丈夫的一番话听得她将信将疑。

（42）这个南瓜吃得他拉肚子。

"一番话"是"听"的受事,"这个南瓜"是"吃"的受事。

三是表致使关系的"V得"结构语义受限。

明代,能够在致使"V得"句中出现的"V得"结构比较少,似乎受到某些意义的限制。这种"V得"结构大致有三类:第一类是表示人类心理活动的,如"急得""气得""吓得""唬得""惊得""慌得""感得"等,此类词语最多,使用频率也最高;第二类是表示人类日常活动的,如"哭得""哄得""打得""骂得""逼得""害得""走得""灌得"等;第三类是表示自然致使力的,最少,只有"刮得""吹得""冻得"几个。

（四）使令句

使令句指由专职致使词"使、令、教、叫、让、逼、使得、致使"等构成的表致使意义的句了。明代的使令句比较丰富。例:

（43）如今老先生与他是甥舅,不若带他回去,使他父子相逢。

（《型世言》·三十八回）

（44）月娘令小玉安放了钟箸。（《金瓶梅词话》·二十一回）

（45）且站在一边，我教你看一件事。（《三言二拍·二刻拍案惊奇》·卷七）

（46）你还让我去罢。（《三宝太监西洋记》·八十三回）

以上四句，每句都包含两个事件，"老先生（带他回去）""月娘令小玉""我教你""你让我"是句子的致使原因事件，"他父子相逢""小玉安放了钟箸""你看一件事""我去"是句子的致使结果事件。四个句子的致使关系是"老先生（带他回去）致使他父子相逢""月娘令小玉致使小玉安放了钟箸""我教你致使你看一件事""你让我致使我去"。

1. 使令句的要素构成

从致使句的基本要素上分析，以上四例中，"老先生""月娘""我""你"是致使者，"使""令""教""让"是致使力，"他父子""小玉""你""我"是被致使者，"相逢""放了钟箸""看一件事""去"是致使结果。各要素的结构顺序是：致使者+致使力+被致使者+致使结果。

2. 使令句的范围

程琪龙、邢欣、周红都把兼语式算作致使结构。① 我们认为，使令句与一般意义上的兼语句不同。首先，命名的角度不同。兼语句是从句法角度命名的，其含义是指一个句法成分同时兼有两种句法功能——宾语和主语功能。使令句是从语义角度命名的，是对句式整体意义的概括。其次，范围不同。兼语句的范围较广，有的兼语句表使令，有的兼语句不表使令。例：

（47）却说飞来峰下有一个禅寺叫做个灵隐寺。（《三宝太监西洋记》·四回）

上例就是兼语句，"一个禅寺"既作"有"的宾语，又作"叫做"的

---

① 详参程琪龙《Jackendoff"致使概念结构"评介》，《国外语言学》1997年第3期；邢欣《致使动词的配价》，载沈阳、郑定欧主编《现代汉语配价语法研究》，北京大学出版社，1995；周红《现代汉语致使范畴研究》，复旦大学出版社，2005。

主语。但此句不表致使义，因此不是使令句。

李临定把"让"等动词参与构成的兼语结构表致使的句子叫作单纯使令义形式，把"逼、鼓励、请求"等动词参与构成的兼语结构表致使的句子叫作多义使令义形式。[①] 宛新政把"使、让、令、叫、使得、致使"等词语参与表致使义的句子叫"使"字句，把"逼、教、派、求"等词语参与表致使义的句子叫使令句。[②] 本文从概括的角度统称之为使令句。

3. 明代使令句的语法特点

明代，使令句与其他句式相比，最显著的特点就是致使者的结构复杂化。使令句的致使者既可以是简单的体词性结构，也可以是较为复杂的谓词性结构。例（43）、例（44）、例（45）、例（46）的致使者"老先生""月娘""我""你"都是简单的名词和代词。下面，我们看看其他的谓词性结构充当致使者的情况。例：

（48）有钱能使鬼推磨。（《金瓶梅词话》·五十四回）

（49）搽的白腻光滑，异香可掬，使西门庆见了爱他。（《金瓶梅词话》·二十九回）

（50）我前番被你哄了，致使我师徒们大闹一场。（《三宝太监西洋记》·二十九回）

例（48），"有钱"是动宾结构；例（49）"搽的白腻光滑，异香可掬"是动补结构；例（50）"我前番被你哄了"是句子形式。它们都能处于致使者的位置，充当致事。

（五）表致使的"把（将）"字句

"把"字句的使用频率很高，用法也很复杂。明代，"把字"句有表致使的用法。同时，"将"字句也还保留着表致使的用法。例：

---

① 李临定：《现代汉语句型》，商务印书馆，1986。

② 宛新政：《现代汉语致使句研究》，浙江大学出版社，2005。

（51）那日（冯二）把棉花不见了两大包。（《金瓶梅词话》·六十七回）

（52）黄龙将手一指，把个吕洞宾一个筋斗翻将过来。（《三宝太监西洋记》·十一回）

（53）防御就拣个黄道吉日，将庆娘与崔生合了婚。（《三言二拍·二刻拍案惊奇》·卷二十三）

（54）我只为无极奈何，将你小小年纪与人作媳妇。（《型世言》·六回）

上举各例的"把"和"将"字都可以换成"使"字，句义依然成立。

以上四句，每句都包含两个事件，"冯二（不小心）""黄龙将手一指""防御拣黄道吉日""我无极奈何"是句子的致使原因事件，"把棉花不见了两大包""把个吕洞宾一个筋斗翻将过来""将庆娘与崔生合了婚""将你小小年纪与人作媳妇"是句子的致使结果事件。四个句子的致使关系是"冯二（不小心）使棉花不见了两大包""黄龙将手一指，使吕洞宾一个筋斗翻将过来""防御拣黄道吉日使庆娘与崔生合了婚""我无极奈何使你小小年纪与人作媳妇"。

1. 表致使"把"字句的要素构成

从致使句的基本要素上分析，以上四例中，"冯二""黄龙将手一指""防御拣黄道吉日""我无极奈何"是致使者，"把"和"将"是致使力，"棉花""吕洞宾""庆娘与崔生""你"是被致使者，"不见了两大包""一个筋斗翻将过来""合了婚""小小年纪与人作媳妇"是致使结果。各要素的结构顺序是：致使者 + 致使力 + 被致使者 + 致使结果。

2. 表致使"把"字句的范围

对"把"字句语法意义的认识，大家分歧很大。王力、宋玉柱、蒋绍愚、沈家煊认为"把"字句表处置。[①] 邵敬敏、薛凤生、张伯江、叶向阳、

---

① 详参王力《中国现代语法》，商务印书馆，1985；宋玉柱《关于"把"字句的两个问题》，《语文研究》1981 年第 2 期；蒋绍愚《把字句略论——兼论功能扩展》，《中国语文》1997 年第 4 期；沈家煊《如何处置"处置式"——试论把字句的主观性》，《中国语文》2002 年第 5 期。

程琪龙、郭锐、熊仲儒认为"把"字句表致使。① 范晓、刘子瑜认为"把"字句一部分表处置,一部分表致使。② 叶狂、潘海华认为"把"字句表逆被动。③

本文认为,并不是所有的"把"字句都表致使。蒋绍愚把《元曲选》的"把"字句分为三种主要类型。④ 例:

(55)今日务要把这家私分另了罢。(《元曲选·神奴儿·一》)

(56)你把岳孔目烧毁了尸骸。(《元曲选·铁拐李·四》)

(57)枉把幽魂陷虏城。(《元曲选·昊天塔·四》)

例(55)是"把"字提前动词的宾语(这家私);例(56)是"把"字后加了一个受事主语(岳孔目);例(57)比较特别,是"把"字后加了一个施事主语(幽魂)。最后一类就是表致使的"把"字句。

我们分析了明代的"把"字句,还发现有如下几种类型。例:

(58)谁把丈夫性命换钱哩。(《型世言》·九回)

(59)老妈儿怠慢着他些儿,他暗暗把阴沟内堵上个砖。(《金瓶梅词话》·十二回)

(60)老身也把娘子的话一一说了。(《三言二拍·二刻拍案惊奇》·卷二)

(61)自这一句话,把西门庆欢喜无尽。(《金瓶梅词话》·十九回)

---

① 详参邵敬敏《"致使把字句"和"隐省被字句"及其语用解释》,《汉语学习》2005 年第 4 期;薛凤生《"把"字句和"被"字句的结构意义》,载《功能主义与汉语语法》,北京语言学院出版社,1994;张伯江《论"把"字句的句式语义》,《语言研究》2000 年第 1 期;叶向阳《"把"字句的致使性解释》,《世界汉语教学》2004 年第 2 期;程琪龙《致使概念语义结构的认知研究》,《现代外语》2001 年第 2 期;郭锐《"把"字句的语义构造和论元结构》,载《语言学论丛》(第二十八辑),商务印书馆,2003;熊仲儒:《现代汉语中的致使句式》,安徽大学出版社,2004。

② 详参范晓《论致使结构》,载《语法研究与探索(十)》,商务印书馆,2000;刘子瑜《再谈唐宋处置式的来源》,载《语言学论丛》(第二十五辑),商务印书馆,2002。

③ 叶狂、潘海华:《把字句的跨语言视角》,《语言科学》2012 年第 6 期。

④ 蒋绍愚:《〈元曲选〉中的把字句》,《语言研究》1999 年第 1 期。

以上四例代表了明代"把"字句的四种用法。例（58）的"把"相当于"用"或"拿"，是"把"的工具格用法；例（59）的"把"相当于"在"，是"把"的处所格用法；例（60）的"把"把动词的受事"娘子的话"提到动词"说"之前；例（61）的"把"相当于"使"，是致使用法。

怎么区别表"致使"的"把"字句与其他"把"字句的不同呢？黎锦熙、吕叔湘、范晓都用"使"字作为检验标准。① 凡"把"字句中的"把"字可以理解为"使"或可用"使"替换的就是致使性"把"字句。吴福祥把致使义"把（将）"字句的根本特征总结为"介词'将/把'后面的名词性成分是述语动词的当事（或施事）而非受事"。②

3. 明代致使"把（将）"字句的语法特点

一是致使者常常省略。

与其他"把"字句相比，表致使的"把"字句，其致使者（句子主语）常常省略，而且一般无法补出。例：

（62）把月娘、玉楼见了，喜欢的要不得。（《金瓶梅词话》·四十一回）

（63）把个唐状元见之，又恼又好笑。（《三宝太监西洋记》·二十三回）

例（62），"见""喜欢"的动作都是"月娘、玉楼"发出的，是"使月娘、玉楼见了，喜欢的要不得"的意思；例（63），"见""又恼又好笑"的动作都是"唐状元"发出的，是"使个唐状元见之，又恼又好笑"的意思。但致使者是谁，无法补出。

二是致使结果只表结果和状态。

与现代汉语相比，明代致使"把"字句的致使结果成分只表结果和状态。例：

---

① 详参黎锦熙《新著国语文法》，商务印书馆，1985；吕叔湘《汉语语法论文集》，商务印书馆，1999；范晓《论致使结构》，载《语法研究与探索（十）》，商务印书馆，2000。

② 吴福祥：《近代汉语语法》，中国社会科学出版社，2015。

（64）几句话把老婆羞的站又站不住，立又立不住。（《金瓶梅词话》·二十三回）

（65）这把两位元帅老爷唬得魂不附体，魄已离身。（《三宝太监西洋记》·十八回）

上两例中，"羞的站又站不住，立又立不住""唬得魂不附体，魄已离身"是致使句的表致使结果的成分，它们的语义是表结果和状态。

现代汉语里，致使"把"字句的表结果性成分可以表数量关系。例：

（66）那个瓶子把我摸了一手油。

（67）这篇论文把我足足写了两个月。

"摸了一手油""写了两个月"是致使句的表结果的成分，它们表示的不只是结果，更准确的是数量关系。

四　明代致使结构的语义参项

Dixon 从类型学的角度分析了致使结构的九种语义参项。① 其中，与句中"动词"有关的有（1）"状态与动作"和（2）"及物性"两种；与"被致使者"有关的有（3）"受控性"、（4）"自愿性"和（5）"受影响性"三种；与"致使者"有关的有（6）"直接性"、（7）"故意性"、（8）"自然性"和（9）"参与度"四种。

我们针对明代汉语的实际情况，主要分析一下"致使者"、"被指使者"、"致使结果"和"致使力"的语义特点。

（一）致使者的语义特点

在世界其他语言中，致使者的"直接性"、"故意性"、"自然性"和

---

① 详参 R. M. W. Dixon, "A Typology of Causatives: Form, Syntax and Meaning" in R. M. W. Dixon and Alexandra Y. Aikhenvald, eds., *Changing Valency: Case Studies in Transitivity* (New York: Cambridge University Press, 2000); R. M. W. Dixon *Basic Linguistic Theory* (*volume 3*) (Oxford: Oxford University Press, 2012)。

"参与度"是通过动词的不同附加形式表现出来的。"直接与间接""有意与无意""自然致使与强力致使""致使者参与与未参与"等都通过不同的形态标记体现出来。严格地讲,汉语致使结构的"致使者"都没有这些表现形式,也就谈不上有这些语义表现。但是,与现代汉语相比,明代致使结构中的致使者有"生命度高"和"施事性突出"的特点。

1. 致使者的有生性突出

明代,致使句的致使者都是生命度等级较高的对象。例:

(68)大小姐红了脸,便往房里躲。(《型世言》·一回)

(69)他便勒住了马不走。(《西洋记》·二十三回)

(70)小淫妇,害得老子好苦也。(《金瓶梅词话》·五十四回)

(71)你还让我去罢。(《三宝太监西洋记》·八十三回)

(72)那日(冯二)把棉花不见了两大包。(《金瓶梅词话》·六十七回)

以上各句中的致使者是"大小姐""他""小淫妇""你""冯二"都是生命度等级最高的人。他们作为致使句的致使者对被致使者"脸""马""老子""我""棉花"有极强的操控性、致使性、自主性和意志性。

现代汉语里,出现了由无生命度或生命度等级极低的体词或体词性结构充当致使者的情况。例如:

(73)一瓶黄酒喝醉了老李。

(74)这个南瓜吃得他拉肚子。

(75)这么多脏衣服把妈妈洗累了。

(76)那个瓶子摸了我一手油。

上例的"黄酒""南瓜""脏衣服""瓶子"都是无生命度或生命度等级极低的物体,应该没有致使能力,但现在都可以充当致使者。我们穷尽地调查了明代的《金瓶梅词话》、《西洋记》、《二刻拍案惊奇》和《型世言》等四部著作,只发现有极少数的句子,其致使者是无生命度的事物。例:

（77）便是有些小事绊住了脚，来迟了一步。（《金瓶梅词话》·六回）

（78）寒风吹得那窗纸有声。（《金瓶梅词话》·七十一回）

（79）自这一句话，把西门庆欢喜无尽。（《金瓶梅词话》·十九回）

上例中的"小事""寒风""这一句话"作为致使者，都是无生命的事物。但这种用例在明代极少。而且，明代的无生命事物即使充当了致使者，也还是句中动词的施事。如，"小事"是"绊"的施事，"寒风"是"吹"的施事。但现代汉语里，无生命度或生命度等级极低的体词或体词性结构充当致使者时，它们是句中动词的受事。如，"黄酒"是"喝"的受事，"南瓜"是"吃"的受事，"脏衣服"是"洗"的受事，"瓶子"是"摸"的受事。

2. 致使者的施事性突出

袁毓林把句子主体论元位置上（主语）的成分按语义关系分为"施事"、"感事"、"致事"和"主事"四类。① 施事是"自主性动作、行为的发出者"。致事是"某种致事性事件的引起因素"。从逻辑上讲，致事结构的致使者都应该是致事。但明代的致使结构中的致使者绝大多数是有很高生命度等级的体词或体词性结构，它们既是"某种致事性事件的引起因素"，又是"自主性动作、行为的发出者"；既是致事，又是施事。因此，致使者的施事性突出。

现代汉语里，致使结构中致使者的致事意义越来越强。与之相比，明代致使结构中的致使者，其施事性就比较突出。

明代，在使令句和表致使的"把"字句中有少数致使结构的致使者已只表致事关系，不表施事关系。例：

（80）有钱能使鬼推磨。（《金瓶梅词话》·五十四回）

（81）黄龙将手一指，把个吕洞宾一个筋斗翻将过来。（《三宝太监西洋记》·十一回）

---

① 袁毓林：《论元角色的层级关系和语义特征》，《世界汉语教学》2002年第3期。

上两例中，"有钱"和"黄龙将手一指"是句子的致使者，是致事，不是施事。

（二）被致使者的语义特点

在世界其他语言中，被致使者的"受控性"、"自愿性"和"受影响性"是通过被致使者的生命度等级或被致使者附带相关的附加形式表现出来的。黄成龙认为，"一般而言，致使者为指人所指与被致使者为非人所指的致使结构最为常见，而被致使者为指人所指时，会有更细微的致使活动。词汇性致使表达最强有力、最直接的致使，其被致使者最有可能是非人受事者；分析性致使表达较弱或者较间接致使，其被致使者更有可能是指人受事"。[①]

明代，在被致使者的有生性上有两种情况：一是表致使的使动句、使成句、"V得"句和"把（将）"字句，其被致使者既可以是有生的对象，也可以是无生的对象。例：

（82）A. 店家协力，不得放走了人！（《三言二拍·二刻拍案惊奇》·卷五）

B. 看见他两个推倒了酒，一径扬声骂玉箫。（《金瓶梅词话》·六十七回）

（83）A. 军士们又在雪中，冻得手足都僵。（《型世言》·八回）

B. 浇洗了多时，泼得水流满地。（《三言二拍·二刻拍案惊奇》·卷十四）

（84）A. 自这一句话，把西门庆欢喜无尽。（《金瓶梅词话》·十九回）

B. 他接了这道雷公符，吹上一口气，把个符飞在半天之中去了。（《三宝太监西洋记》·十九回）

以上三例中，A组的被致使者"人""手足""西门庆"都是有生的对象，B组的被指使者"酒""水""符"都是无生的对象。

---

① 黄成龙：《类型学视野中的致使结构》，《民族语文》2014年第5期。

　　二是使令句的被致使者倾向于是有生的对象。"使""令""让""教""叫"等分析性致使句使令的对象一般是人类或其他有生事物。例：

　　（85）老翁必不使此子昧了本性。（《三言二拍·二刻拍案惊奇》·卷三十）

　　上例的"此子"是被致使者，指人。但也有极个别使令句的被致使者是无生命的事物。例：

　　（86）难得有此善心的施主，使此经重还本寺。（《三言二拍·二刻拍案惊奇》·卷一）

　　上例的"此经"是被致使者，指物。

（三）致使结果的语义特点

　　在世界其他语言中，致使结果与动词的类别和及物性有关。因为世界其他语言中表致使结果的主要是动词，所以 Dixon 主要探讨了致使结果的两个因素：一是状态动词与行为动词表致使结果的区别，二是动词的不及物性、及物性与扩展的及物性在致使结果中的不同表现。①

　　汉语很特别，出现在致使结果位置上的不仅有动词，而且还有形容词，更重要和更麻烦的是还有各种复杂的谓词性结构。动词有及物、不及物之分，形容词都是不及物的。那么各种复杂的谓词性结构，它们的及物性如何呢？明代的各类谓词性构式有及物性吗？下面，我们只能具体分析了。

　　因为充当致使结果的成员属性复杂，明代致使句的致使结果已呈现出复杂的局面。我们只能具体分析每一类致使结构中致使结果的及物性。

---

　　① 详参 R. M. W. Dixon, "A Typology of Causatives: Form, Syntax and Meaning" in R. M. W. Dixon and Alexandra Y. Aikhenvald, eds., *Changing Valency: Case Studies in Transitivity* (New York: Cambridge University Press, 2000); R. M. W. Dixon, *Basic Linguistic Theory* (*volume 3*) (Oxford: Oxford University Press, 2012).

1. 使动句致使结果的及物性

使动句的致使结果像上古汉语一样，致使力与致使结果融为一体，统一由句子的谓语性成分来表现。不同的是，明代使动句越来越少，只有少数含致使义的不及物动词和形容词有此用法。因此充当致使结果的是不及物动词和形容词，它们都没有及物性。

2. 使成句致使结果的及物性

使成句表致使结果的是补语性成分，而且能充当这些补语的是一个封闭的类。朱德熙指出："能够充当结果补语的动词为数不多。"明代，能够充当使成句结果补语的动词更少，主要有"死、呆、住、倒、破、折、醉、坏、碎、开、出、瞎、伤、活、满、断、醒、翻、觉、化、塌、滚、乱、怒、尽、掉、哑、散、怕、肿、疯、落、穿"等不及物动词；少量形容词如"多、红、绿、正、熟、烂、冷、软、净、热、香、紧、白、好、差、干、脏、齐、急、迟"等也可以充当表结果的补语。这类成员的共同特点就是没有及物性。

3. "V 得"致使句致使结果的及物性

"V 得"致使句表结果的多是些形容词和复杂的谓词性结构，有的还是复句形式，其语义是表现结果的状态，没有及物性。例：

（87）辨悟接了纸捻，照得满屋明亮。（《三言二拍·二刻拍案惊奇》·卷一）

（88）李将军见他聪明伶俐，知书晓事，爱得他如珠似玉一般。（《三言二拍·二刻拍案惊奇》·卷六）

（89）几句话把老婆羞的站又站不住，立又立不住。（《金瓶梅词话》·二十三回）

以上三例中，"明亮"是形容词，没有及物性；"如珠似玉一般"是比拟结构，也没有及物性；"站又站不住，立又立不住"是复句形式，更谈不上有及物性。

即使是动词出现于表致使结果的位置，该动词也没有及物性。例：

（90）一阵风来，刮得两扇门一齐开着。（《三宝太监西洋记》·八

十五回）

（91）这两个将军…杀得个姜尽牙没有存身之地。（《三宝太监西洋记》·二十四回）

以上两例中，"开"是不及物动词，不能带宾语，没有及物性；"没有"虽带了宾语"地"，但它是存现动词。依据 Hopper 和 Thompson 的及物性理论，"没有"作为动词，有"非瞬时性""无意志性""否定"等语义特征，及物性也是极低的。

因此，"V 得"致使句表致使结果的成分在明代都没有及物性。

4. "把"字致使句致使结果的及物性

"把"字致使句表结果的有不及物动词，有复杂的谓词性结构，甚至还有复句形式，但它们的语义是共同的，都表状态，不强调行为，没有及物性。例：

（92）娶了个后丈母周氏，不上一年，把丈人死了。（《金瓶梅词话》·七十六回）

（93）到后边也一日好一日，把一个不起的老熟病，仍旧强健起来。（《型世言》·四回）

（94）几次把月娘喜欢的没入脚处。（《金瓶梅词话》·九回）

（95）把一个朱寡妇又羞又恼。（《型世言》·六回）

（96）把那妇人每日门儿倚遍，眼儿望穿。（《金瓶梅词话》·八回）

以上五例中，"死"是不及物动词，"强健"是形容词，"喜欢的没入脚处"是动补结构，"又羞又恼"是并列结构，"门儿倚遍，眼儿望穿"是复句形式。这些成员也谈不上有及物性。

但也有个别及物动词能出现在"把"字致使句表结果的位置上。例：

（97）我又不曾把人坑了你甚么，缘何流那（毛必）尿怎的？（《金瓶梅词话》·十九回）

上例的"坑"是及物动词。但此类用例极少。

5. 使令句致使结果的及物性

使令句表结果的成分有两种情况，一是不及物动词和各类复杂结构充当结果成分，结果主要表状态，动词和各类结构都没有及物性。例：

（98）追出家财，付与吾子，使此子得以存活。（《三言二拍·二刻拍案惊奇》·卷十三）

（99）我已奏过上帝，遣弟子曾参来生汝家，使汝家富贵非常。（《三言二拍·二刻拍案惊奇》·卷一）

（100）搽的白腻光滑，异香可掬，使西门庆见了爱他。（《金瓶梅词话》·二十九回）

（101）儿虽在此，魂已随归郎，活一刻徒使我一刻似刀刺一般。（《型世言》·十回）

（102）思兄在此胡行，不知杀了多少人，使人妻号子哭。（《型世言》·二十回）

（103）如何又蒙大人见赐将礼来，使我老身却之不恭，受之有愧。（《金瓶梅词话》·七十二回）

以上六例中，"存活"是不及物动词，"富贵"是形容词，"见了爱他"是连动结构，"似刀刺一般"是比况结构，"妻号子哭"是并列结构，"却之不恭，受之有愧"是复句形式。它们都占据了使令句表结果的位置，使得所在小句都没有及物性。

二是及物动词充当结果成分，表动作行为，有及物性。例：

（104）如今好了，龙天保佑，使你得还家。（《型世言》·三十五回）

（105）太守立命取香案，教他两人拜了天地。（《三言二拍·二刻拍案惊奇》·卷七）

上两例中，表结果的动词"还""拜"是及物动词，分别带了宾语"家"和"天地"，有及物性。

由此看来，明代使令句表结果的成分，大部分由不及物动词和各类复杂结构充当，没有及物性；少数由及物动词充当，有及物性。

总起来说，明代致使结构中，使动句、使成句、表致使的"V得"句、表致使的"把"字句、大部分使令句的致使结果都由不及物动词、形容词和各类复杂结构充当，没有及物性。只有少数使令句的致使结果由及物动词充当，有及物性。

（四）致使力的语义

致使力在许多语言里就是形态句法标记。在世界其他语言中，致使力的表现形式有两类：大多数是通过动词的形态变化来表现的，少数用特定的词语来表现。Dixon 指出：表致使力的动词，其形态变化过程有内部变化、辅音重叠、元音加长、声调变化、重叠、前缀、后缀、环缀、中缀等九种方式。① 也就是说，动词本身表致使结果，它的形态变化形式表致使力。汉语的动词没有形态变化，致使力的意义只能通过在致使结果的基础上另外再加一个词语的方式来表达。

明代汉语表致使力的词语有三类：动词、动词性结构和介词。具体而言，使动句、使成句、使令句由动词表致使力，表致使的"V得"句由动词性结构"V得"表致使力，表致使的"把（将）"字句由介词"把"和"将"表致使力。不管是用哪类成分来表现致使力，它们的语法意义都是"致使"。

五　余论

（一）明代致使结构来源的一致性

我们讨论了明代表致使的使动句、使成句、"V得"句、使令句和"把"字句的句法形式和语义特征。从它们的历时演变与结构类型上看，明代的致使结构总的分三类：第一类是使动句、使成句和"V得"句；第二类是使令句；第三类是"把"字句。

---

① 详参 R. M. W. Dixon，"A Typology of Causatives：Form，Syntax and Meaning" in R. M. W. Dixon and Alexandra Y. Aikhenvald，eds.，*Changing Valency：Case Studies in Transitivity*（New York：Cambridge University Press，2000）；R. M. W. Dixon *Basic Linguistic Theory*（*volume 3*）（Oxford：Oxford University Press，2012）。

使动句是上古汉语最主要的表致使的结构。两汉以后，随着使动式的解体，产生了表致使的使成句，"V 得"句的一小类又演变出了表致使的"V 得"句。胡敕瑞和宋亚云认为，使成句（述补结构）产生于东汉。赵长才认为，"魏晋六朝时期，'得'具有'使、令'义用法和功能，唐代'得'以'致使'义动词的身份进入到两个谓词性成分之间的句法位置，形成'V 得 VP'格式。之后，'得'在该句法位置上进一步虚化为结构助词，原为连谓结构的'V 得 VP'也就演变为述补结构'V 得 C'"。① 从来源上说，使成句和表致使的"V 得"句是使动句进一步演变的结果。其中，"V 得"句由连动结构演变而来。

使令句先秦已出现。李佐丰将由"使"构成的使令句称为"使字句"。从现代汉语的角度看，"使"的词性还有争论，李人鉴"使"是动词，张静认为"使"是介词。邢福义对"使"的词性进行了全面的分析，最后认为"'使'尽管虚化，但还是动词"。② 如果"使"还是动词的话，那么使令句从结构上说就是一种兼语结构。因此，使令句来源于兼语句。

蒋绍愚认为表致使的"把"字句来源于表处置的"把"字句，并进一步认为，"把字句的语义功能在历史上是有变化的。把字句在初期以表处置为主，后来表致使的逐渐增多，最后以表致使为主"。③ 郭浩瑜、杨荣祥认为，"以"字式、"持"字式、"将"字式和"把"字式都有表致使的用法，并指出，"以"字式最早产生了"致使"之意，…之后经过中古、近代早期的"持""将""把"字式的层层累积，致使义处置式渐趋成熟。早期致使义处置式主要是"以"字式和"将"字式，它是由连动式、工具式、处置（到）分别发展而来。工具式和处置（到）都是连动式语法化的结果。因此，表致使的"把"字句来源于连动句。

明代，汉语的致使结构主要是分析性致使结构。分析性致使结构一般由连动结构发展而来。从类型学上说，汉语的动补结构也是一种

① 赵长才：《结构助词"得"的来源与"V 得 C"述补结构的形成》，《中国语文》2002 年第 2 期。
② 邢福义：《汉语复句研究》，商务印书馆，2001。
③ 蒋绍愚：《把字句功能的历史演变》，载《汉语词汇语法史论文续集》，商务印书馆，2012。

连动结构。只不过动词和其补语的连接是主从性的，不是并列性的。因此，动补结构严格来讲是一种主从性连动结构。使令句是兼语性连动。"把"字句及其早期形式"以"字句、"持"字句、"将"字句，也是由连动句发展而来。不过，它们最初与其后的动词是一种并列性连动关系。

刘丹青认为，汉语连动结构比并列结构和主从结构显赫，是汉语的显赫范畴。既然是显赫范畴，它的表现形式必然多样，既有并列式连动，也有主从式连动，还有兼语式连动。明代的各类致使结构就是由这各类不同的连动结构发展而来的，它们有一致的来源。

（二）明代致使结构的特点

1. 明代致使句的致使者，从形式上看，结构形式相对简单，语法上体词性强，常常被省略。从语义上看，生命度等级高，施事性突出。发展到现代汉语，致使者的结构更趋复杂，谓词性成分增多，致事性增强。

2. 明代致使句的被致使者，从形式上看，句法位置有前移的趋势。使动句和使成句的被指使者在句末。表致使的"V得"句、"把"字句和使令句的被致使者移到了句中动词之前。从语义上看，被致使者的有生性上有两种情况：一是表致使的使动句、使成句、"V得"句和"把（将）"字句，其被致使者既可以是有生的对象，也可以是无生的对象；二是使令句的被致使者倾向于是有生的对象。

3. 明代致使句的致使结果，从形式上看，可由不及物动词和形容词充当，更多的是由复杂的谓词性结构充当。从语义上看，大部分由不及物动词、形容词和各类复杂结构充当的没有及物性；少数由及物动词充当的有及物性。

4. 明代汉语表致使力的词语有三类：动词、动词性结构和介词。具体而言，使动句、使成句、使令句由动词表致使力，表致使的"V得"句由动词性结构"V得"表致使力，表致使的"把（将）"字句由介词"把"和"将"表致使力。不管是用哪类成分来表现致使力，它们的语法意义都是"致使"。

A Study on the Causative Constructions of Ming Dynasty from the Typological Perspective

Shi Qin; *Liu Nian*

Abstract: This paper investigates the syntactic forms and semantic parameters of the causative constructions of Ming Dynasty from the perspective of typology. It is found that in the causative sentences of Ming Dynasty, the structure of the causers is relatively simple in forms. From the grammatical aspect, the causers are mainly nominals and often omitted. And from the semantic aspect, the causers have a high animacy and a prominent feature of being agent. About the causees in the causative sentences of Ming Dynasty, from the aspect of forms, there is a tendency for the causees' syntactic position to move forward in the sentence. The causees in compound causative sentences and factitive causative sentences stay at the end of the sentence. However, in the "V De" -sentences with the causative meaning and Ba-sentences with the causative meaning, the causees have moved to position before the verb in the sentence. From the semantic aspect, there are two situations for the animacy of the causees. On the one hand, the causees can either be animate or inanimate in compound causative sentences, factitive causative sentences, "V De" -sentences with the causative meaning and Ba-sentences with the causative meaning. On the other hand, the causees in periphrastic causative sentences tend to be animate. As for the causative result in the causative sentences of Ming Dynasty, from the aspect of forms, the results can be represented by intransitive verbs and adjectives, more usually by complex predicative structure. From the aspect of semantics, the major results represented by intransitive verbs and adjectives and complex predicative structure are intransitive; a few results represented by transitive verbs are transitive. There are three types of words that can express the causative force in the mandarin of Ming Dynasty: verb, verbal structure and preposition. In particular, in compound causative sentences and factitive causative sentences and periphrastic causative sentences, the causative force is expressed by verbs. In the "V De" -sentences with the causative meaning, the causative force is expressed by the verbal structure "V De". In the Ba-sentences with

225

the causative meaning, the causative force is expressed by the preposition Ba. No matter which types are used to express the causative force, their semantic meaning is—causation.

Keywords: Typology; Causative Construction; Syntactic Forms; Semantic Parameters

About the Authors: Shi Qin (1962 –), Professor and Ph. D. Tutor at School of Chinese Language and Literature in Hubei University, Vice President of Hubei Provincial Linguistic Association, Council Member of Chinese Historical Linguistic Association. Research interests and specialties: history of Chinese Language and grammar and vocabulary of pre-modern Chinese Language.

Liu Nian (1988 –), Ph. D. Candidate in School of Chinese Language and Literature, Hubei University.

近代汉语"认同"类语用标记及其演变

李宗江*

摘　要："认同"类语用标记，文中简称为"认同标记"，是指用来表示认同别人或上文观点，并引出认同语的语用标记。它可以用于独白语篇，更多的是用于对话语篇中，因而它除了连贯语篇的作用外，还有话轮转接功能。文中共收近代汉语时期的认同标记48个，举例说明了其结构特点，展示了近代汉语此类语用标记的大致面貌，并讨论了其来源和演变问题。

关键词：近代汉语　认同标记　来源和演变

基金项目：国家社科基金项目"近代汉语的语用标记及其演变研究"（项目编号：13BYY112）

一　关于认同标记

"认同"类语用标记，下文简称为"认同标记"，是指用来表示认同别人或上文观点，并引出认同语的语用标记。廖秋忠将这类成分称为"再肯定连接成分"，定义为："这些连接成分用来肯定前面所说的话是正确的，并且从另一个角度加以引申或阐述。"① 其文中提到的现代汉语的常见认同标记有"是的""是啊""真的""的确""确实"等。我们所说的认同标记具有以下一些特征。

1. 认同标记是一个独立的小句，前后有明显的停顿，结构上与前后句

---

* 李宗江（1954—），解放军信息工程大学教授，研究方向为汉语词汇和语法演变，主要著述有《汉语常用词演变研究》《汉语新虚词》等。电子邮箱：li1377630@163.com。

① 廖秋忠：《现代汉语篇章中的连接成分》，《中国语文》1986年第6期。

没有联系，书面上都有逗句或句号与前后的句子或段落隔开。

2. 认同标记发挥的主要作用是篇章连接功能，其所连接的两个部分可以是句子、句群、段落，也可以是两个话轮。以现代汉语中的认同标记"是的"为例：

（1）上中学时，背着那刚煮熟的粽子，冒着漫天飞舞的大雪，往城里赶去时，我赞叹过大雪无痕，我坚信过大雪无痕，我心疼过大雪无痕，我渴望过大雪无痕。**是的**，大雪无痕。（陆天明《大雪无痕》）

（2）我不考虑那个！我手无缚鸡之力，不能去杀敌雪耻，我只能临危不苟，儿子怎死，我怎么陪着。我想日本人会打听出他是我的儿子，我也就不能否认他是我的儿子！**是的**，只要他们捕了我去，我会高声的告诉他们，杀你们的是钱仲石，我的儿子！（老舍《四世同堂》）

（3）记得有人说过：有的人活着，他已经死了；有的人死了，他还活着。

是的，黄继光、董存瑞、刘胡兰、雷锋……还有在我们前头牺牲的其他无数先烈的英名。他们的名字和我们的心在一起跳动，一起生活，一起走向未来，真可谓流芳万世……（《人民日报》1982 年 4 月 22 日第 8 版）

（4）宗豫道："你也不必说还了。这次我再帮你点，不过你记清楚了：这是末了一次了。"他正颜厉色起来，虞老先生也自胆寒，忙道："**是的是的**，不错不错。你说的都是金玉良言。"（张爱玲《多少恨》）

在如上的例（1）里，"是的"关联的是两个句子；在例（2）里，关联的是两个句群；在例（3）里关联的是两个段落；在例（4）里关联的是两个话轮。即在前 3 个例子里，"是的"认同的是作者前面自己说的话，但在例（4）里，"是的"关联的是先后 2 个人的对话，是一个人对另一个人所说话语的认同。

3. 认同标记所关联的两个部分我们分别用 X、Y 来表示，X 称为"被认同语"，Y 称为"认同语"，认同标记用 R 表示，那么三者之间写成如下的关系式：

X。R，Y。（其中句号代表较大的停顿，逗号代表较小的停顿）

在这个关系式中，从意义上看，R 和 Y 都表示对 X 的肯定，所以廖秋忠将认同标记叫"再肯定连接成分"[①]，即 X、Y 在认知倾向上是一致的，用 R 一方面是表示对前一部分话语或对方话语的肯定，另一方面引出后面对前面话语的引申和阐明，即再一次的肯定。这种再一次的肯定有着不同侧面。如以上的例（1）中 Y 就是 X 中主要内容的重复；例（2）中 X 和 Y 用否定和肯定两种不同方式表示相同的意思；例（3）中 Y 对 X 通过举例的方式进一步展开说明；例（4）Y 对 X 做出肯定性评价。同时 X 与 Y 也可以是其他关系，例如：

（5）繁漪：（又停一下，看看四面）两礼拜没下来，这屋子改了样子了。

四凤：**是的**，老爷说原来的样子不好看，又把您添的新家俱搬了几件走。这是老爷自己摆的。（曹禺《雷雨》）

（6）对于这种人，人生还有什么威胁？这种快乐，把忍受变为享受，是精神对于物质的最大胜利。灵魂可以自主——同时也许是自欺。能一贯抱这种态度的人，当然是大哲学家，但是谁知道他不也是个大傻子？

是的，这有点矛盾。矛盾是智慧的代价。这是人生对于人生观开的玩笑。（钱钟书《写在人生边上·论快乐》）

（7）忽然鸿渐摸着头问："辛楣，我今天戴帽子来没有？"辛楣楞了楞，恍有所悟："好像你戴了来的，我记不清了——**是的**，你戴帽子来的，我——我没有戴。"（钱钟书《围城》）

（8）"你休息一两天，去拜望亲戚本家一回，我们便可以走了。"母亲说。

"**是的**。"（鲁迅《故乡》）

---

① 廖秋忠：《现代汉语篇章中的连接成分》，《中国语文》1986 年第 6 期。

（9）《用什么写作?》看来，这是一篇谈写作理论的题目。但不是。是一首诗，一首儿童诗。那么，这是通过诗的形式，告诉儿童如何写作? **是的**。但在诗里，却是一个儿童对他父亲说应该用什么写作。（曾卓《诗人的两翼》）

以上的例（5）中，Y 是说明 X 这一发现出现的原因；（6）中，Y 是对 X 所说情况的一个概括和提升；例（7）中的 Y 是对上文的推测做出进一步肯定的判断；例（8）中的 Y 是零，即认同标记后不再有进一步引申或阐述的话，这时只是表明自己对对方做出了一个回应、一个认同的态度；例（9）中的 Y 虽是个转折句，与 X 的认知倾向有距离，但实际上仍然是对 X 上文《用什么写作?》做进一步的说明。

总之，认同标记前后的 X 与 Y 在认知倾向上必须是基本一致的，类似于上例中"是的"的词语，都可看作认同标记。

关于认同标记，赵元任将其称为表示"同意"的零句。[1] 廖秋忠明确将其看作篇章连接成分加以研究，但廖先生所列出的现代汉语的认同标记也只有几个，这是因为他只是讨论书面语的篇章连接成分，而没有涉及口语对话中的认同标记。[2] 除了廖秋忠以外，还有许娜，探讨了再肯定连接成分"的确""确实""真的"的篇章功能[3]。此外有一些个案的分析，如刘云对"是的"的研究，她将其定位为话语标记，并分析了书面语中的"是的"，并指出其前句（段）和后句（段）之间的关系主要有以下五种：承接确认、解释说明、重复强调、引申评论、预示转折。[4] 魏红讨论了"的确"的篇章用法和衔接功能，[5] 徐洁讨论了再肯定连接成分"的确"的语篇功能。[6] 也有从历时演变的角度谈到有关认同标记的来历问题，如龙海平、王耿、颜红菊分别讨论了认同标记"是的"和"真的"的来源与

① 赵元任：《汉语口语语法》，吕叔湘译，商务印书馆，1979。
② 廖秋忠：《现代汉语篇章中的连接成分》，《中国语文》1986 年第 6 期。
③ 许娜：《再肯定连接成分（"的确、确实、真的"）研究》，硕士学位论文，南昌大学，2009。
④ 刘云：《"是的"的衔接功能和语用效果》，《汉语学报》2014 年第 3 期。
⑤ 魏红：《论"的确"的篇章用法和衔接功能》，《北方论丛》2009 年第 4 期。
⑥ 徐洁：《再肯定连接成分"的确"多视角研究》，硕士学位论文，西南大学，2009。

演变问题。① 但对近代汉语中的认同标记尚未见到有人进行研究，近代汉语中有哪些认同标记，与现代汉语认同标记的关系怎样，它们发生了怎样一些演变？这是我们要回答的问题。

二　认同标记举例

本节通过举例的方式，展示我们搜集到的近代汉语的认同标记，希望能够从此窥见近代时期认同标记的基本面貌。下文的举例我们将从认同标记词汇形式的角度，将近代汉语认同标记分为两类：一类是由表示"肯定""同意"的动词"是"作主要成分构成，称为"是"类；此外还有一些其他形式的，称为"其他"。

（一）"是"类

近代汉语"是"类认同标记主要有以下这些：是也、此言是也、是的、是的狠、可是的、可是呢、可是的了、正是、正是的、正是呢、正是这等说、也是、也说得是、你也说得是、这也说的是、也见得是、可不是、可不是呢、言得是、说得是、此言也是、这话是的狠、可知煞是也、这就是得狠了。例如：

（10）时有人问："承和尚有言：'诸方有惊人之句，我这里有刮骨之言。'岂不是？"师曰："**是也**，将来与你刮。"（五代《祖堂集》卷六）

（11）黄门侍郎刘洎对曰："陛下拨乱创业，实功高万古，诚如无忌等言。然顷有人上书，辞理不称者，或对面穷诘，无不惭退。恐非奖进言者。"太宗曰："**此言是也**，当为卿改之。"（唐《贞观政要·纳谏》）

（12）春航道："第一，是好天：夕阳明月，微雨清风，轻烟晴雪，即一人独坐，亦足心旷神怡。感春秋之佳日，对景物而留连，或

---

① 龙海平、王耿：《从征派过程看接入语"是的"的形成》，《世界汉语教学》2014 年第 1 期；颜红菊：《话语标记的主观性和语法化——从"真的"的主观性和语法化谈起》，《湖南科技大学报》（社会科学版）2006 年第 6 期。

旷野，或亭院，修竹疏花，桐荫柳下，闲吟徐步，领略芳辰，令人忘俗。" 蕙劳点头道："不错，真是好的。第二，想必是好地了。" 春航道："**是的**。一丘一壑，山水清幽，却好移步换形，引人入胜。"（清《品花宝鉴》十三回）

（13）凤四老爹道："我笑诸位老先生好笑。人已拿去，急他则甚！依我的愚见，倒该差一个能干人到县里去打探打探，到底为的甚事，一来也晓得下落，二来也晓得可与诸位老爷有碍。" 旅御史忙应道："这话是的狠！" 秦中书也连忙道："**是的狠！是的狠！**"（清《儒林外史》五十回）

（14）"既那样，二叔可不早说？我们娘儿们也该见见，亲香亲香。再说，既到了这里，有个不请到我家吃杯茶的？" 邓九公也道："**可是的**。"（清《儿女英雄传》十六回）

（15）王夫人向贾母说："这个症候，遇着这样大节不添病，就有好大的指望了。" 贾母说："**可是呢**，好个孩子，要是有些原故，可不叫人疼死！"（清《红楼梦》十一回）

（16）张姑娘这才低着头红着脸说道："你老人家瞧，他身上的那钮襻子都撕掉了，那条裤子湿漉漉的溻在身上，可叫人怎么受呢！" 一句话提醒了那老婆儿，说："**可是的了**，你等我告诉他换下来，我拿咱那个木盆给他把那个溺裤洗干净了。你给他把那钮襻子钉上。"（清《儿女英雄传》十一回）

（17）又云："灵云谛当甚谛当，敢报未彻在。" 云曰："**正是**。和尚还彻也无？"（五代《祖堂集》卷十）

（18）文泽道："这必是竹君、卓然二公了。" 众人说道："**正是的**，怎么把他二人写得如此活跳，真非仙笔不能。"（清《品花宝鉴》四十五回）

（19）贾瑞听了，喜的抓耳挠腮，又道："嫂子天天也闷的很？" 凤姐道："**正是呢**，只盼个人来说话解解闷儿。"（清《红楼梦》十二回）

（20）守备看了说："此事正是我衙门里事，如何呈详府县？吴巡检那厮这等可恶！我明日出牌，连他都提来发落。" 又说："我闻得吴巡检是他门下伙计，只因往东京与蔡太师进礼，带挈他做了这个官，

如何倒要诬害他家！"春梅道："**正是这等说**。你替他明日处处罢。"（明《金瓶梅》九十五回）

（21）行者道："这取经的勾当，原是观音菩萨；及脱解我等，也是观音菩萨。今日路阻流沙河，不能前进，不得他，怎生处治？等我去请他，还强如和这妖精相斗。"八戒道："**也是**，也是。师兄，你去时，千万与我上复一声：向日多承指教。"（明《西游记》二十二回）

（22）（末）自古及今，是府眷揭起采楼，刺起丝鞭，才不接，明日相公别作道理。（外）**也说得是**，我女今番嫁状元。（宋《张协状元》第二十七出）

（23）那万秀娘见苗忠刀举，生一个急计，一只手托住苗忠腕子，道："且住，你好没见识！你情知道我又不认这个大汉姓甚名谁，又不知道他是何等样人，不问事由，背着我去，恰好走到这里，我便认得这里是焦吉庄上，故意教他行这路，特地来寻你。如今你倒坏了我，却不是错了？"苗忠道："**你也说得是**。"把那刀来入了鞘，却来啜醋万秀娘道："我争些个错坏了你。"（宋《万秀娘仇报山亭儿》）

（24）（徐茂公云）元帅，你只唤出敬德来，自问他详细，便见真假。（正末云）**这也说的是**。小校，唤将敬德来。（《全元曲·尉迟恭单鞭夺槊》二折）

（25）燕顺道："昨日孩儿们，走得辛苦了，今日歇他一日，明日早下山去也未迟。"宋江道："**也见得是**。正要将息人强马壮，不在促忙。"（明《水浒传》三十三回）

（26）周瑞张材两家的因笑道："姑娘今儿脸上有些春色，眼圈儿都红了。"平儿笑道："**可不是**。我原是不吃的，大奶奶和姑娘们只是拉着死灌，不得已喝了两盅，脸就红了。"（清《红楼梦》三十九回）

（27）凤姐儿立起身来答应了一声，方接过戏单来，从头一看，点了一出《还魂》，一出《弹词》，递过戏单去说："现在唱的这《双官诰》，唱完了，再唱这两出，也就是时候了。"王夫人道："**可不是呢**，也该趁早叫你哥哥嫂子歇歇，他们又心里不静。"（清《红楼梦》十一回）

（28）行者道："你若到他水中与他交战，却不要恋战，许败不许胜，把他引将出来，等老孙下手助你。"八戒道："**言得是**，我去耶。"（明《西游记》二十二回）

（29）（末）亚婆，我有道礼。你只说道：改日娘自讨与你做老婆，它便担去。

（净）**说得是**。孩儿，你且送与它，改日娘做衣服打扮你，自讨与你做老婆。（宋《张协状元》第十一出）

（30）大圣道："我乃齐天大圣，就请我老孙做个尊席，有何不可？"仙女道："此是上会会规，今会不知如何。"大圣道："**此言也是**，难怪汝等。你且立下，待老孙先去打听个消息，看可请老孙不请。"（明《西游记》五回）

（31）凤四老爹道："我笑诸位老先生好笑。人已拿去，急他则甚！依我的愚见，倒该差一个能干人到县里去打探打探，到底为的甚事，一来也晓得下落，二来也晓得可与诸位老爷有碍。"旅御史忙应道："**这话是的狠**！"（清《儒林外史》五十回）

（32）你贪着个断简残编，恭俭温良好缱绻；我贪着个轻弓短箭，粗豪勇猛恶因缘！

（小旦云了。）（正旦云：）**可知煞是也**。（《新校元刊杂剧三十种·新刊关目闺怨佳人拜月亭》）

（33）鲍廷玺想起来道："是那年门下父亲在日，他家接过我的戏去与老太太做生日。赣州府太老爷，门下也曾见过。"杜慎卿道："**这就是得狠了**。如今这邵奶公已死。他家有个管家王胡子，是个坏不过的奴才，他偏生听信他，我这兄弟有个毛病：但凡说是见过他家太老爷的，就是一条狗也是敬重的。"（清《儒林外史》三十一回）

（二）其他

除了"是"类以外，也有一些其他形式的认同标记，如：其然也、然也、诚然、信然、信然哉、不错、你说得不错、这话不错、不错的、真的、言之有理、对了、说得好、嗯、有了、实在的话、也罢、不消说、可不怎地、可知、可知道好、可知好哩、好意思。① 例如：

---

① 近代也有一些别的形式的认同标记，因为见例很少，而没有列入。如"诚哉斯言"，"《易》曰：'君子安不忘危，存不忘亡，治不忘乱，是以身安而国家可保也。'诚哉斯言，不可以不深察也。"（唐《贞观政要·刑法》）

（34）按《周本纪》称武王伐纣，下车而封武庚于宋，以为商后。及武庚叛，周公又以微子继之。是圣人之意，虽恶纣之暴，而不忘汤之德，故始终不绝其为后焉。或曰：《商颂》之存，岂异是乎？曰：**其然也**，而人莫之知矣。非仲尼、武王、周公之心殆，而成汤之德微，毒纣之恶有不得其著矣。向所谓存一《颂》而有三益焉者，岂妄云哉！（宋·欧阳修《商颂解》）

（35）帝曰："祖宗如此英雄，子孙如此懦弱，岂不可叹！"因指左右二辅之像曰："此二人非留侯张良、酂侯萧何耶？"承曰："**然也**。高祖开基创业，实赖二人之力。"（明《三国演义》二十回）

（36）微仲直视曰："此大事，不可不慎。"辙曰："**诚然**，公亦宜慎之。"①（宋·苏辙《颍滨遗老传下》）

（37）"见今尚书共阙四人，若并用似此四人，使互进党类，气势一合，非独臣等耐何不得，亦恐朝廷难耐何矣！且朝廷只贵安静，如此用人，台谏安得不言？臣恐自此闹矣。"宣仁后曰："**信然**，不如且静。"（宋·苏辙《颍滨遗老传下》）

（38）庄生言见似人者而喜矣，**信然哉**！嗟乎黄生，岂特一时慰我也！（宋·曾巩《喜似赠黄生序》）

（39）他女儿接口道："是辰时。那年给姑娘算命，那算命的不是说过底下四个'辰'字是有讲究的，叫甚么甚么地，甚么一气，这是个有钱使的命，还说将来再说个属马的姑爷，就合个甚么论儿了，还要作一品夫人呢！"他妈也道："**不错**，这话有的。"（清《儿女英雄传》十四回）

（40）范姑子道："这年庚，像是盛山主做大哥，王山主第二，谭山主第三的了。"隆吉道："**不错的**。"（清《歧路灯》十六回）

（41）周老爷道："也不必去通知。他那里得了信，自然会跑来的。"王道台道："**你说的不错**，等着他来也好。"（清《官场现形记》十回）

（42）汪盐商道："这样希奇东西，苏州也未必有，只怕还要到我

① "诚然"近代以前用例，如禽滑厘曰："吾取粟耳，可以救穷。"墨子曰："**诚然**，则恶在事夫奢也？长无用，好末淫，非圣人所急也。故食必常饱，然后求美；衣必常暖，然后求丽；居必常安，然后求乐。为可长，行可久，先质而后文，此圣人之务。"（西汉《说苑》卷二十）

们徽州旧家人家寻去，或者寻出来。"万雪斋道："**这话不错**，一切的东西是我们徽州出的好。"（清《儒林外史》二十三回）

（43）八姨道："这也奇了！你们三个人在路上探首饰东西又不在少数，难道那些巡兵竟其一管不管，随你们做手脚吗？"十五姨道："**真的**！说也奇怪！我们把首饰除了下来，他还说手里不好拿，又问我们要了两块手帕子包着走的。拉我们的巡兵眼望着他，竟其一响不响。"（清《官场现形记》五十回）

（44）舟贵道："有何难哉！明日备了三牲礼物，只说去赛神还愿。到了庙中，庙主自然出来迎接。那时掷盏为号，即便捉了，不费一些气力。"观察道："**言之有理**。也还该禀知大尹，方去捉人。"（明《醒世恒言》卷十三）

（45）王孝廉接口道："这才合了俗语说的一句话，叫做'吃得苦中苦，方为人上人。'别的不讲，单是方才这几句话，不是你老人家一番阅历，也不能说得如此亲切有味。"王乡绅一听此言，不禁眉飞色舞，拿手向王孝廉身上一拍，说道："**对了**，老侄，你能够说出这句话来，你的文章也着实有工夫了。"（清《官场现形记》一回）

（46）问："天道左旋，自东而西，日月右行，则如何？"曰："横渠说日月皆是左旋，**说得好**。盖天行甚健，一日一夜周三百六十五度四分度之一，又进过一度。"（宋《朱子语类》卷二）

（47）他被老爷这一问，越发说不出个所以然来，只偷眼瞅着太太，瞅了半日，这才抽抽搭搭的说道："奴才想着是这一跟出去，别的没甚么，奴才怪舍不得奴才太太的。"

嗯！你瞧，人家原来是为舍不得太太所以如此！至于那层儿，敢则是不劳老爷费心，他心里早打算"这一跟出去"上头了！（清《儿女英雄传》四十回）

（48）白脸儿狼说："说你是傻狗，你真是个傻狗。咱们有了这注银子，还往回里走吗？顺着这条道儿，到那里快活不了这下半辈子呀！"那傻狗本是个见钱如命的糊涂东西，听了这话，便说："**有了**，咱就是这么办咧！"（清《儿女英雄传》四回）

（49）像这样热闹的地方，天底下也能有得了么？**实在的话**，连南京也比不上这里咧。（清《华音启蒙谚解》）

（50）（御史）就叫："徐英，你忤逆本该打，如今我饶你，你待做些甚么？"徐英道："小的一向思量出家。"御史点一点头道："**也罢**，我将徐文家产尽给与你，与你做衣钵之资。"（明《型世言》三十五回）

（51）潘金莲接过来道："大娘生日是八月十五，二娘好歹来走走。"李瓶儿道："**不消说**，一定都来。"（明《金瓶梅》十四回）

（52）金莲道："俺这小肉儿，正经使着他，死了一般懒待动旦。若干猫儿头差事，钻头觅缝干办了要去，去的那快！现他房里两个丫头，你替他走，管你腿事！卖萝葡的跟着盐担子走——好个闲嘈心的小肉儿！"玉楼道："**可不怎的**！俺大丫头兰香，我正使他做活儿，他便有要没紧的。爹使他行鬼头儿，听人的话儿，你看他走的那快！"（明《金瓶梅》二十回）

（53）（净）我屋里也有钱。（末）你又几钱？（净）我如何没钱？我前日卖一个猪，又卖三只鸡，又卖八斤芋，一篮大荸荠。（末）是你有钱，珠子王员外！（净）**可知**！我屋里有钱，屋外有田，屋后有园，屋傍有船，屋上有天。（宋《张协状元》第十一出）

（54）又内府管酒的官人们造的好酒，讨十来瓶如何？

可知道好，着谁去讨？（元《朴通事》）

（55）李瓶儿道："再不的，我烧了灵，先搬在五娘那边住两日。等你盖了新房子，搬移不迟。你好歹到家和五娘说，我还等你的话。这三月初十日是他百日，我好念经烧灵。"西门庆应诺，与妇人歇了一夜。到次日来家，一五一十对潘金莲说了。金莲道："**可知好哩**！奴巴不的腾两间房与他住。"（明《金瓶梅》十六回）

（56）"咱几个好朋友们，这八月十五日仲秋节，敛些钱做玩月会，咱就那一日各自说个重誓，结作好弟兄时如何？"

"**好意思**，将一张纸来，众朋友们的名字都写着请去。"（元《朴通事》）

三　认同标记的来源

认同标记的主体是"是"类。龙海平、王耿曾讨论过"是的"的来源，此文称其为"接入语"，认为来自近代汉语作为判断句谓语的"是的"。① 如：

（57）本妇称系市棍郁盛略卖在彼**是的**。（明《二刻拍案惊奇》卷三十八）

（58）时陈察院方巡潮州府，取孙氏一干人犯来问。俱称：孙氏谋杀亲夫**是的**。（明《廉明公案》上卷）

这个"是的"读作"shìdí"为动宾短语，龙海平、王耿称为"系动词＋系事"结构。② 它与"是实"同义，如：

（59）只此一言**是的实**。（宋《张协状元》十四出）

（60）王俊杀叔**是实**，世名报仇也是理之当然。（明《型世言》二回）

此文认为由"是的（dí）"到接入语"是的（de）"的演变是瞬间完成的，并用"征派"说来解释。我们认为至少这个语音销蚀过程，即"的"由读重音的 dí 变为轻声的 de 如说是瞬间完成的，似无法令人信服；而且似也无法解释，由作谓语到作认同标记为何一定要发生读音弱化。

我们认为作为认同标记的"是的"，与古代的"是也"存在演变关系。其中的"是"为形容词，表示"正确、真实"义。此义《汉语大词典》举有《诗经》用例，说明它产生很早。"是"加语气词"也"形成"是也"，在上古就常作谓语，如：

（61）己诚**是也**，人诚非也。（《荀子·荣辱》）

（62）君之立不宜立者，非也；既立之，大夫奉之，**是也**。（汉董仲舒《春秋繁露》卷三）

---

① 龙海平、王耿：《从征派过程看接入语"是的"的形成》，《世界汉语教学》2014年第1期。

② 龙海平、王耿：《从征派过程看接入语"是的"的形成》，《世界汉语教学》2014年第1期。

由作谓语来肯定主语，到用于句首，来肯定对方的话，这是很自然的。现代汉语中的"对（的）、好（的）"等也都可以作认同标记，其来源是类同的。龙海平、王耿指出英语、印地语、乌尔都语等多种语言中认同标记都可来自表示"正确、真实"义的词汇项。①"是"作认同标记时常加语气词，成为"是也"。"是也"作认同标记最早是用于对话中，起先是用于回应是非问句，表示确认。如：

（63）长沮曰："夫执舆者为谁？"子路曰："为孔丘。"曰："是鲁孔丘与？"曰："**是也**。"（《论语·微子》）

（64）景公有爱女，请嫁于晏子，公乃往燕晏子之家。饮酒，酣，公见其妻曰："此子之内子耶？"晏子对曰："然，**是也**。"（《晏子春秋·景公以晏子妻老且恶欲内爱女晏子再拜以辞》）

中古"是也"后开始出现认同语，如下例中加下划线的部分：

（65）"昔成王以桐叶戏叔虞，周公便以封之。今图藏在天府，便可于坐上断也，岂待到州乎？"宣王曰："**是也**。<u>当别下图</u>。"（《三国志裴注·魏书·韩崔高孙王传》）

中古可以见到"是也"用于独白语篇中来肯定引语的用例。如：

（66）洛水又东，至阳虚山，合玄扈之水。《山海经》曰：洛水东北流，注于玄扈之水。**是也**。（北魏《水经注》卷十五）

例（66）中"是也"并不是用于对话的第二话轮中，而是用于叙述语篇中对上文引语的肯定。"是也"在近代甚至晚清都可见到。如：

（67）师云："老子方亲得山僧意。"顺僧云："打水鱼头痛。"师

---

① 龙海平、王耿：《从征派过程看接入语"是的"的形成》，《世界汉语教学》2014年第1期。

云："**是也**。"（五代《祖堂集》卷七）

（68）臧姑曰："货物放在舱底么？"二成曰："**是也**。"（清邵彬儒《俗话倾谈》卷之一）

"是的"最早见于清代，我们以为"是的"是对"是也"的替换，更准确些说是语气词"的"对"也"的替换。表肯定的语气词"的"产生于元明时代，《汉语大词典》所举最早用例为元代，因而其在清代用于"是"后是很自然的。如：

（69）一日，到珊瑚房里，珊瑚笑了笑说："我合你做妯娌十年多，近来极像合你初会呀。**是的**，我不知怎么，见了你亲极，全不像寻常日。"（清《聊斋俚曲集·妯姑曲》三回）

（70）宝玉看了，便笑问道："你也是我这屋里的人么？"那丫头道："**是的**。"（《红楼梦》二十四回）

"是的"在清代还不多见，到现代汉语中才用得多起来。

如果我们将"是也""是的"联系起来考察，就会发现，"是的"的演变并不是瞬间完成的。作为认同标记，可以用于对话中，也可用于独白中，从近代汉语的情况看，"是也""是的"都是主要用于对话中，而且其后多是没有认同语的。从"是的"在现代汉语中的表现来看，其在语篇中的分布如下几方面。

对话$_1$：a 过年你回家吗？b **是的**。（回家。）（此处括号代表此句可有可无，下同）

对话$_2$：a 过年你应该回家。b **是的**。（我回家。）

独白$_1$：他说过年要回家。**是的**。（应该回家。）

独白$_2$：他天天盼望着过年回家。**是的**，出来那么久了，应该回家。

在上面例子中，"是的"表示"确认、肯定"的功能是依次虚化的，对话$_1$中的 a 句是个是非问句，是非问句是期待确认的，所以其中的认同标记的词汇意义最突出。对话$_2$的 a 句不是问句，说话者只是说出了自己的意见，并不期待对方确认，这时的认同标记起着回应对方、采纳对方意见或者告诉对方自己有这个计划等意思，与对话$_1$相比，认同功能已经减弱。独白₁里，"是的"是对引语的肯定，不是在对话中，既无确认功能也无回应功能，认同功能进一步减弱。在前面这三种情况下，"是的"后面都可以没有认同语。从汉语史看，"是也"后面多是没有认同语的。到了独白₂里，"是的"就仪式化了，它必须有认同语，本身的认同功能已经很弱，只是起着一个形式上的衔接作用，即将两个具有相同认知倾向的命题衔接起来，或者说其作用是引出一个对上文表示进一步肯定或阐述的语句或语段。因而认同标记的演变历程依据其在语篇中的表现，经历了以下的过程：

对话₁→对话₂→独白₁→独白₂

这样一个演变过程，在汉语历史上是由"是也"和"是的"接续完成的，其演变过程差不多贯穿了汉语历史的全过程。在清代以前，"是也"只用于对话和独白₁中，到了清代，"是的"才见到独白₂中的用例。廖秋忠①所讲的再肯定连接成分只指用于独白₂中的词语，这在近代只有一个"是的"，且是清代才见。

四 认同标记的演变

认同标记在近代汉语各时期的分布如表1所示。②

表1近代汉语时期认同标记的分布情况反映了以下几个特点。

1. 我们所发现的唐宋时期的认同标记很少，不只是个数少，而且用量也较少，表上所列的都是从古代继承下来的，唐代的民间口语中是否还用值得怀疑。表上所列主要是元明清的情况，好像是越往后越多，这应该并不反映实际语言的真实情况，因为认同标记是对话中很常用的成分，不可能只有我们发现的这几例。问题主要是出在语料的质量上，因为我们现在能看到的白话或接近白话的唐宋语料口语对话材料较少，因而难以考察到真实情况。

---

① 廖秋忠：《现代汉语篇章中的连接成分》，《中国语文》1986年第6期。
② 表内的"是也"包括"此言是也"，"可是的"包括"可是呢"，"正是这等"代表"正是这等说"，"也说得是"包括"你也说得是""这也说的是""，"可不是"包括"可不是呢"，"这话是狠"代表"这话是得狠""这就是得狠了"。"可知煞是"代表"可知煞是也"，只在元曲中可见。"然也"包括"其然也""诚然"，"信然"包括"信然哉"，"不错"包括"不错的""说得不错""这话不错"，"好意思"只于《朴通事》里可见。

表 1　认同标记在近代汉语各时期的分布

类	词语	唐	宋	元明	清	现代
是类	是也	+	+	+	-	-
	是的	-	-	-	+	+
	是的很	-	-	-	+	-
	可是的	-	-	-	+	+
	可是的了	-	-	-	+	-
	正是	+	+	+	+	+
	正是的	-	-	-	+	-
	正是呢	-	-	-	+	-
	正是这等	-	-	-	+	-
	也是	-	+	+	+	+
	也说得是	-	+	+	+	+
	也见得是	-	-	-	+	-
	可不是	-	-	-	+	+
	言得是	-	+	+	+	+
	说得是	-	+	+	+	+
	此言也是	-	-	+	+	+
	这话是很	-	-	-	+	-
	可知煞是	-	-	+	+	-

类	词语	唐	宋	元明	清	现代
其他类	然也	+	+	+	-	-
	信然	+	+	+	-	-
	不错	-	-	-	+	+
	真的	-	-	-	+	+
	言之有理	-	-	+	+	+
	对了	+	+	+	+	+
	说得好	-	-	-	+	+
	嗯	-	-	-	+	+
	也是如此	-	+	+	+	-
	有了	-	-	-	+	+
	实在的话	-	-	-	+	-
	也罢	-	-	+	+	-
	不消说	-	-	+	+	+
	可不怎的	-	-	+	+	-
	可知	-	+	+	+	-
	可知道好	-	-	+	+	-
	可知好哩	-	-	+	-	-
	好意思	-	-	+	-	-

2. 如将表上的认同标记同现代汉语的认同标记做一对照，就会发现现代汉语的认同标记系统已经有了较大的变化，即使同离它最近的清代相比，也有很多不同，如廖秋忠①提到的"的确"和"确实"，在近代还没有见到。现代汉语中构成认同标记表示"同意"的动词除了"是"外，还有"对"和"好"，另如"对""对的""说得对""好""好的"等，这些词语虽在近代有个别已经产生，可是用得很少，但在现代口语里都是大家非常熟悉的认同标记了。

The Kind of "Agreement" Pragmatic Markers in Modern Chinese and Its Evolution

Li Zongjiang

Abstract：The kind of "agreement" pragmatic markers-the following is also known as "Rentong"（认同）markers-refers to the pragmatic markers used to indicate agreement with another person or the above point of view and to introduce the statement of approval. This kind of pragmatic markers can be used in monologue discourse, but more often in discourse, therefore, in addition to the role of coherent discourse, it also has the function of turn – taking. There are 48 markers of this kind in modern Chinese collected in this paper, and their structural characteristics are illustrated with examples. This paper shows the general appearance of such pragmatic markers in modern Chinese and also discusses their origin and evolution.

Keywords：Modern Chinese；"Rentong" Markers；Origin and Evolution

About the Author：Li Zongjiang（1954 –），M. A. ，Professor in PLA Information Engineering University. Research interests and specialties：evolution of Chinese vocabulary and grammar. Magnum opuses：*Study of the Evolution of Chinese Common Words*，*Chinese New Function Words*，etc. E-mail：li1377630 @ 163. com.

---

① 廖秋忠：《现代汉语篇章中的连接成分》，《中国语文》1986 年第 6 期。

《反切法》音系与永嘉方音

周赛华*

摘　要：文章对《反切法》的音系做了比较详细的介绍，并对音系特点做了重点分析，在此基础上进一步论证了书中音系反映的是当时的永嘉方音。然后探讨了从清末到今永嘉方音主要发生了哪些变化。

关键词：永嘉方音　《反切法》　音系　清代

基金项目：国家社科基金重大项目"汉语等韵学著作集成、数据库建设及系列专题研究"（项目编号：17ZDA302）；国家社科基金项目"近代等韵研究缀补"（项目编号：15BYY103）；湖北省教育厅人文社会科学研究项目"明清等韵（含民国）补述"（项目编号：14G098）

《反切法》系清代永嘉（今温州）人谢思泽所辑，该韵图附于《四声正误》后，后来又附在稿本《因音求字》①后。《四声正误》于光绪二十一年（1895）由瓯城梅师古斋刊出。作者谢思泽（1836—1909）永嘉蓬溪人，字邦崇，号文波，博学多才，其中韵学著作有《四声正误》、《因音求字》和《空谷传声》。

《反切法》中主要部分为《瓯腔二十三母图》，该图音系反映的是当时

---

* 周赛华（1969—），博士，湖北大学文学院教授，主要从事音韵和方音史研究，著有《合并字学篇韵便览研究》等。电子邮箱：zhouzshbs@ sina. com。

① 后来谢氏以《反切法》为基础，编了一部等韵化的韵书《因音求字》（民国六年才刊行），音系更加详细，故两书可配合研究。

的永嘉方音。谢氏说："其音止用瓯腔，不用官腔者，恐瓯人不解官音故也。"① 该图横列二十三母，纵列三十六韵，声韵交叉处列出代表字（主要是平声字，没有平声字的列出上、去或入声字）。

一　声母及其特点

书中总共有二十三个声母，即见溪群疑端透定泥帮滂並明精清从心邪晓匣影非微来。主要特点有以下几个方面②。

1. 精组字与照组字合流。

在精组字下列有：宗聪从松中充虫荀旬精清呈星成真陈亲新庄仓藏桑巢。

2. 日母字与邪母字合流。

在邪母下列有：茸旬成人愁柔祥柴巢床如。

3. 非敷合流。

在非母下列有：风分番方夫弗。

4. 奉微合流。

在微母下列有：缚扶浮微物文烦房。

5. 匣喻合流。

在匣母下列有：华欲乎含员豪瑶夷贤孩为回亦。

6. 娘泥母细音与疑母合流。

在疑母下列有：玉尼年逆元银牛娘颜。

7. 部分从母字归入邪母字。

在邪母下列有：属族存全槽韶时齐前才。

8. 分尖团。

在书中有：坚≠尖；牵≠千；乾≠廛；轩≠先。

---

① 在《因音求字·例言》中谢氏说："此集只就本地俗腔而设，虽与各处有异同，亦所不计。"
② 在后面谢氏把二十三母与《韵法直图》的三十二母、《康熙字典》的二十七母进行了对比，并对字母之间的分合进行了说明。

二　韵母及其来源、特点

书中总共有三十六个韵母，分为下面六类①。

1. 宫音九韵：公钧惊金跟琨鸠勾阎。

2. 商音八韵：羹肱姜皆关脚光恭。

3. 角音八韵：哥犇戈菊柑官高骄。

4. 徵音四韵：赀鸡坚该。

5. 羽音四韵：居傀搋吉。

6. 鼻音三韵：吾模儿。

（1）公韵。主要来源于古通摄的一等字和三等非组泥来母字。例字：公空岘东通同农豇蓬蒙宗聪从松茸烘红翁风逢笼。

（2）钧韵。主要来源于古通摄三等韵的部分牙喉音字、知章组字和臻摄合口三等牙喉音字、精组字、知章组字②。例字：钧穷穬中虫虫荀旬兄荣雍。

（3）惊韵。主要来源于古梗摄开口三、四等端组、帮组、精组、知章组和来母字（少数臻摄深摄的帮组字和来母字)③。例字：丁汀廷兵娉平明精清呈星成林。

（4）金韵。主要来源古臻深摄开口字（开口一等牙喉音字除外）、臻摄合口三等韵字（牙喉音字除外）、梗摄开口三等牙喉音字、曾摄开口一等端精组字和来母字。例字：金轻勤银登滕能奔喷门真亲陈新人兴寅阴分文楞。

（5）根韵。主要来源于古臻摄曾摄开口一等牙喉音字。例字：跟

---

① 谢氏在《反切法》后说："合共三十六韵，分属宫商角徵羽鼻六音者，为空谷传声计。非必谓公钧等九韵即是宫，羹肱等八韵即是商也。"

② 书中钧韵端组字、帮组字和非微来三母所列字注明"同上"，即与公韵同。书中这种同上之注甚多，但今永嘉方音一般都没有这种读音，有的开齐合几呼都同上，音系显得非常奇怪，看来这是谢氏为了填满韵图的人为之举，并不一定当时就真的存在这些音，故书中同上之音，后文不再涉及。

③ 书中惊韵牙喉音字下注明"官"字。谢氏解释说："如惊韵阎韵，必须用官腔者，下书一官字。"意思是说这些字读官音读的话，可归入惊韵。按方音则归入他韵。也就是说，这些字音在方音中，是没有惊韵这种读音的。在《因音求字》中，这些字也只列了一个字而已，并不释义。后面凡是注明官音的，不再赘述。

恒很。

（6）琨韵。主要来源于古臻摄合口一等的牙喉音字。例字：琨坤悃魂。

（7）鸠韵。主要来源于古流摄开口三等的牙喉音字（疑母除外）、庄组字和流摄开口一等的端组字（其中定母部分字）、来母字。例字：鸠邱求兜偷投邹搊搜愁休由攸楼。

（8）勾韵。主要来源于古流摄开口一等的牙喉音字和古流摄开口三等的疑母字。例字：勾彄勖牛侯瓯。

（9）阄韵。主要来源于古流摄开口三等的端组字、知章组字、精组字、来母字和古流摄开口一等定母部分字。例字：丢𡾀周秋酬收柔流。

此韵下有入声"必"韵[1]。主要来自古臻摄开口三等质韵、古深摄开口三等缉韵和古梗摄开口四等昔韵的帮组字和来母字。例字：必僻弼蜜立栗。

（10）羹韵。主要来源于古梗摄开口二等庚耕韵。例字：羹阬埂硬打绷烹膨盲争撑枨生亨行甖冷。

（11）肱韵。主要来源于古曾梗摄合口一、二等牙喉音字。例字：肱轰横。

（12）姜韵。主要来源于古宕摄开口三等韵字（庄组字除外）。例字：姜腔强娘张昌长商祥香羊央凉。

（13）皆韵。主要来源于古蟹摄开口二等韵字、山咸摄开口一、二等韵字和山摄合口三等的轻唇音字。例字：皆揩颜单滩谈难班攀排蛮斋钗残山柴哈谐挨番烦兰。

此韵下有入声"格"韵。主要来自古梗摄开口二等韵入声字和山咸摄开口一、二等韵入声字（帮组字除外）。例字：格甲隔夹客恰额搭塔榻达百拍白麦陌责札窄察策插宅杀闸赫瞎狭匣鸭压腊剌。

（14）关韵。主要来源于古山摄合口二等韵牙喉音字和蟹摄合口二等韵牙喉音字。例字：关宽顽怀歪。

此韵下有入声"刮"韵。主要来自古山摄合口一、二等入声韵的牙喉

音字和梗摄合口二等入声韵的牙喉音字。例字：刮阔豁或滑㞦。

（15）脚韵。主要来自古宕摄开口三等韵的入声字（另有少数效摄开口三、四等韵字）。例字：脚却箬虐勺雀着削嚼药约略（尧超箫）。

（16）光韵。主要来自古宕摄一等韵字、江摄二等韵字（庄组字除外）、效摄开口二等韵字、宕摄开口三等韵庄组部分字和宕摄合口三等的轻唇音字。例字：郎房方忘汪坳爻杭黄荒藏巢桑捎仓抄庄忙茅旁庖抛帮邦包囊唐汤当昂康敲交冈光江。

此韵下有入声"八"韵。主要来自古山咸摄合口三等韵轻唇音字和山摄开口二等的帮组字。例字：八拔袜法发伐乏。

（17）恭韵。主要来自古通摄合口三等钟韵部分牙喉音字、宕摄合口三等韵牙音字、江摄开口二等韵庄组字和宕摄开口三等韵庄组部分字。例字：恭匡狂浓钟妆疮撞双床凶王用壅。

（18）歌韵。主要来自果摄一等韵字（合口一等牙喉音字除外）、假摄二等韵字和遇摄合口三等韵庄组字。例字：哥加瓜柯夸鹅牙多拖驼奴巴爬匍麻摩渣叉搓茶沙梭初蔬锄花呵霞华河丫娃罗。

此韵下有入声"角"韵。主要来自古山江摄开口二等韵的入声字（知庄组字除外）和宕摄开口一等韵的入声字（另有少数通摄一等韵入声字）。例字：洛沃学涸霍昨速错莫薄撲博铎鹤鄂岳确角各。

（19）覺韵。主要来源于古通摄合口三等烛韵的入声字、江摄开口二等韵的知庄组字入声字。例字：绿欲属俗粟束朔蜀浊触矗足捉烛琢玉局曲覺。

（20）戈韵。主要来源于古果摄合口一等韵字（少数果摄开口字也归入）、遇摄合口一等韵字（精组字、绝大部分端组字和来母字除外）和遇摄合口三等的轻唇音字。例字：戈姑科枯讹俄徒驮波坡铺蒲婆模魔呼和胡乌倭夫扶无。

此韵下有入声"谷"韵。主要来源于通摄合口一等韵入声字和通摄合口三等韵入声字的轻唇音字。例字：谷哭督笃秃读毒卜仆目簇速斛屋福腹鹿。

（21）菊韵。主要来源于古通摄合口三等屋韵的入声字。例字：菊麹肉竹筑畜逐叔宿熟旭育。

（22）柑韵。主要来源于咸摄开口一等韵字、山摄开口一等韵的部分牙喉音字、山摄合口一等韵字（牙喉音字除外）、臻摄合口一等韵字（牙喉音字除外）和少数臻摄开口一等韵的牙喉音字。例字：柑看颔端耽墩探吞湍覃团臀南潘般盆馒尊钻村参孙村蚕憨含痕恩庵峦。

此韵下有入声"鸽"韵。主要来源于咸摄开口一等韵入声字、山摄开口一等韵的部分牙喉音入声字、臻摄合口一等韵的入声字（牙喉音字除外）和山摄合口一等韵入声字。例字：鸽合磕兀答掇脱沓突夺纳钵拨泼勃末匝猝刷杂喝盒盍粒。

（23）官韵。主要来源于山摄合口一等韵牙喉音字，山摄开口一等韵的部分牙喉音字，山摄合口三、四等韵字和臻摄合口一等韵的部分牙喉音字。例字：官干涓圈权拳元专川诠传宣全船旋欢昏完魂寒玄安温冤。

此韵下有入声"骨"韵。主要来源于臻摄合口一等韵的牙喉音字入声字，山摄合口三、四等韵入声字，山摄开口一等韵的部分牙喉音入声字和臻摄合口三等韵入声字（轻唇音字除外）。例字：曷越血述绝雪出拙月阙窟渴骨诀葛厥。

（24）高韵。主要来源于古效摄开口一等韵字和流摄开口三等轻唇音字、明母字。例字：高尻刀韬桃猱褒谋毛糟操曹搔毫熛浮劳。

（25）骄韵。主要来源于古效摄开口三、四等韵字。例字：骄跷桥尧雕挑条标飘瓢苗招焦超潮萧宵韶枭瑶腰。

（26）赀韵。主要来源于古止摄开口三等韵的精组字和知庄章组绝大部分字。例字：赀之知脂雌痴迟持思诗时而磁。

（27）鸡韵。主要来源于古止摄开口三等韵字（精组字和知庄章组绝大部分字除外）、蟹摄开口四等韵字、假摄开口三等韵字、遇摄合口三等韵极少数字和止摄合口三等韵的轻唇音字。例字：鸡机基溪其尼霓低爹题泥披皮脾眉迷支猪妻池西奢齐邪徐希爷姨衣飞微梨。

此韵下有入声"喫"韵。主要来源于古曾梗摄开口三、四等韵入声字（三等韵庄组字除外）和臻摄开口三等质韵帮组字。例字：喫嫡剔敌必碧僻弼蜜积职尺刺直识昔石席力立。

（28）兼韵。主要来源于古山咸两摄开口三、四等韵字。例字：连廉烟贤盐轩前蟾仙先纤缠千占煎眠篇边甜天颠严年钳牵兼。

此韵下有入声"结"韵。主要来源于古山咸摄开口三、四等韵入声字。例字：列噎叶歇舌摄屑撒切节浙灭别撇匹叠铁跌业竭怯结。

（29）该韵。主要来源于古蟹摄开口一等韵字。例字：该开胎皑抬栽猜才咍孩哀。

此韵下有入声"祴"韵。主要来源古曾摄开口一等韵入声字（帮组字除外）和曾摄开口三等韵入声字的庄组字。例字：勒黑贼色涩测则墨特得刻祴。

（30）居韵。主要来源于古遇摄合口三等韵字（轻唇音字除外）、止摄合口三等韵牙喉音字、精组字、知章组字和遇摄合口一等韵端组字、精组字、来母字。例字：居龟窥区渠葵鱼危都途朱租追吹粗除垂书需苏虽儒谁辉虚为余围威淤炉间。

（31）傀韵。主要来源于古蟹摄合口一等韵字和少数止摄合口三等韵字。例字：归魁巍堆推颓悲坏培梅催衰灰回煨雷。

此韵下有入声"国"韵。主要来源于古曾摄合口一等韵牙喉音入声字、曾摄开口一等韵帮组入声字、臻摄合口三等物韵的轻唇音字和臻深摄开口三等知章组、精组入声字。例字：日入十集习室侄七缉汁质绩墨惑北国拂佛物捋。

（32）慨韵。此韵比较特殊，舒声只有"个"字。

此韵下入声字只有"槠"字。

（33）吉韵。主要来源于曾梗深臻摄开口三、四等韵的牙喉音入声字、臻摄合口三等韵的部分牙喉音入声字。例字：吉急乞吃泣及厥倔匿吸亦腋译一乙挹。

（34）吾韵。主要来源于果摄开口一等韵和遇摄合口一等韵的疑母字。例字：吾吴娥。

（35）模韵。主要来源于果摄合口一等韵、遇摄合口一等韵和流摄开口一等韵的明母部分字。例字：模磨母。

此韵下有入声"木"韵。主要来源于古通摄合口一、三等入声韵的部分明母字。例字：木目沐。

（36）儿韵。主要来源于古止摄开口三等韵的日母字和止摄开口三等韵的疑母字。例字：儿疑宜。

从上面韵母的构成来看，从中古到书中音系时期，从韵摄到韵，发生了很大变化，即韵摄和韵进行了大面积的分化与合并，且规律不太明显。

三 声调及其特点

书中音系有四声，即平上去入。其中，清平与浊平、清上与浊上、清去与浊去、清入与浊入都不混，以"兼"韵为例：（兼＝肩＝坚）≠（乾＝钳＝虔＝黔）≠（谦＝牵＝悆＝搴）；（茧＝检＝键）≠（俭＝件＝槏）≠（遣＝芡＝缱）；（见＝建＝剑）≠健≠（欠＝纤）；（结＝洁＝劫）≠（挈＝箧＝愜＝怯）≠（竭＝碣＝杰＝桀）。

因此书中四声可能按声母的清浊分阴阳，有八个声调。

四 音系及其性质

书中音系是当时永嘉方音的反映，前面已有说明。下面再从语音本身做些补充说明。把书中音系与今永嘉方音进行简单的比较。

（一）声母特点的比较

书中声母特点	1	2	3	4	5	6	7	8	
永嘉方音	√	√	√	√	√	√	√	×①	

（二）韵母来源构成比较

书中韵母	公	钧	惊	金	跟	琨	鸠	勾	阉	羹	肱	姜	皆	关	脚	光	恭	哥
永嘉方音	√	√×	√	√×		√×		√	√		√	√×	√	√×	√	√		

书中韵母	辇	戈	菊	柑	官	高	骄	赀	鸡	坚	该	居	傀	概	吉	吾	模	儿
永嘉方音	√	√×	√	√	√	√	√	√×	√	√	√	√	√	√	√	√	√	√

从上述的比较可以看出，书中音系跟今永嘉方音基本一致，不同的地方主要是古今差异造成的，是可以解释的（具体情况见下面"五"部分）。因此书中音系跟作者所说一致，是当时永嘉方音的反映。

---

① 凡是不同的打"×"，略有差异的打"√×"。

当音系性质确定后，可根据今方音构拟出书中声韵母。

1. 声母：见［k］溪［kʰ］群［g］疑［ŋ］；端［t］透［tʰ］定［d］泥［n］；帮［p］滂［pʰ］並［b］明［m］；精［ts］清［tsʰ］从［dz］心［s］邪［z］；晓［h］匣［ɦ］影［ø］；非［f］微［v］；来［l］。

2. 韵母：公［oŋ］钧［ioŋ］；惊［eŋ］；金［aŋ］跟［ɑŋ］① 琨［uɑŋ］；鸠［au］勾［ɑu］；阄［ieu］；羹［ɛ］肱［uɛ］姜［iɛ］；皆［a］关［ua］脚［ia］；光［uɔ］恭［yɔ］；哥［o］輋［yo］；戈［u］菊［iu］；柑［ø］；官［y］；高［ə］骄［yə］；赀［ɿ］；鸡［i］；坚［ie］；该［e］；居［ʮ］；傀［ai］摡［uai］吉［iai］；吾［ŋ̍］模［m̍］儿［ɳ̍］。

五 古今的主要差异和变化

1. 书中音系分尖团音，后来经过腭化音变，今永嘉方音部分字已经尖团音不分了。即古精组知章组字细音字，在书中合流为一，与古见组细音字对立，后来这两组字中有部分字声母腭化，读舌面音，造成精见组细音字部分合流。

2. 书中古合口呼前晓匣母与非组字不混，今永嘉方音中在部分韵前已经合流。如在书内"公"韵中：（风＝封＝丰＝疯＝蜂＝丰＝枫＝锋＝烽）≠（烘＝薨）；（缝＝逢＝冯）≠（红＝洪＝宏＝鸿）。在"戈"韵中：呼≠（夫＝肤＝敷＝俘）；（和＝胡＝湖＝狐＝壶＝禾）≠（扶＝符＝巫＝诬）。

2. 惊韵字今温州读洪音［eŋ］，但今永嘉话精组、知章组字读［ieŋ］。这可能跟后来的声母腭化有关。

3. 书中金韵、根韵和琨韵是不同的韵母。今温州和永嘉方音中，除了金韵中的牙喉音字因腭化读细音［iaŋ］外，金韵中的其他字与根、琨韵都读开口洪音［aŋ］音，韵母发生了归并②。

4. 书中鸠韵和勾韵是不同的韵母，今温州和永嘉方音中，除了鸠韵中

---

① 书中音系中，有些牙喉音字单独成韵，与中古同韵的其他字不同韵母。另，书中各韵一般是按读音相近的原则来排列的。

② 今仓南方音中此部仍旧是一个韵母（有少数字不归在本部）。

的牙喉音字因腭化读细音［iau］外，鸠韵中其他字与勾韵合流，读洪音
［au］。

5. 书中羹韵和肱韵是不同的韵母，今永嘉方音合流，读［ɛ］。

6. 书中皆韵和关韵是不同的韵母，今温州和永嘉方音基本合流，但有
少数牙喉音字永嘉和温州方言中仍旧读合口音［ua］。

7. 书中光韵字，今温州方音仍旧为一个韵母。但今永嘉方音中端精庄
组字和晓匣喻母字为一韵母，失去了合口介音，读开口［ɔ］，轻重唇音字
仍旧读合口音［uɔ］。

8. 书中光韵入声"八"韵字，主要元音受介音的影响高化，读［o］，
整个韵母读［uo］了。

9. 书中戈韵中的端组字（多徒鲁读笃鹿）及其入声字，元音复合化，
［u］→［əu］。

10. 书中"菊"韵字单独为一母，后来主要元音复合化，［iu］→
［ieu］。今永嘉方音变成了与阄韵相配的入声。而阄韵原来相配的入声，失
去了此韵下的又读音，从而只读［i］。

11. 鸡韵字今永嘉方音分为两个韵母。其中唇音字、端组字和喉音字
读［i］。其中牙音精组字、照组字元音复合化，读［ei］。

12. 书中"喫"韵下有部分字在"必"韵下有又读音，今永嘉方音
"必"韵下的又读音已经没有了。

13. 书中"居"韵字在今温州方言和永嘉方言中，已经分化为多个韵
母。只有苍南方音还保持为一个韵母，与书中音系基本一致。今永嘉方音
中，遇摄合口一等韵端组字、来母字（都途炉）已经元音复合化，读
［əy］。古遇摄合口三等韵和止摄合口三等韵影喻母字（威淤围余）已经读
［u］。

14. 书中"概"韵只有一个"个"字，今永嘉方音已经归入"傀"
韵，失去了合口介音。

15. 书中鼻音韵"吾"韵和"儿"韵，今永嘉方音已经合流为一个后
鼻音声化韵。其实在书中音系中，此二韵是同一音位的变体，在音质上有
区别，"吾"可能带有一定的圆唇色彩，"儿"韵可能带有一定的腭化
色彩。

从书中音系时期到今永嘉方音，主要的变化规律有：

1. 合口介音进一步丢失；

2. 元音的高化，导致元音复合化；

3. 声母腭化，舌面前辅音出现。

《反切法》记录了清末永嘉方音，是研究清末瓯语的宝贵资料，也是研究瓯语史的宝贵资料。

The Phonological System of *Fan Qie Fa* and Yongjia Dialect

Zhou Saihua

Abstract：This article describes the phonological system of *Fan Qie Fa* in more detail, and some of the phonological features are highlighted. And then it further proves that the phonological system of *Fan Qie Fa* is reflected in YongJia Dialect. Finally, it discusses what changes have taken place in Yongjia dialect since the end of Qing Dynasty.

Keywords：YongJia Dialect；*Fan Qie Fa*；Phonological system；Qing Dynasty

About the Author：Zhou Saihua（1969 – ），Ph. D. , Professor in School of Chinese Language and Literature, Hubei University. Research interests and specialties：the history of phonology and dialectal accent. Magnum opuses：*Study on He Bing Pian Yun Bian Lan*, etc. E-mail：zhouzshbs@ sina. com.

信息技术与文学教育

编者按

　　随着信息化时代的到来，"数字时代原住民"开始进入高校，学生在知识结构、学习方式等方面已发生巨大变化。为了应对这种变化，更好地适应时代的要求，促进学生的发展，华中师范大学文艺学教学团队自2014年开始在"文学批评"教学中实施"三阶式翻转课堂"，探索通过信息技术与课程的深度融合激发学生的自主学习意愿，提升其自主学习能力的有效方法。通过移动学习平台的选择，他们建构了线上线下无缝衔接的教学空间；通过以伙伴学习为主要方式的试错型实践，实现了学生个体－小组－班级三个层次之间的反复交互；通过在教学中引入数据挖掘和学习分析技术，他们完成了对学情的动态全流程把握，实现了分类干预和精准教学。这些探索，先后获得湖北省教学成果一等奖、湖北省首届移动教学大赛一等奖。本专辑中的文章，从翻转课堂的教学设计、教学实施和评价分析入手，系统地为我们呈现了他们的探索和思考，欢迎大家批评指正。

移动学习环境下的逆碎片化教学实践

——以"文学批评三阶式翻转课堂"为例

徐　敏[*]

　　摘　要：移动学习已成为信息化时代的重要学习方式。但它所带来的碎片化学习本身的缺陷，却在相当程度上成为深度学习的障碍。本文以华中师范大学"文学批评"课程 SPOC 教学实践为例，探讨了如何在联通主义和建构主义教学理论指导下，通过优化教学流程，在"线下 + 线上"的无缝学习空间内实施"逆碎片化"教学法，引导学生走过从个体概念的重构，到关联建立知识结构图，再到群体性创新的学习之旅，完成个性化学习。

　　关键词：无缝学习空间　逆碎片化教学法　概念重构　关联结构　建构创新

　　基金项目：湖北省高等学校省级教学研究项目"强交互性智慧教室环境下高校文科学生个性化学习探索——基于精准学习干预的文学批评高效翻转课堂建构"（项目编号：2017097）

　　随着新媒体技术的迅速发展，特别是各种移动教育应用和移动终端的出现，移动学习（Mobile Learning）已取代网络学习（E-learning）、数字化学习（Digital Learning）成为高等教育中重塑学生学习的重要方式。它以灵活性、情境性、实用性、趣味性和微型性等优势受到越来越多学生

　　＊　徐敏（1974—），博士，华中师范大学文学院教授，研究方向为技术与文学、数字化时代的文学教育，主要著述有《文学理论的前沿问题与教学研究》《让思想从云端起飞——文学批评"翻转课堂"教学设计探索》《信息技术在人文学科中的运用思考》等。电子邮箱：mmer127@gmail.com。

的欢迎①，但同时也因碎片化学习、信息过载等信息技术而为人诟病。通过几年在"文学批评"课程中实施翻转课堂的经验，我们借鉴联通主义和建构主义教学理论，将教学流程调整为"概念重构－结构关联－建构创新"三个阶段，通过将正式学习与非正式学习情境相关联，并为学生提供课堂内外的持续性支持，实施"逆碎片化"教学实践，促进了学生的自主学习和个性化发展。

一 "文学批评" 移动学习及其问题

华中师范大学"文艺学系列"课程 2003 年被批准为国家首批精品课程，2013 年升级为国家级精品资源共享课，10 余年来在教材建设、课程资源建设、网络建设等方面取得了相当成绩，曾先后三次荣获省级教学成果一等奖，并于 2014 年获得国家级教学成果二等奖。"文学批评"作为其特色课程，更一直走在团队信息化建设的前列。自 2013 年起，为了解决学生学习中实践环节严重不足、知识结构和学习方式变化等问题，我们开始实施翻转课堂，逐步形成了"面对面教学＋网络在线学习"的移动学习模式，学生的学习意愿和学习成绩明显得到提升。但随着教学的深入，我们却发现，学生在课外的网络在线学习中日益呈现出碎片化的学习特征，在一定程度上影响了深度学习效果的达成。主要表现为以下几个方面。

1. 内容碎片化所带来的信息超载，容易引发学习迷航

课程中学习内容的微型化给学生全面系统地掌握知识带来了一定困难，互联网的超链接结构更是将知识切割成无数网状的"碎片"，这种支离破碎的浏览方式所带来的去中心化信息流和非连续性很容易"肢解"人们的注意力，当学生们在这些过量信息中寻找解决问题的合适途径时，常常会因信息超载而发生迷航，偏离重点甚至迷失方向。

2. 阅读碎片化带来的长文阅读能力下降，导致感悟能力衰退

碎片化信息为了达到易于习得的目的，常常将复杂的事物简单化，甚至娱乐化。通过这种阅读，一方面，学习者获得的只是若干事实和理论，

---

① 调查显示，超过 70% 的大学生更愿意以手机为载体进行课堂教学以外的学习，近 30% 的大学生认为手机也可以在课堂教学中加以使用。

而很少能涉及对知识的过滤、归纳、反馈和创新等加工"联系"的过程；另一方面，当阅读时间从纸质化阅读时代的小时割裂为以分、秒为单位的零碎阅读，不可避免地会带来注意力的碎片化，长此以往，学生们的阅读深度下探机会越来越少，文字感悟能力、空间想象能力、抽象思维能力都会日益衰退①。

3. 思维碎片化严重制约思维能力的发展，增加深度学习成本

思维碎片化涉及感知觉、注意、记忆、思维及情感等五个层面②，它会让学生在学习过程中患得患失，缺乏独立思考与概括知识的意识和能力，更可能引发烦躁情绪，让学生更多停留于自我层面，学习中的社会参与性降低……课程中的知识碎片化后，虽然具有拆解、重组、建构的无限可能性，但如果没有健全的思维能力做基础，对学生来说只能是水中月镜中花，可望而不可即。

综上所述，虽然碎片化学习在移动学习中难以避免，本身也具有一定的优点。但对于高校教学而言，每门课程都是具有逻辑性、延续性、整体性特点的小型"知识空间"，并非所有内容都适合用碎片化的方式进行学习。尤其是对于担负着培养学生评价、分析、创造等高阶思维能力，在中文系整个课程体系中具有"拱顶石"性质的"文学批评"课程而言更是如此。近两年来，在泛在移动环境的支持下，通过将教学过程进一步优化为"概念重构 – 结构关联 – 建构创新"三阶段，我们逐步摸索出了克服碎片化学习所带来的障碍，提高深度学习成效，促进学生思维和情感发展的逆碎片化教学法，在"文学批评"翻转课堂上取得了显著效果。

二 "文学批评"逆碎片化教学法的实施

知识的深度学习包括几个要素：学习者将新观念和概念预期、先前知识和经验相联系；学习者探求基本原理和模式；学习者评估新观念及其相

---

① 2014 年，张世兰对北京 140 名在校大学生进行随机调查，发现平均每天能坚持阅读经典书籍时长超过 1 小时的学生已经不足 20% 。见张世兰《数字化时代应警惕大学生阅读的"碎片化"》，《出版发行研究》2016 年第 7 期。

② 张克永、李宇佳、杨雪：《网络碎片化学习中的认知障碍问题研究》，《现代教育技术》2015 年第 2 期。

关推论；学习者将其知识整合到相互关联的概念系统中，理解知识创造的对话过程，批判性地审视其论断的逻辑；学习者对自身的学习过程和理解进行反思。① 对于兼具理论性与实践性的"文学批评"课程而言，深度学习的发生必然经由对概念的理解、应用与融会贯通。为此，我们引导学生从个体概念的重构，逐步走向关联概念建立知识结构图，最后实现个性化知识建构和创造。

（一）概念重构：联系经验激活前知，完成知识定位

依据以学生学习为中心的原则，我们对课程的教学大纲、教学视频、课件、必读材料、拓展阅读材料进行了精心设计和组织，但由于设计过程的不可见，呈现在学生面前的只是若干孤立的知识点和任务，作为初学者，他们很难弄清每个知识点在整章中的位置和作用，更谈不上对这个概念形成真正准确而深入的把握。因此，我们首先要做的，就是把学生从概念本身引导向概念产生的背景，帮助他们重建从信息到知识的通道。

1. 用经验激活文本，加强长文阅读能力

美国著名教育心理学家约瑟夫·D. 诺瓦卡曾将人们学习新知的方式概括为将概念与命题相隔离的机械学习和将已有概念与命题相结合，进而进行组织的意义学习，并指出机械学习无法带来长时记忆，只有意义学习获得的知识才可随时用于解决新问题。② 使每个学生对概念的学习都能达到意义学习的层面就是我们的教学设计目标，为此，我们特别注意从学生的理解障碍出发，通过激活他们的原有经验，搭建起学生和概念之间的桥梁。

以社会历史批评方法为例。课前测试时我们发现学生对"真实性""倾向性"等概念记忆复述都没有问题，但基本不能实际运用。于是，我们选取学生较为熟悉的王蒙《组织部新来的年轻人》为对象，以李希凡《评〈组织部新来的年轻人〉》为范本，通过层层设问引导学生不断深入思考：李希凡的批评实践运用了社会历史批评的哪些尺度？得出了怎样的结论？你同意这一结论吗？如果不同意，那么你认为它在哪些尺度的运用中

---

① 赵健、吴刚：《学习共同体的建构》，上海教育出版社，2008，第 56 页。
② 希建华、赵国庆：《"概念图"解读：背景，理论，实践及发展——访教育心理学国际著名专家约瑟夫·D. 诺瓦卡教授》，《开放教育研究》2006 年第 1 期。

出了问题？第三个问题如楔子一样撬动了学生们的好奇心，使他们意识到自己对概念实际上还处于"知其然而不知其所以然"的状态，从而唤发起面对第四个问题时强烈的挑战欲。他们或查找同时期其他批评文章进行对比，或将批评与小说对应着——检视，甚至通过网络搜索努力还原当时的历史背景……以任务为导向，学生们完成了碎片化信息的聚合；通过反复细读文本，他们实现了从碎片化阅读向长文本阅读的转变，很快完成了具有说服力的分析。

通过有效的教学设计唤起学生先前的经验，他们可以通过新旧信息的关联和整合，找到概念内在的、深层次的结构，获得从信息到知识的重构，学生们就走出了"逆碎片化"学习的第一步，而其长文阅读的能力和兴趣，也在此过程中不断得到提升。

2. 与专家对标，加强元认知能力训练

"文学批评"课程不仅要求学生有敏锐的文本感受能力，更需要较强的理论抽象能力，对于以感性思维见长的中文系学生来说，这种理论抽象能力的形成，恰恰是以往教学中的难点。

为此，我们转换思路，不再把文学批评中的概念命题看作既定的需要传授给学生的知识，而是和学生一起，回到这些概念所产生的历史语境中去，让学生通过"自己尝试—对标专家—反思总结"来"发现"概念和命题，不断提升自己的思维能力。如对叙事批评中较难的"叙事结构分析"，我们改变了以往通过介绍列维–斯特劳斯对《俄狄浦斯王》的分析来帮助学生领会的做法，首先跟学生一起温习《俄狄浦斯王》的故事梗概，展示了列维–斯特劳斯从中分解出的 11 个情节，进而让学生们自行尝试情节的聚合和意义的抽象。经过热烈的讨论，6 个小组提出了 6 种不同的聚合，跃跃欲试地等待老师的反馈。当我们把列维–斯特劳斯的情节聚合和意义抽象过程展示给学生，并请他们对照反思自己之前的分析时，学生们不仅对"叙事结构提炼"这一显性知识有了更好的掌握，很多同学更是对自己思维的浅显进行了反思，收获了这一命题背后丰富的隐性知识。

我们也非常重视对于深度学习非常重要的元认知能力的发展。某位同学攻克了大家都觉得非常困难的挑战，我们请他发帖为大家介绍自己的思考过程；学生因为时间管理的疏忽错过了课前提交作业，我们请大家一起发帖推荐有效的时间管理工具或方法……通过这些努力和尝试，学期未过

1/3，全班同学的思维能力已经明显有了提升。

3. 围绕重点概念，进行更多练习连接

认知学习理论发现，同样时间内对某个学习材料进行一次或多次的记忆提取比重复学习能产生更持久的记忆保持，这一现象被称为"练习连接效应"①。我们用以往教学中最大的难点进行了尝试。如对精神分析批评的"人格结构理论"，学生总是难以掌握"超我、自我、本我"三个层面的动态平衡。为此，我们借鉴"知识元"的做法，围绕这一概念设置了"概念理解—运用示范—学生实践—分析纠错"的认知路径，通过形式各异、相互衔接的多个活动对学生形成反复刺激，不断探知其知识障碍并逐一突破，最终实现了多数同学的真正掌握。

学生的障碍首先是不理解"超我"究竟对应心理结构的哪个部分。发现这一点后，我们专门录制了一段可反复观看的微视频，传到平台上供学生观看和琢磨。接下来，以《西游记》为对象，我们介绍了柯云路如何运用人格结构理论进行"大开脑洞"阐释。当学生们一边惊叹一边反馈已掌握时，我们借助线上空间开展了"画图表示本我、自我、超我三个小人的关系"活动，引导学生将内在理解外显和可视化。面对学生的作业，我们惊讶地发现，原来不少学生会将自我的调节作用理解为让超我和本我各退一步，也有的将三者理解为一种递进关系，甚至有人画出了三轮车夫"本我"拉着手挥鞭子的"自我"，遭到交警"超我"的拦截……归纳出五种典型错误，与正确图示并举，我们再次让学生进行投票，正确率依然不高。于是，我们又开启了"找茬"活动，让学生通过与小组同伴的讨论、质疑，终于达成了正确的共识。

通过这种更为细致、多样的学习路径设计，还能更好地满足不同程度、不同学习风格学生的需要，为他们提供自我探索的机会，从而不仅促进其知识的掌握，更有助于其思维能力的提升。

（二）构建关联：创设情境化无缝学习，勾勒知识结构图

在建构主义理论看来，要实现个性化的知识建构，学习者不能以单一的概念为基础，而需要多个概念以及大量的现实情境，才能建构起对内容

---

① 陈媛：《基于碎片化问题的非线性认知模式研究》，《电化教育研究》2014 年第 11 期。

的深刻理解，在知识经验、知识推理和情境感知之间建立起更为灵活的联系和迁移。因此，在学生对单个概念准确掌握后，我们还需为他们创设丰富的情境，使其可以将这些概念与其他概念反复连接，经过检验修正最终形成个性化的深度把握。借助于泛在移动环境，我们创建了线上线下无缝衔接的学习空间，使学生得以沉浸在问题情境中，并通过与小组乃至全班同学的"伙伴互助学习"（Peer Instruction），完成深度学习，提升自己的知识水平和自我调控能力。

1. 创设无缝空间，导入情境学习

"文学批评"课程中，学生要系统学习 6—10 种批评方法，课堂的时间对于深度学习来说显然是不够的。为此，我们将原本以课堂为主的教学进一步拓展为课上课下一体化的教学空间，借助泛在移动环境，为学生创设了无缝衔接的沉浸式学习环境，进行深入的知识运用和关联。

以 2 周讲授一种批评方法为例，第一周完成重难点概念的学习，第二周进行批评实践。每周的学习都分为课前、课上、课后三阶段。课前，学生通过老师提供的资源进行自学自测并将结果反馈给老师；课上，教师根据学生课前显示出的难点设计任务布置给学生，学生开展伙伴学习，教师答疑总结；课后，教师通过网络发布延伸讨论，学生进行活动，教师总结。由此形成了一个衔接现实学习与网络学习、联结正式学习与非正式学习、跨越个人学习与社群学习的无缝学习（Seamless Learning）空间。这个可持续的、螺旋上升的空间保证了学习者在不同学习情境中学习体验的连续性，更使学习活动始于课堂，由老师引导，在课外持续，最终回到课堂总结，可以促进学习者深层认知和综合能力的持续发展。

早在 20 世纪 80 年代，认知科学家就发现，只有当学习者弄清楚在真实世界中如何运用时，知识才会保持得更为持久[①]。我们在建构无缝学习空间时，特别注意进行情境式学习活动的设计。如讲授语义批评时，我们在线上空间开展了"追踪小球迷宫中的运动轨迹"活动，让学生在游戏的同时领会细读法操作时注意力线性与回溯相结合的特点；为纠正学生叙事批评实践时"只见树木不见森林"的缺点，我们让每个小组观察不同的

① R. Keith Sayyer, *The Cambridge Handbook of the Learning Sciences* (New York: Cambridge University Press, 2006).

"视错图"，学生们在计数、争论、相互提醒中很快领会到局部观察必须与全局视野相结合这一叙事批评的操作要义……通过具体情境问题的激发，学生得以将各种碎片化信息聚合到一起，在沉浸式学习环境中求解问题的过程，也就导向了他们自己知识结构谱系的形成。

2. 建构多层交互，开展协作学习

传统课堂中学生的学习更多是个体活动，因而最后学习成效差异很大。"文学批评"课程将学习者编入社会网络，在无缝教学空间中格外注意构建师生交流、生生交流的互动式学习通道，使知识的传播从"层状"转向动态松散耦合式的"网状"，社会网络和个人的知识得以进行自组织之间的相互影响，以利于学生自行形成学习的有序结构。尤其是在课前课后的线上学习中，教师退居为学生学习的设计者、引导者和支持者，而把知识探索的权力更多地交给学生自己，通过活动的设计和反馈，为他们构筑起从学生个体到小组，从小组到班级，再从班级到个体三个层次之间的反复互动，帮助他们在用多元化视角反复触探知识时，对原有知识模块进行重新思考和检验。

精神分析批评实践时，学生们选择了张爱玲的《金锁记》作为批评对象，未料却在分析其金钱欲属性时都出了错，误将其归入自我层面。当时恰逢"双十一"，教师随即在线上推出了"真实任务"：首先请所有学生用人格结构理论分析自己"双十一"当天购物的心路历程，学生们几乎是雀跃着提前完成了；其次，通过"它组互评"推荐每组中分析最精彩的同学，许多学生在投票的同时还主动完成了"佳作点评"；最后，当 6 名优胜者的作业被汇集到一起，请全班同学票选出冠亚季军时，学习气氛逐渐白热化，投票帖下面写满了学生的点评、比较、分析，通过辨析与相互纠错，学生们逐渐形成共识，"看来金钱欲只可能属于本我层面啊！"

协作学习的效果有赖于积极探讨的氛围。在线上指导学生学习时，教师始终保持平等的心态，对学生以鼓励引导为主。在学生完成任务时，常常通过它组互评，引导他们以欣赏的眼光去发现同伴的优点，最终形成了组内讨论热烈自由、组间欣赏借鉴的良好氛围，不仅帮助学生强化了原先的知识模块，更使他们从单一的受惠者向互惠者和施惠者等多重身份转变，参与到优化无缝学习空间的过程中。

3. 从引导到协助，走向自我调控

网络空间由于其虚拟性而容易引发学生学习时的迷航，甚至会使学生丧失学习兴趣，降低学习执行力，变得离心而涣散。为解决这些问题，我们借助于学习平台的统计功能，进行了分层次的教学干预，并充分发挥交互式学习支持平台的优势，将教师引导逐渐转化为学生的自我调控。

学期开始不久，根据平台的统计数据，我们迅速发现学生的学习障碍有不同成因。有的是学习能力的欠缺；有的是学习中积极情感不够；有的则两者兼具。为此，我们制订了分层次的教学干预。对学习能力不足的同学通过调换分组，使其在水平相当的同伴的良性刺激下提升能力；对缺乏积极情感的同学，则通过肯定表扬其有益尝试让他们获得更多的成就感而变得积极；对两方面都存在问题的同学进行重点关注，通过个体性指导和帮助转变其学习情感，补足其知识不足，实现学生的转变。经过分层干预，到了期末，无论是成绩还是学习态度的测评，方差都明显小于平行课堂。

我们还充分利用交互式学习支持平台的优势，提升学生自我管理的意识，培养他们的自我反馈、自我评价能力。如利用平台的功能设置由强渐弱的预警，在学生进行视频观看、文本阅读、自测、作业、任务等活动时，根据其错过次数设置预警频率。经过一段时间实施，发现学生们逐渐将技术引导内化为自我调适的能力，开始成为对自己学习负责的自主性学习者。

（三）建构创新：协同群体智慧，走向自主学习

美国教育学家 R. 基思·索耶曾指出，深层学习不仅需要学习者将知识归纳到相关概念系统中，更需要他们在学习过程中寻找学习模式和基本原理，评价新的想法，在对话的过程中批判地检查论据的逻辑性，对其理解及学习的过程进行反思[①]。学生将信息重构为知识，建立起自己的知识结构图，是意义学习的基础，但还不是全部。能够将自己所学的知识放在更大范围内进行模块化，并通过实践加以运用和反思，才能真正完成知识

---

① Kristina Zeiser et al. , *Evidence of Deeper Learning Outcomes* (Washington：American Institutes for Research，2014).

的内化，更好地应对和解决将来可能面对的各种复杂问题。

1. 可视化表征，促进知识模块化

认知科学表明，大脑需要对小的、相关联的组块加工来获取信息，使其连贯。只有当学生可以按照核心概念相互联系而成的知识框架进行灵活组织时，他才能通过对材料的重组、比较、推理等，更好地把认知资源分配到有效的活动中，并随时调用，也就达到了对知识的创造性掌握。

在学生的学习过程中，如何在他们的认知突触中留下更多轨迹，以成为其知识结构中的有机组成部分？又有哪些知识应该首先被模块化？这是我们一直思考的问题。我们发现，一旦某种批评方法的核心理论得到模块化，学生在批评实践中就能更好地举一反三，披荆斩棘直指作品的要害。以精神分析批评为例，当学生真正理解了最难也是最重要的"人格结构理论"时，他的操作也就会如庖丁解牛般行云流水了。因此，学习精神分析批评时，教师会要求学生以小组合作的方式绘制"人格结构理论"的结构图，将抽象的知识信息通过带有语义规则的图形、图像、动画等可视化元素进行表征，促进学生对该知识进行模块化。有的小组画了一架天平表示本我和超我此消彼长的动态平衡；有的小组会借用弗洛伊德自己的"心理结构图示"勾连出人格结构和心理结构的一一对应……正如康德所说，图式是连接概念和感知对象的纽带。对一个核心理论的图示化表征，往往会涉及其他相关的概念，很多图式连接在一起形成的巨大网状立体框架，就成为学生个性化的知识模块。这种可视化表征，不仅可以同时刺激左右脑，使个性化的知识模块深刻地印刻在大脑里，还能让学生再次面对类似的现象或问题时，借助对应的一到多个知识模块来进行解决，实现知识的迁移和创造。

2. 教师代理人，汇聚学习关键路径

个性化知识模块的形成，使学生在学习中越来越主动。学期尚未过半，"文学批评"课堂中就出现了不少乐于分享表达自己观点，通过质疑和辩论来进行学习的学生。精神分析批评实践时，我们在线上空间的讨论区里，惊喜地发现了第一位主动开帖的学生，其就"曹七巧"人物形象的理解提出了不同于课堂讨论的见解，邀请大家加入讨论。这个帖子如一石激起千层浪，不仅迅速引发了学生对文本的深入分析，也激发越来越多的学生开启了自己的自主讨论帖。

通过这些主动的质疑和意义建构，我们见证了原本碎片化的信息如何转化为学生个人的知识，更意识到一些主动积极的学生正逐渐转变自己作为学生的单纯角色，而具有了在网络空间中代理教师角色的可能。结合对学生学习风格的分析，我们发现，具有独立导向型学习风格的学生更容易成为教师的代理人①。于是，后期为对学习能力不足的学生进行更好的干预，在进行分组调整时，我们将这几名学生均匀分布到各组中。

按照课程的总体设计，教师讲授的占比将随学习进程的展开逐渐递减，最终导向学生自学。分组调整后，教师主动引导这几名学生担负起教师代理人的角色，组织小组线上讨论，出现分歧时变换策略，带领整个小组按时完成各项任务。到小组期终作业"电子批评文集"时，他们已能很好地引导小组协作学习，许多成果既清晰地梳理出各组在无缝式空间中学习的关键路径，又从形式上显现出各自的鲜明特色。

教师代理人使学生的个人学习与组织学习更好地结合起来，在无缝学习空间里实现了螺旋上升，不仅提升了整体学习效果，也促进了全班同学自主学习的发展。

3. 群体协同创新，收获情感发展

康奈尔大学德里克·卡布雷拉（Derek Cabrera）博士曾专门论述过系统思维理论在教育中的应用价值，指出批判性思维、创造性思维、系统思维、科学思维、跨学科思维、亲社会思维等是信息时代教学中要特别着重培养的。② 对于以发展学生高阶思维能力，提升社会责任感和人文素养为目标的"文学批评"课程来说，我们不仅重视学生批判性思维、创造性思维的培养，对跨学科思维和亲社会思维也给予了充分关注。通过个体－小组－班级三个层次之间的反复互动，学生个人的情境体验与同伴共同组成并分享社会化的认知网络，他人的反馈成为学生不断纠正、完善、重构个性化知识，克服个人偏差的重要力量，促进了知识的创新和增值，也让学

---

① Maaike D. Endedijk 的学习风格理论将学生的学习风格分为生存导向型、再生产导向型、依赖导向型和独立导向型四种，并指出独立导向型的学生更容易开展深度学习。参见 Maaike D. Endedijk, "Individual Differences in Student Teachers' Self-regulated Learning: an Examination of Regulation Configurations in Relation to Conceptions of Learnig to Teach," *Learning and Individual Difference* (2014)。

② 刘敏娜、张倩苇：《国际高等教育领域移动学习研究：回顾与展望》，《开放教育研究》2016 年第 6 期。

生的社会性情感得到良好发展。

性别批评实践时，学生选择鲁迅的《伤逝》作为分析对象。课堂上，教师通过层层设问，引导学生运用"父权制""女性经验""女性阅读"等概念对文本进行了逐层深入的分析，使学生意识到子君和涓生之间绝不仅仅是一对恋人，还存在革命与性别启蒙的关系。为了使学生更好地体会子君的感受，我们设计了"女性写作"任务，请学生们以小组为单位代临终的子君写一封信，表达她内心的感受。15分钟的集体创作后，各小组同学依次走上讲台，用各不相同的方式向全班展示学习成果。有的小组借鉴穿越文，通过子君和小狗阿随的对话，表达了对涓生的无限失望；有的小组将这封信写给涓生和阿随，表达出子君最后一刻对自己性别身份的领悟……甚至有一组通过《一封随我沉眠地底的信》，仿效舒婷《致橡树》的结构句法，写下子君的爱情宣言。在接下来的自评互评中，学生们既积极竞争，又以人为镜反思自己的得失。在友好的竞争氛围中通过辨析协商，迅速圆满地完成了任务，他们所表现出的创造性、协作性和互相欣赏的态度，给前来听课的老师留下了深刻印象。

在课后的活动反思中，有一个小组的三位同学不约而同地提到了"20年不解散"的约定。原来，课堂上的激烈讨论让他们意犹未尽，面对性别观、爱情观的差异，他们共同约定，20年不解散小组，等到经过生活的验证再来一较高下。看到学生如此主动地将所学知识投射到生活场域，领悟到唯有通过与外界环境不断进行信息、能量交换，才可以在不断修正中完成知识的深层探究，的确令人可喜，而他们在学习过程中所收获的情感发展，更成为未来发展的稳固基石。

经过一个学期的"逆碎片化"教学，学生课前预习自测准确率由39%提升为81.9%，明显显示出自学能力的提高；线上讨论中越来越多的知识迁移、反思文本、领悟质疑、提出创见，表明了他们思维能力的明显提升；在最后的自主复习阶段，很多学生提出的问题超出了教材的范围，表现出明显的自主探究意识。可以说，学生已从个体概念的重构，到关联建立知识结构图，再到群体性创新的学习之旅中，完成了"逆碎片化"的学习，最终课程也摘取了湖北省首届移动教学大赛的一等奖。实践表明，通过有效借鉴联通主义和建构主义教学理论，我们完全可以克服网络学习中碎片化倾向的缺点，更好地增强学生的理性思考能力、流畅表达能力、反思创造能力，激发学生对于文学作品和现象的敏感、开放自由的心态和分享协作的意识，最终实现学生的个性化发展。

Teaching Practicing of Anti-fragmentation in Mobile Learning Environment

—Take "Three-stage Flipped Classroom of Literary Criticism" as an Example

Xu Min

Abstract：Mobile learning has become an important learning method in High Education in the information age. However, the fragmentation learning it brought, already become obstacles to deep learning. This paper takes example of the practice of Literary Criticism SPOC in Huazhong Normal University, to discuss how to use anti – fragmentation teaching method in the "offline + online" seamless learning space, under the guidance of the communicative and constructivist teaching theory. The method optimizes the teaching process, guide students go through the learning process, from the reconstruction of individual concepts, to the establishment of knowledge map, then to group innovation. After this learning journey, students achieve ability of personalized learning.

Keywords：Seamless Leaning Space; Anti – fragmentation Teaching Method; Reconstruction of Concepts; Establishment of Knowledge Map; Group Innovation

About the Author：Xu Min（1974 – ），Ph. D. ，Professor of the School of Chinese Language an Literature, Central China Normal University, research on technology and literature, and literal education in the digital age. Major writings include *Frontier Problems And Teaching Research About Literal Theory*, *Flying The Mind On The Base of Cloud Technology*：*A Practice of Literary Criticism "Flipping Classroom"*, and *The Applying of Information Technology in The Humanities*, etc. E-mail：mmer127@ gmail. com.

"移动学习+智慧教室"生态学习空间的增强交互理念和设计

——以"文学批评"课程为例

李艳红[*]

摘　要："移动学习+智慧教室"生态学习空间是移动学习打破智慧教室的物理界限，实现"线上+线下"无缝衔接的虚拟学习空间，也是移动信息技术、新型学习能力和学生社群交互的深度融合。本研究以"文学批评"课程为例，对"移动学习+智慧教室"生态学习空间的增强交互理念和设计进行实证研究，研究结果对"移动学习+智慧教室"生态学习空间的增强交互设计具有重要的实践价值，也对理解如何生成移动学习、智慧教室、学习活动和学习交互的生态学习空间具有很好的启示作用。

关键词：学习交互　移动学习　智慧教室　学习模式　实证研究

基金项目：湖北省高等学校省级教学研究项目"智慧教室环境下强交互翻转课堂的构建——以文学批评课程为例"（项目编号：2017097）

一　引言

随着移动设备、无线网络、泛在技术的飞速发展，许多研究者和实践

---

[*]　李艳红（1987—），博士研究生，华中师范大学国家数字化学习工程技术研究中心，教育信息技术协同创新中心，研究方向为技术增强学习环境的设计和开发。主要著述《混合式同步学习的研究进展》、"Developing the Rotational Synchronous Teaching（RST）Model: Examination of the Connected Classroom Climate"等。电子邮箱：liyanhong@ mails. ccnu. edu. cn。

者正在使用移动学习拓展智慧教室的学习空间。Keegan 认为"移动学习是未来学习方式的先驱",学生熟悉和喜欢便携式移动设备是移动学习发展的关键。[①] 移动学习是移动技术、人类学习能力和社会互动过程的融合,能够解决当代教育信息过载、知识导航和协作学习的问题。[②] 移动学习的应用范围非常广泛,从 K – 12 到高等教育和企业学习环境,从正式和非正式的学习到课堂学习、远程学习和野外调查。例如,自带设备(BYOD)、鸟类观察(bird-watching)、植物搜寻(plant-hunting)和博物馆导航(museum-guiding)是典型的移动 – 学习实践案例。[③] Blackburn 发现在高等教育的课堂中使用移动技术,学生的课堂参与度会明显提高。[④] 然而,尽管移动学习具有很多优势,但是教育者仍然面临如何使用移动学习拓展传统学习空间并提供有效教学的难题。[⑤]

在高等教育的文科智慧教室课堂中,很多教师排斥使用信息技术进行课程教学设计,因为他们认为这会破坏学生的抽象思维能力。然而,以教师为中心的传统教学方式经常会导致文科学习者的被动学习,甚至还会降低他们的注意力和记忆力。Yılmaz 和 Sanalan 研究发现其原因是学生缺乏学习互动,因为教师通常需要通过动态的互动过程才能激励和吸引学生。[⑥] 另外,文科课程注重培养学生的专业和逻辑思考表达能力,如果纯粹只是利用智慧课堂的空间有可能无法满足学生思考的交流和升华。移动技术有助于发展 21 世纪学习者的批判性思维和创造性技能,[⑦] 既可以作为智慧教

---

① D. Keegan, "The Future of Learning: From eLearning to mLearning," *The International Review of Research in Open and Distributed Learning*, 2004, 5 (1).

② M. Koole, "A Model for Framing Mobile Learning," *Mobile learning: Transforming the Delivery of Education and Training*, 2009, 1 (2).

③ A. I. Wang, "The Wear Out Effect of a Game-based Student Response System," *Computers & Education*, 2015, 82.

④ M. Blackburn, "I Am Not a Superhero But I Do Have Secret Weapons! Using Technology in Higher Education Teaching to Redress the Power Balance," *Journal of Pedagogic Development*, 2015, 5 (1).

⑤ S. H. Fuegen, "TheIimpact of Mobile Technologies on Distance Education," *TechTrends*, 2012, 56.

⑥ Ö. Yılmaz, and V. A. Sanalan, "Using a Mobile Classroom Interaction System (M-Cis) in a Science Instruction Laboratory Class: Students' Motivation," *International Journal of Contemporary Research and Review*, 2012, 2.

⑦ C. Hughes, "Child-centred Pedagogy, Internationalism and Bilingualism at the International School of Geneva," *International Schools Journal*, 2012, 32 (1).

室的替代或补充的方式提供学习支持服务，又可以很方便地设计成以学习者为中心的教学模式。综上所述，因为移动学习的优势正好可以弥补传统文科智慧教室课堂中学生缺乏交互的问题，因此有必要研究如何设计增强式"移动学习＋智慧教室"生态学习空间来提高学生的学习交互。本研究以"文学批评"课程为例，对"移动学习＋智慧教室"生态学习空间的增强交互理念和设计进行实证研究，可以为如何使用移动技术进行智慧教室学习空间中文科类课程的教学设计提供完整的借鉴参考。本研究主要解决以下三个研究问题：（1）以"文学批评"课程为例，如何增强"移动学习＋智慧教室"生态学习空间的学生交互；（2）学生在增强式"移动学习＋智慧教室"生态学习空间的实际交互效果如何；（3）在增强式"移动学习＋智慧教室"生态学习空间中，学生的学习态度和学习交互感受如何。

二　理论基础

（一）移动学习

具体来说，移动学习（mobile learning）是指以智能手机和平板电脑等手持设备为中介的学习过程。[①] 目前，移动学习有两种比较公认的定义：（1）采用移动技术为学习者提供学习材料、指导或支持的教学模式[②]；（2）不受物理位置约束的学习模式[③]。前者强调移动技术的使用，后者则强调学习者或学习设备的灵活性。因为移动设备的便携性，学习者可以随时随地连接到教学资源进行课程学习。同时，基于感知技术，移动学习系统还可以检测学习者的位置并根据实际需求提供学习指导和支持。[④]

在过去的十多年，移动学习的很多文献综述为学者提供了重要信息，

[①] C. Schuler, N. Winters, and M. West, *The Future of Mobile Learning*: *Implications for Policy Makers And Planners* (Paris: UNESCO, 2012).

[②] M. Sharples, M. Milrad, Arnedillo I. Sanchez, and G. Vavoula, "Mobile Learning: Small Devices, Big Issues," in N. Balacheff, S. Ludvigsen, T. de Jong, A. Lazonder and S. Barnes, eds., *Technology Enhanced Learning*: *Principles And Products* (Heidelberg: Springe, 2009).

[③] G. J. Hwang, C. C. Tsai and S. J. H. Yang, "Criteria, Strategies And Research Issues Of Context-aware Ubiquitous Learning," *Educational Technology & Society*, 2008, 11 (2).

[④] J. C. Phillippi T. H. Wyatt, "Smartphones In Nursing Education," *Computers Informatics Nursing*, 2011, 29 (8).

可以帮助我们更好地理解移动设备在学习环境中的使用。Frohberg、Goth 和 Schwabe 使用由 Taylor 等开发的移动学习者任务模型①分析了 2002 年至 2007 年关于移动学习的文献，研究发现移动学习不仅能营造良好的学习环境，而且还能激发学生的深度思考、交流和合作。② 为了深入了解应用移动设备对学生学习表现的影响，Sung、Chang 和 Liu 综述了 110 篇 1993 年至 2013 年关于移动学习的量化研究。③ 研究发现，在传统课堂上使用移动设备对学生学习的影响比使用其他技术或不使用任何技术更大。另外，研究者还从基于活动的方法、真实学习、行动学习和经验学习等不同的理论视角来研究移动学习。④ 研究表明，无论采用什么教学理论和方法，移动学习对学习者的成功和体验都会有很大的影响。

在移动学习的过程中，学习者需要参与课堂授课、课堂活动和课外活动。意思是说，学习者会在不同的学习地点之间移动，从一个学习活动转到另一个学习活动，从技术的使用和技术的运用中提高学习能力。研究表明：移动技术需要能够捕捉学生学习、时间、地点、话题和技术之间的相互联系⑤。因此，Koole 提出对移动教育的理性分析（Rational Analysis of Mobile Education，FRAME）模型，可以用于指导移动设备和学习材料的开发、移动学习的教学策略设计。⑥ FRAME 模型主要包括设备（Device）、学习者（Learner）和社会（Social），"社会"维度需要考虑社会互动和学习合作的因素，合作规则由学习者的文化背景或其相互作用决定。在移动学习的情景中，学习者与信息的交互作用主要是通过技术媒介进行。"学

---

① J. Taylor, M. Sharples, C. O'Malley, G. Vavoula and J. Waycott, "Towards A Task Model For Mobile Learning: A Dialectical Approach," *International Journal of Learning Technology*, 2006, 2 (2/3).

② D. Frohberg, C. Goth and G. Schwabe, "Mobile Learning Projects: A Critical Analysis of the State of The Art," *Journal of Computer Assisted Learning*, 2009, 25 (4).

③ Y. -T. Sung, K. -E. Chang and T. -C. Liu, "The Effects of Integrating Mobile Devices With Teaching And Learning on Students' Learning Performance: A Meta-analysis and Research Synthesis," *Computers & Education*, 2016, 94.

④ M. Sharples, J. Taylor and G. Vavoula, "A Theory of Learning for the Mobile Age," *Medienbildung in Neuen Kulturräumen*, 2010.

⑤ A. M. Sølvberg and M. Rismark, "Learning Spaces In Mobile Learning Environments," *Active Learning in Higher Education*, 2012, 13 (1).

⑥ M. L. Koole, "A Model For Framing Mobile Learning," *Mobile learning: Transforming the Delivery of Education and Training*, 2009, 1 (2).

习者"和"社会"的交互会形成"互动学习"，这个过程需要教学和学习
理论的指导，而且强调社会建构主义。因此，在进行"移动学习＋智慧教
室"生态学习空间的增强交互设计时，应该着重考虑如何根据课程特征和
教学理论进行互动活动的教学设计。

（二）学习交互

交互（interaction）是人与人之间产生关系和思想碰撞的方式。教育学
科中，交互是指人与人之间的相互关系以及彼此间的交流行为。[①] 通过互
动，学习者不仅会得到学习反馈，同时还会加强学习者社会和文化的信仰
和行为。[②] Moore 的学习交互距离理论（transactional distance theory）将交
互定义为学习者、教师和课程内容的学习活动，包括三种交互形式："学
习者－内容"、"学习者－教师"和"学习者－学习者"。"学习者－内容"
是教育的本质特征，没有这种交互作用就没有教育的产生。[③] 学习者与学
习内容进行智力互动的过程会促使其理解、视角和认知结构发生变化，
Ekwunife-Orakwue 和 Teng 研究发现：学习者和内容交互的影响比其他交互
方式对学习者的影响更大。[④]"学习者－教师"是教学过程最根本的属性，
教师能够激励、组织和指导学生的学习，促进学习者和学习内容的有效互
动。学习者－教师是提高教学质量的关键，学习者和教师间的交互越多，
就会越积极地参与学习过程。"[⑤]

"学习者－学习者"交互是指学习者之间通过对话增进学习理解的
过程。随着互动交流媒介的出现，学习者和学习者之间的交互为教学过
程提供了更多知识创造的机会。Moore 将学习者之间的交互称为"集体

①　R. L. Heath and J. Bryant, *Human Communication Theory And Research*：*Concepts*，*Contexts*，*And Challenges*（Routledge，2000）.

②　G. Kearsley, *The Nature And Value Of Interaction In Distance Education. in Distance Education Symposium* 3：*Instruction*（State College：Pennsylvania State University，1995）.

③　M. G. Moore, "Three Types Of Interaction," *The American Journal of Distance Education*，1989，3（2）.

④　K. C. Ekwunife-Orakwue and T. L. Teng, "The Impact Of Transactional Distance dialogic Interactions on Student Learning Outcomes in Online And Blended Environments," *Computers & Education*，2014，78.

⑤　K. Lehmann and M. Söllner（paper represented at the Twenty-second European Conference on Information Systems Tel Aviv，2014）.

智慧"（collective intelligence），Kowitz 和 Smith 认为学习分享是教学过程
中的最高级形式。[①] 学习者之间的交互可以弥补心理的感知距离，增强学
习者的社会临场感，对于学习者社交技能的成长和发展很重要。[②] 另外，
Moore 虽然没有明确提出"学习者－技术"的交互类型，然而技术在移
动学习过程中的作用不能忽略。技术表达了不同程度的媒体丰富性，这
会间接地影响学习者的感知距离。通过 1985—2002 年远程教育文献的元
分析，Bernard 等研究发现教学和媒介对于促进学习者的学习和满意度同
等重要。[③]

　　Yousuf 发现移动学习能够给学习者带来很多优质体验：有利于学习者
进行独立和协作学习，帮助学习者克服数字鸿沟，帮助学习者进行非正式
学习，有利于学习者长时间的专注学习；为非在校学生提供学习资源、学
习反馈和学习支持服务，有利于学习者和学习者及教师间的学习交互。[④]
移动学习重视学生和教师的互动，实时反馈学生的提问是有效教学的关键
策略[⑤]，FRAME 模型也将设备可用性、社交技术和学习交互作为设计移动
学习环境的重要因素[⑥]。Moore 认为课程结构、师生交互和学生自主性都会
影响学生的交互感知距离[⑦]，因此需要通过增强学生、同伴和教师间的交
互促进移动学习体验[⑧]。

---

① G. T. Kowitz and L. C. Smith，"Three Forms Of Instruction," *Journal of Educational Technology Systems*，1987，15（4）.

② K. C. Ekwunife-Orakwue and T. L. Teng，"The Impact of Transactional Distance Dialogic Interactions on Student Learning Outcomes in Online And Blended Environments," *Computers & Education*，2014，78.

③ R. M. Bernard P. C. Abrami Y. Lou E. Borokhovski A. Wade L. Wozney and B. Huang，"How Does Distance Education Compare With Classroom Instruction? A Meta-analysis of the Empirical Literature," *Review of Educational Research*，2004，74（3）.

④ M. I. Yousuf，"Effectiveness of Mobile Learning In Distance Education," *The Turkish Online Journal of Distance Education*，2007，8（4）.

⑤ M. Blackburn，"I Am Not A Superhero But I Do Have Secret Weapons! Using Technology in Higher Education Teaching to Redress The PowerBalance," *Journal of Pedagogic Development*，2015，5（1）.

⑥ M. L. Koole，"A Model for Framing Mobile Learning," *Mobile learning: Transforming the Delivery of Education and Training*，2009，1（2）.

⑦ M. G. Moore，"Three Types of Interaction," *The American Journal of Distance Education*，1989，3（2）.

⑧ M. I. Yousuf，"Effectiveness of Mobile Learning in Distance Education," *The Turkish Online Journal of Distance Education*，2007，8（4）.

三 "移动学习＋智慧教室"生态学习空间

（一）生态学习空间的边界和内涵

为了拓展和丰富学习空间的内涵，教育研究者需要从生态的视角重新审视学习空间的边界。[1] 智慧教室学习空间具有学习过程的多样性，然而不是满足不同学习需要的连续空间。生态学习空间可以突破传统空间的理念边界，实现正式和非正式学习的结合，封闭空间与开放空间的结合，个体学习与小组学习的结合，教师主导和学生主体的结合。"移动学习＋智慧教室"生态学习空间是移动学习打破智慧教室的物理界限，实现"线上＋线下"无缝衔接的虚拟学习空间。智慧教室能够促进学生的课堂交互，是以互动为核心的高效互动的学习空间。[2] 教育研究者需要研究如何延伸学生在智慧教室的增强交互，使强交互的移动学习无缝地贯穿于"移动学习＋智慧教室"生态学习空间中。

（二）移动学习打破智慧教室的空间

"文学批评"是中文系课程体系中的"拱顶石"课程，目的是结合学生的文学积累与理论训练，使学生获得较强的实践能力。为了培养学生的高阶思维能力和从事文学实践的敏感与开放心态，"文学批评"对学生来说格外重要但有相当的难度。经过不断的课程探索和教学实践，前期我们研究确立了基于"文学批评"的"三阶式"智慧课堂模式。这种模式借助信息技术实现学生智慧教室课堂内外"个体—小组—班级"三个层次间的互动学习空间，建构了一个由个人到班级无缝衔接的虚拟学习空间。目前，"三阶式"智慧课堂模式较好地提高了学生的学习成绩和学习意愿，学生的学习能力和社会性情感也有提升。

经过前期的教学实践，我们发现学生已基本达到了"会学"的阶段，

---

[1] 任友群、吴旻瑜、刘欢、郭海骏：《追寻常态：从生态视角看信息技术与教育教学的融合》，《中国电化教育》2015年第1期。

[2] 张屹、祝园、白清玉、李晓艳、朱映辉：《智慧教室环境下小学数学课堂教学互动行为特征研究》，《中国电化教育》2016年第6期。

具有自主学习的意愿。然而，学生主动质疑和有效提出问题的能力很薄弱，即没有达到"会问"的程度，但这恰恰是文学实践的关键素养。学生在面对作品或现象时，应该具有理性思考、流畅表达和反思创造的能力。因此，本研究在前期"文学批评"智慧课堂实施经验的基础上，借助于"移动学习 + 智慧教室"的强交互式生态环境促进学生的深度学习，引导学生从关注知识转向关注获得知识的途径。目的是让学生在反思中不断提升自己的思维品格，成为一个能疑善问在新媒体时代具有创造性的文化工作者。

（三）强交互式学习空间的教学设计

学习者 – 教师、学习者 – 学习者、学习者 – 技术间的互动是检验和推进智慧教室课堂学习的关键问题。[①]"移动学习 + 智慧教室"生态学习空间在拓展智慧教室物理空间以后，需要通过学习活动生成的生态空间来提高学生的学习交互体验。[②] 为了研究学习活动及其与学习理论的联系，Naismith 等将基于理论的类别（行为主义、构建主义、情境主义和协作学习）用作分析框架。[③] 基于行为主义的移动学习行为包括使用移动设备提供材料、从学习者获得反馈、提供适当的反馈。建构主义学习理论鼓励学习者自己去发现学习，学习环境为学生提供了利用适当工具参与学习过程的机会。情境学习模式要求知识在真实的环境中呈现，学生需要参与实践活动。基于移动技术的协作学习能促进和加强学习者之间的互动和协作。基于上述理论框架，本研究的教学设计如图 1 所示。课程按照 6 个课程专题依次展开，每个专题的开展包括重点难点解析和作品批评实践两个部分，每次课程按照课前、课上和课后进行设计。

在重点难点解析部分，课前学生通过移动平台观看课程视频和其他相关资源自学，然后教师会根据课程知识重难点发布课前测试从而获得教学反馈。课上，教师会通过布置课程任务的形式，组织学生进行伙伴

---

① 张屹、祝园、白清玉、李晓艳、朱映辉：《智慧教室环境下小学数学课堂教学互动行为特征研究》，《中国电化教育》2016 年第 6 期。

② 张屹、萱学敏、陈蓓蕾、刘波、朱映辉：《智慧教室环境下的 APT 教学对小学生问题提出与问题解决能力的培养研究》，《中国电化教育》2018 年第 4 期。

③ L. Naismith, P. Lonsdale, G. Vavoula and Sharples, "Mobile Technologies And Learning," in Futurelab Literature Review Series：Report No. 11, *Futurelab*, 2004.

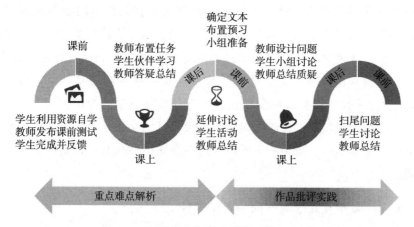

图 1 "文学批评"课程的增强交互设计

学习，然后教师进行答疑总结。课后，学生通过移动学习平台进行课程的延伸讨论，教师会综合课上的问题和课后的讨论进行总结。在作品批评实践部分，课前教师会根据每个专题的教学目标，提供若干相关的文学作品供学生选择并进行文学批评赏析。学生在移动平台进行文学作品的选择和研读。课上，教师会根据教学目标设计若干问题供学生在智慧教室进行小组讨论，然后老师综合学生的讨论进行答疑总结。课后，教师会在移动学习平台针对学生没有掌握的问题进行加深解释和总结。从课前到课后，教师会利用移动学习平台组织学生进行课前讨论、课上组织和课后巩固，学生可以随时随地地研读文本和话题讨论；教师会利用智慧教室组织学生进行课上的合作学习讨论，引导和加深学生对课程内容的理解。

四 研究方法

（一）研究情境和对象

本研究的实验地点是在华中地区某师范高校，参与者是本科三年级汉语言文学专业的 45 名学生（8 名男生，37 名女生）。研究者及所在团队与实验课程的教师建立了长期的合作关系，致力于通过信息技术手段提高传统课程的教学效果，因而本研究参与者属于便利样本。本研究的实验课程是文学院的"文学批评"课程，课程时间是 2017 年 9 月至 2018 年 1 月的整个学期。课程每周两次，每次 90 分钟。学生需要探究 6 个课程主题：社会历史批评、精神分析批评、语义批评、叙事批评、性别批评和读者批评。课程通过对这些批评方法的理论讲授和批评实践，引导学生从社会、心理、语言、性别等不同角度观照文学作品。教学目的是让学生感知和体验文学作品的魅力，提升分析和评论文学作品的能力。参与本研究的课程教师有 15 年教龄，使用信息技术进行教学的经验很丰富，尤其是使用翻转课堂等模式教授"文学批评"课程已经有 6 年经验。

（二）移动学习工具

为了营造"移动学习＋智慧教室"生态学习空间的增强交互环境，本研究使用的移动学习工具具有丰富的交互功能。如图 2 所示，"文学批评"课程班级有 47 个学生（包括两名助教），学生可以通过章节（Chapter）、资源（Resource）、讨论（Discuss）和任务（Task）等功能进行课程学习。如图 3 所示，在课程章节板块教师会按照课程大纲上传课程资源（主要包括课程视频和课程测试），学生可以通过移动平台随时随地访问课程内容。如图 4 所示，在学习讨论板块，教师会根据每个课程专题创建若干讨论话题，学生根据教师的话题提示进行"学生－教师"和"学生－学生"的学习交互，从而逐渐深化对课程知识点的理解。

图 2　移动学习平台的功能界面

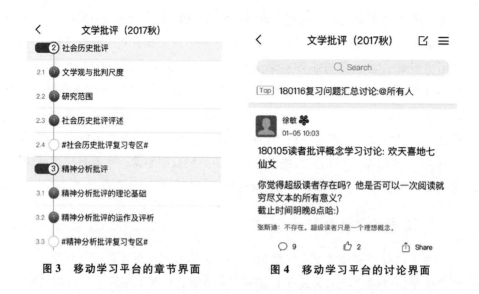

图 3　移动学习平台的章节界面　　　　　图 4　移动学习平台的讨论界面

（三）数据的收集与分析

通过移动学习平台的教师系统，我们可以获取学生的任务点完成详情、视频观看详情、讨论详情、访问详情和课程综合统计等数据。为了研究学生的学习交互情况，我们根据"学习者－内容"、"学习者－教师"、"学习者－学习者"和"学习者－技术"的交互类型，将学生的人均视频观看时间、学生和教师间的讨论量、学生和学生间的讨论量和学生平台的登录频率作为交互强度的依据。

另外，"移动学习＋智慧教室"生态学习空间的增强交互不仅表现在互动的频次，实际的学习交互效果也很重要。"读者批评"是教师按照课程计划教授的最后一个课程专题，学生们都基本适应了"移动学习＋智慧教室"生态学习空间的学习模式。通过分析这个专题的交互效果，比较能够反映学生的实际学习情况。因此，我们以"读者批评"专题的话题讨论为例，通过参与话题讨论的学生人数、讨论内容和教师评价等分析实际的交互效果。

最后，因为移动学习是拓展和联通"移动学习＋智慧教室"生态学习空间的载体，因此调查学生的移动学习态度很重要。为了分析影响学生在"移动学习＋智慧教室"生态学习空间进行学习的交互因素，我们设计了三道开放式问题——这个学期你对使用移动技术学习"文学批评"课程有什么样的总体感受？使用移动技术是否促进了你和教师及同学间的交流，为什么？你认为促进你使用移动技术进行学习的主要因素是什么？——询问学生对于移动学习的看法和建议。另外，我们在最后一次课堂的课间还给每位学生发放了一份由 Al-Emran、Elsherif 和 Shaalan 开发的"移动学习态度"调查问卷。① 通过分析这些数据，我们能够更加深入地了解学生在增强式"移动学习＋智慧教室"生态学习空间进行学习交互的影响因素。

五　研究结果

为了检验"移动学习＋智慧教室"生态学习空间中学生的增强交互效果，本研究主要从增强交互的类型和数量、增强交互的内容和效果、学生对移动学习的态度和建议等研究结果进行剖析和探讨。

（一）"移动学习＋智慧教室"生态学习空间中的增强交互类型和数量

"移动学习＋智慧教室"生态学习空间的增强交互概况如表 1 所示，课程包括 6 个专题，每个专题教师都会录制课程视频供学生学习。根据教师移动学习后台管理系统学生的视频观看数据，我们会发现学生每个课程资源的人均视频观看时长都超过每个视频的实际时长。基于每个课程专题的教学目标，教师会发布若干的课程话题供学生进行讨论。为了更加深入地分析学生和教师的交互过程，我们将学生在话题讨论过程中回复教师的行为定义为"学生－教师"交互，将教师在话题讨论过程中回复学生的行为定义为"教师－学生"交互。如表 1 所示，每个话题"学生－教师"交互的平均数量在 40 左右，几乎所有的学生（总共 45 名）都参与了学生和教师的话题讨论。每个话题教师－学生交互的平均数量是 7 左右，全部小于"教师－学生"的交互数量。同理，我们将学生在话题讨论过程中回复另一个学生的行为定义为"学生－学生"交互。如表 1 所示，学生－学生

---

① M. Al-Emran, H. M. Elsherif and K. Shaalan, "Investigating Attitudes Towards the Use of Mobile Learning in Higher Education," *Computers in Human Behavior*, 2016, 56.

交互的数量呈现出不稳定性。精神分析批评和语义批评专题每个话题的学生－学生交互数量分别高达 40 与 39，然而社会历史批评和叙事批评专题每个话题的学生－学生交互只有 5 左右。

表 1　"移动学习＋智慧教室"生态学习空间的增强交互概况

课程专题		学习者－内容		话题数量	学习者－教师		学生－学生
		资源类型	人均观看时长（分钟）		学生－教师	教师－学生	
社会历史批评		视频（7.2 min）**	9.4	1	44	0	4
精神分析批评	精神分析批评的理论基础	视频（23.7 min）	30.4	5	294（59*）	33（7*）	201（40*）
	精神分析批评的运作及评析	视频（28.1 min）	38.4				
语义批评	语义批评的理论基础	视频（12.1 min）	15.1	3	138（46*）	15（5*）	118（39*）
	文学文本语义分析及评述	视频（30.5 min）	34.5				
叙事批评	叙事批评的理论基础	视频（15.5 min）	23.0	7	268（38*）	69（10*）	36（5*）
		作业（3 题）	－				
	叙述者形象判断	作业（3 题）	－				
		视频（16.9 min）	20.2				
	叙事时间辨析	视频（11.0 min）	16.4				
		作业（6 题）	－				
	叙事结构分析	视频（9.1 min）	12.0				
		作业（2 题）	－				
性别批评	性别批评的新视野	视频（21.0 min）	23.7	5	216（43*）	24（5*）	41（8*）
	性别批评的研究范围	视频（30.0 min）	36.2				

续表

课程专题		学习者－内容		话题数量	学习者－教师		学生－学生
		资源类型	人均观看时长（分钟）		学生－教师	教师－学生	
读者批评	读者批评的兴起	视频（6.9 min）	8.9	2	83（42*）	31（15*）	13（6*）
	读者批评重要概念	视频（18.1 min）	22.3				
	读者批评运作及评述	视频（15.3 min）	17.6				

* 表示每个话题学习交互的平均值。
** min 为时长单位分钟。

我们将学生访问移动学习平台的行为定义为"学生－技术"交互。如图 5 所示，从 2017 年 9 月 25 日至 2018 年 1 月 22 日的整个学期过程中，学生在移动平台的登录频率呈现稳步上升的趋势，最高每天可达 400 余次（近 10 次每人每天）。如果以 45（课程学生的总数）为临界线，我们会发现学生在绝大部分的时间内每天至少会登录移动学习平台一次。

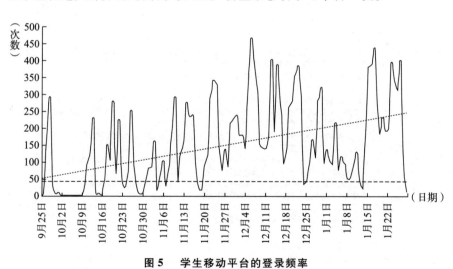

图 5　学生移动平台的登录频率

（二）"移动学习＋智慧教室"生态学习空间中的增强交互内容和效果

教师会根据每个课程专题的教学目标发布若干讨论话题，学生会根据教师讨论话题的提示进行话题回复。如图6所示，教师在"读者批评"实践环节发布了"梳理《老人与海》的读者接受史，分析其变化规律"的讨论话题，学生根据话题要求进行梳理回答，教师会根据学生的回答情况参与话题讨论。

为了探究学生基于移动平台的交互效果，我们以"读者批评"课程专题为例进行详细分析。如表2所示，教师在"读者批评"课程专题发布了6个讨论话题。每个话题的参与人数在5—13人，教师参与了话题1和话题5的讨论。学生人均回复字数在298—661字，话题讨论的内容具有思考的深度（如图6所示）。另外，教师从专业的评价标准，根据每个话题讨论的情况，给予ABCDE五个等级的评价，A代表讨论效果非常好，B讨论效果比较好，C代表讨论效果一般，D代表讨论效果比较差，E代表讨论效果非常差。如表2所示，四组话题获得B，两组获得A。因此，学生基于移动平台的交互具有专业知识的深度。

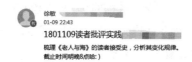

图6　"读者批评"课程专题的讨论话题举例

表2   "读者批评"实践专题的交互内容和效果分析

话题内容	交互效果		
	交互人数	人均回复字数	教师评价
1. 梳理《老人与海》的读者接受史，分析其变化规律	5 *	298	B
2. 分析《老人与海》在中国当代的接受及其意义	9	593	B
3. 描述自己阅读《老人与海》的经验，并分析其价值	6	495	B
4. 分析《老人与海》情节方面的空白或未定点及其价值	13	661	A
5. 分析《老人与海》形象塑造方面的空白或未定点及其价值	9 *	593	A
6. 分析《老人与海》语言方面的空白或未定点及其价值	7	544	B

＊表示教师参与了话题讨论。

（三）学生对"移动学习＋智慧教室"生态学习空间的态度和建议

为了调查学生对基于"文学批评"课程的"移动学习＋智慧教室"生态学习空间增强交互的实际感受，我们根据研究问题设计了3道开放性问题。如表3所示，学生比较喜欢"移动学习＋智慧教室"的方式，认为这可以打破传统智慧教室学习的空间和时间限制。"文学批评"课程非常注重学生的批判性思考。借助移动学习延伸智慧教室的学习空间，学生不仅可以有充裕的时间进行更加深入的阅读思考，而且可以更好地组织语言表达的逻辑，从而实现学生的高阶思维能力和从事文学实践的敏感和开放心态。另外，学生认为影响其在"移动学习＋智慧教室"生态学习空间增强交互的主要因素有教师引导、教师参与和移动学习态度。

表3   开放性调查问题的结果

调查问题	代表性回答举例
1. 描述一下这个学期你对使用移动技术学习"文学批评"课程的总体感受。	"我感觉很棒，因为这个课程注重批判性思考的过程，如果只是利用课堂的时间，无法深入地表达想法。移动技术拓宽了我们学习的地点和范围，有时候看看同学们的分析，感觉很棒。" "移动技术不仅方便我组织逻辑思考的语言，而且可以通过阅读其他同学写的，拓宽自己的思路。我感觉这种方式真心蛮好。"
2. 使用移动技术是否促进了你和教师及同学间的交流，为什么？	"有呢，怎么说呢，这种方式比面对面的口头讨论更好一些，因为有些观点需要时间思考。通过移动技术，我可以有更多的时间思考，这样交流的深度提高了很多。" "我觉得，移动学习增加了我和老师、同学的交流机会。老师经常会发布一些话题讨论，感觉学习的时间不再仅限于课堂的时间，我几乎每天都会登录APP看看同学发表的讨论观点。"

续表

调查问题	代表性回答举例
3. 你认为促进你使用移动技术进行学习的主要因素是什么？	"我认为老师的引导最重要……老师布置课程任务，告诉我们需要做什么，我们根据提示进行学习……" "有一个正式且固定的交流场景最重要，这样学习和讨论很集中。当然，移动平台有用也很重要，比如它可以方便我和同学交流、看资源、管理学习。" "老师参与讨论最重要，因为老师可以从专业角度指出我们分析的问题，这样让我们有积极互动的感觉，并且更愿意表达。"

　　为了调查影响学生对"移动学习＋智慧教室"生态学习空间的态度，学期末学生被告知需要根据"文学批评"课程的学习体验完成一份调查问卷，包括学习态度量表和开放性问题。因为移动学习是贯穿"移动学习＋智慧教室"生态学习空间的脉络，因此本研究设计了包括 10 道测试题的"学生移动学习态度量表"，采用 5 点李克特量表。如图 7 所示，学生对在"移动学习＋智慧教室"生态学习空间使用移动学习的教学方法整体上呈现出比较认可的态度（测试结果的平均值 mean ≥ 3.98）。学生对"移动空间可以为班级沟通和小组合作提供机会（mean = 4.60）"的认同度最高，对"移动平台可以帮助我管理学习（mean = 3.98）"的认同度相对较低。

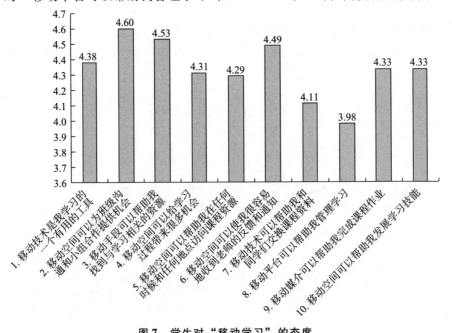

图 7　学生对"移动学习"的态度

六　结论

本研究以"文学批评"课程为案例，对如何增强学生在"移动学习＋智慧教室"生态学习空间的学习交互进行实证研究。通过"移动学习＋智慧教室"生态学习空间的增强交互设计、学生在"移动学习＋智慧教室"生态学习空间的交互数据的分析和学生对"移动学习＋智慧教室"生态学习空间的态度调查，研究发现以下几个方面。（1）"移动学习＋智慧教室"生态学习空间的增强交互设计重点是围绕课程的教学目的，根据构建主义、情境主义和协作学习等教学理论进行学习活动的设计。例如，"文学批评"课程的教学目的是结合学生的文学积累与理论训练，使学生获得较强的实践能力，因此课程活动设计应该注重话题讨论的氛围和深度。（2）"学习者－技术"交互是学生进行所有交互的基础。如果要增强"移动学习＋智慧教室"生态学习空间的学习交互，教师不仅需要综合考虑"学习者－内容"、"学习者－教师"和"学习者－学习者"的交互，更加应该思考如何提高"学习者－技术"的交互效果。在"文学批评"课程的"移动学习＋智慧教室"的生态学习空间中，"学习者－技术"交互呈现出稳步上升的趋势，学生较好地完成了学习内容的观看，并且和教师间呈现出稳定的强交互状态。在某些课程专题中"学习者－学习者"的交互效果比较好，然而整体呈现出比较弱的趋势。因此，如何提高"学习者－学习者"间的交互是我们后续的重点研究内容。（3）学生的移动学习态度和教师的引导是影响学生在"移动学习＋智慧教室"生态学习空间进行学习互动的重要因素，教学设计者应该尤其考虑如何提高学习者对移动学习过程的管理和移动学习资源的交流。

任何学习空间的设计都必须结合具体学科的教学目标，在明确学科教学存在问题和学习工具特点的情况下，才能进行适切的学习空间设计和实际的教学实践。本研究的"文学批评"课程注重培养学生的高阶思维能力和从事文学实践的批判性思维能力，"移动学习＋智慧教室"生态学习空间增强交互设计能够打破智慧教室的空间和时间限制，使学生能够有足够的时间进行文学文本的深度思考，而且能够条分缕析地组织语言进行写作表达。本研究虽然是基于"文学批评"课程的特殊案例，但是研究结果不仅对"移动学习 + 智慧教室"生态学习空间的增强交互具有重要的实践价值，也对理解如何生成移动学习、智慧教室、学习活动和学习交互的生态学习空间具有很好的启示作用。

Enhancement Interactive Concept and Design of "Mobile Learning + Smart Classroom" Ecological Learning Space

—A Case Study on the Course of Literary Criticism

Li Yanhong

Abstract：Ecological learning space of mobile learning with smart classroom is a virtual learning space where mobile learning has broken the physical boundaries of the smart classroom, and can realize the online and offline learning. Meantime, it can integrate the mobile information technology, students' learning ability and the classroom community interaction. This study takes the course of literary criticism as an example to conduct an empirical study on the concept and design of enhanced interaction in the learning space of "mobile learning + smart classroom". Through the design of reinforcement learning space, the analysis of learning interaction data and the investigation of students' learning attitude and suggestions, the research mainly got three findings. Firstly, the study space design of "mobile learning + smart classroom" should focus on the teaching purpose of the course and the design of learning activities according to the theories of constructivism, situated learning and collaborative learning. Secondly, learner-technology interaction is the foundation of all learning interaction; teachers should comprehensively consider the learner-content, learner-teacher and learner-learner interaction. Finally, students' mobile learning attitude and teacher's participation and guide are important factors, and teachers should raise students' management of mobile learning process and the use of mobile learning resources. The results have important practical values for improving the interaction in the learning space of "mobile learning + smart classroom". In addition, it also can improve the understanding of how to generate ecological learning space with mobile learning, smart classroom, learning activities and learning interaction.

Keywords: Learning Interaction; Mobile Learning; Smart Classroom; Learning Model; Empirical Research

About the Author: Li Yanhong (1987 –), Ph. D. Candidate in National Engineering Research Center for E-learning, Central China Normal University, and Collaborative & Innovative Center for Educational Technology. Research interests and specialties: design and building of technology-enhanced learning environment. Magnum opuses: *Research Progress of Hybrid Synchronous Learning*, *Developing the Rotational Synchronous Teaching (RST) Model*: *Examination of the Connected Classroom Climate*, etc. Email : liyanhong@ mails. ccnu. edu. cn.

同频共振，提升教学效能

——"文学批评"课程三阶式翻转课堂教学模式研究

张新珍*

摘　要："文学批评"课程三阶式翻转课堂教学模式的建立，有助于化解传统"文学批评"课堂的困境。该模式之所以取得成功，得益于教学内容的多元开放、互动平台的立体丰富、框架搭建的逻辑清晰，充分保障了教学内容和流程的"翻转"，有效地促进了学生产生更积极的学习行为，为"文学批评"教学改革提供了有益的思考。

关键词：文学批评　翻转课堂　教学模式

"文学批评"课程属于文学理论课程系列之一。文学理论是文学专业的学科必修课，在专业学科体系中具有重要的地位。它的主要任务是帮助学生系统理解和掌握文学的基本理论和知识，并能对各种文学现象进行分析和评价。但目前很多高校的文学理论课程教学效果并不尽如人意，究其原因，除了社会市场经济因素外，更与文学理论课程自身的学科教学缺陷有关，教学内容僵化、教学方法的陈旧、教学手段单一、教学理念上重理论轻实践等，使得学生容易产生厌倦不满或畏难的厌学情绪。

华中师范大学"文艺学系列"课程之一"文学批评"课程，以前瞻性视野和敏锐的洞察力，在高校教育信息化语境下，把握课程改革和发展的方向，构建出独具特色的"三阶式翻转课堂"，化解文学理论教学困境。承担该项目的教师们对教学改革持有积极和开放的心态，从 2003 年获批国

---

* 张新珍（1974—），博士，湖北工业大学外国语学院讲师。研究方向为文学语言学，代表性论文《〈所以〉："革命城市"的世俗叙事》等。电子邮箱：751112963@ qq. com。

家首批精品课程起，就开始打造擦亮文学理论课程品牌。从 2011 年起更是加快了翻转课堂的建设，他们认识到了现代信息技术带给传统课堂的强大冲击，将教学环境从实体的物理环境延伸到虚拟的网络环境，[①] 满足学生个性化学习需求。他们还具备很强的教学反思和持续改进能力，根据课程性质和学习者因素不断进行调整，合理做出规划，积极探究教学模式的革新，勇于实践，颠覆传统教学流程的设计，最终形成了操作性和指导性强的三阶式翻转课堂，使得"文学批评"课程呈现出时代性、实践性、鲜活性的特征。十多年的坚守和锻造，推动了"文学批评"课程培养质量的提升。该团队也先后在 2013 年获批国家级精品资源共享课、教育部精品视频公开课建设，2014 年荣获国家级教学成果奖，2016 年面向台湾师大开设慕课，2017 年获得湖北省教学成果一等奖和湖北省移动教学大赛一等奖。

基于华中师范大学"文学批评"课程的改革成果，笔者认为三阶式翻转课堂走出了当前文学批评的教学困境，代表着文学理论类课程教改的发展趋势和方向。

一　课程准备的规划

所谓"翻转课堂"，其实翻转的不仅仅是教学的顺序，更应该是教师教学思维的"翻转"。

构建翻转课堂，首先要求教师有"课程准备"能力。就教学内容选择上来看，必然不能沿袭传统的课堂内容，不能刻板拘泥于课本知识。如何优化文学理论课程的教学内容，是探讨文学理论类课程教学改革必须解决的首要问题。就目前现状看，除了要解决文学理论类课程内容自身所本有的枯燥、抽象和深奥之外，还必须关注其研究对象和接受主体周边环境的变化，要将之置于当下的社会文化背景中进行考虑。就其研究对象文学自身来看，20 世纪以来人们关于何为"文学性"的看法也处于剧烈变动中，文学的边界已然扩张，当今文学艺术生态已形成大众文化、精英文化和主流文化三足鼎立同生共构的格局。随着作为对社会生活审美反映的文学的

---

① 王鉴：《论翻转课堂的本质》，《高等教育研究》2016 年第 8 期。

生存环境发生改变，文学研究也理所当然地呈现出多元化和去中心化的面貌。就接受主体来看，人类进入电子媒介时代之后，网络媒介不仅超越了时间和空间，而且延伸了人类的视觉、触觉、嗅觉等。这意味着人们的生活方式、工作方式、学习方式发生了转变，同时也意味着人类思维方式的变化①。新生代大学生在互联网大数据信息时代语境下成长起来，经典化阅读方式已在一定程度上偏离他们的生活方式和思维方式，直观化、形象化的图像文化和视觉文化成为全球主导性的文化景观。"文学批评"课程对教学内容进行积极的探索和优化，一方面积极应对大众语境下图像和视觉文化的冲击，从现实关怀立场出发，搁置"图文之争"，根据学习者的兴趣需求、阅读习惯和思维能力，因势利导引入大众文化现象。另一方面引导大学生们从历史的、传统的、纸质的文学经典中汲取养分，从而传承文学理论传统，弘扬人文精神，培养艺术审美眼光，成为具有面向文学未来创新实践能力强的生力军。

"文学批评"课程精心选择了"社会历史批评""精神分析批评""语义批评""叙事批评""性别批评""读者批评"等六种具有代表性的批评方法作为教学内容，以此搭建文学理论框架，厘清文学理论的发展历史和研究现状，把握文学理论研究的基本范畴。立足于解决理论与实践脱节的问题，把流派的理论教学和学生批评实践培养结合起来，每一种理论教学都从理论方法到批评实践，而且不单单是通过理论关注实践，在批评实践过程中也要找到合适应对的理论系统。在批评实践对象的选择上，有特色的经典文本和多姿多彩的大众文化现象同时进入了教学内容，但是在课时体例设置上却采取不同的方式。专设课时研讨特色经典文本，选取中外著名作家如鲁迅、张爱玲、路遥、舒婷、海子、海明威等的代表性作品，帮助学生学会写文学批评类文章。课堂内片段课时所选用的例证或者讨论材料，主要目的是使学生学会辨析概念、提取观点，所以大多或选取作家作品中碎片化材料来支撑理解理论知识点；或选取大众文化中的流行性元素，如电影《小时代》《盗梦空间》；或注重将文学理论知识点和生活实践相结合，解决学生现实中的问题，如要求学生使用弗洛伊德理论分析"双

---

① 〔加〕马歇尔·麦克卢汉：《理解媒介——论人的延伸》，何道宽译，商务印书馆，2000，第33—50页。

十一"购物心理，运用新批评诗学的方法写一首"暗恋"的诗歌等。增设票选文本的参与环节，允许同学在给予的范围内自由选取本学期研讨意愿强的文本。

其次，构建翻转课堂最重要的物质和技术保障就是提供互动平台。"文学批评"课程充分利用学校的云端一体化教学平台、精品课程网站、"文学批评"教学博客，组合成立体化的资源平台；选择移动技术，如学习平台、padlet等作为教学交流平台；加上传统课堂的物理空间载体，使得"文学批评"课程形成了基于移动终端、网络学习环境与课堂讨论相结合的教学情境，生生之间、生师之间甚至学生与教学资源及教学内容之间，可以借助平台互动，可以基于移动终端互动，也可以面对面地现场交互。

最后，构建翻转课堂需要建构清晰的逻辑框架，明确说明结构。华中师范大学的"文学批评"课程在开课前就明确学生的学习目标，罗列重点难点，根据文学理论架构知识逻辑结构图，清晰知识点之间、知识点与知识框架之间的行进路线，并给出学习行为建议和导学方案，制订相应的学习任务单，注意通过问题引导设定学习任务单。并在知识点的层级间提供相应的练习、测试题目，通过练习与测试破除理论知识的障碍且评估自学结果。

二 教学流程的转变

课程的设计与实施，反映教学的实际应用水平。"文学批评"课程翻转课堂的具体实施主要包括三个环节：课前自主学习，课上答疑讨论，课后"试错实践"。

（一）课前：微视频搭台，构建知识逻辑体系图，学生自主学习

课程设计是翻转课堂的核心内容。按照知识建构主义的观点，经验在学生知识建构中有着重要的影响力。在印刷时代的课堂知识传播方式里，教师是学生知识的主要来源，学生信息的获得可以由教师和家长控制。进入电子媒介之后，教室成为没有围墙的课堂，学生知识来源驳杂，教师对学生的前知识储备的预测难度变大，教学设计的重要性凸显出来。"文学

批评"教师在课程设计过程中，通过问卷调查或其他方式了解学生原有的知识构造、社会实践经验以及对课程的兴趣度，从而通过翻转课堂最大限度促进学生新知识结构的优化。

"文学批评"课程的每一章节总体设计分为重难点概念解析和作品批评实践两个部分。重难点概念解析部分偏重理论知识的学习，教师在课前遴选教学知识内容，制作课件和微视频，设计问题，布置个人或者小组任务，准备和布置有关阅读材料，学生搭建起初步的知识体系。课前利用信息技术构建互动平台，利用"问卷星""知识建构工作纸"梳理基础知识、重难点知识。尤其是"知识建构工作纸"的运用，通过头脑风暴搜集与教学内容相关的概念，接着使用知识图表建构知识体系，最后学生创造性地使用概念解析问题，教师有意识地引导学习者在原有认知结构基础上不断对新知识进行同化和顺化，推进学习者联结节点、深入理解、重构体系、挖掘价值，有效促进原有知识和新知识进行知识重构和边界融合，从而优化知识结构。设计一些问题，如"社会历史批评"与"现实主义"之间的渊源，"新历史批评"中"历史"与"社会历史批评"的"真实性"之间的逻辑关系，让学生明白流派之间的异同和其内在的逻辑关系。

作品批评实践部分，教师精选文本，并以问题为导向，激发学生的学习兴趣。如在"叙事批评"中，教师选取了鲁迅的《祝福》作为学生的批评实践文本。进入 21 世纪后，中学语文教学改革逐步深入，就文本解读来说，强调回归文本的美学价值，鼓励和倡导学生从多元视角切入进行主体性阅读，与教师、文本和其他学生进行对话交流。在这样的改革背景下，鲁迅的作品在中学教材中因各种原因被删减，但是《祝福》被保留下来，足以见其教学价值的重要性。华中师范大学"文学批评"课程选取《祝福》作为"叙事批评"实践文本，现实意义不言而喻。虽然有这样的现实驱动力，但在实际的教学实施过程中，由于长期政治化的解读方式给《祝福》贴上了政治标签，学生们表现出学习兴趣不浓、态度消极的状态。如果不转变未来教师们的情感态度，显然会影响他们投入的注意和努力，也无法真正实现未来文学解读模式的彻底改变。但如果教师的角色只是扮演知识的讲授者和主导者，也注定收效甚微。"文学批评"的主讲教师，发布课前测试，要求学生在 padlet 上绘制心目中祥林嫂的画像，激发学生关注文本的兴趣，矫正他们的情感态度。教师基于学习者特点进行分析，发现其中有一个学生绘制的祥林嫂画像，并不是"只有那眼珠间或一轮，还可以表示她是一个活物"，而是一个梳着麻花辫，长相甜美的朴实农村姑娘形象，教师敏锐地抓住学生这一独特前知识的理解进行教学内容的重构，积极策划教学内容，围绕着"几年时间祥林嫂的模样就发生了这么巨大的变化"这一问题进行引导，指导学生细读课本寻找祥林嫂形象变化的时间线索和事件脉络，从而理解"吃掉"祥林嫂的多种因素，也更让学生关注到叙事视角、叙事时间等叙事批评的概念理解上。通过对具体学情的了解，依据教学目标，教师巧妙地设计出详细的问题，启发学生思考学习，并引导学生进行小组讨论，策划了整个教学活动过程，而不是简单地灌输教学内容。设计精巧的课程内容能够帮助学生深入学习。

（二）课中：合作探究，体验性讲解，教学手段丰富、立体化

课前学生自主学习，鼓励伙伴自学，主要完成记忆能力和理解能力等低阶思维的训练。而在课堂上主要完成应用力、分析力、评价力和创造力的培养，更看重的是理论思维的训练。[1]

通过课前理论概念的学习，学生对课程的理论性有了一定认识，但是如果真正将理论知识概念跟具体文学现象与社会生活现象联系在一起，实现对文学理论的升华，这对青春年少的大学生来说，实属困难。他们尚且缺乏对生活的深度认知体验，很难实现文学批评的实践价值和教学价值。所以在课上概念解释部分，教师注重体验式讲解，以生活经验为切入点，适当地结合引入批评家日常生活化的介绍，唤起学生的情感体验，最终实现审美体验和审美理性表达。

老师还会设计有意义的学习内容或讨论内容作为触发事件，如在讲授社会历史批评这一传统型批评方法时，教师设计"给电影《小时代》找茬"这一话题，让每个小组在 5 分钟时间内找出影片中不真实的片段，将之截图在 padlet 分享墙上，然后进行组间展示，小组成员需要回答其他组丰富多样的提问和质疑，完成对疑点的解释说明。在这期间教师通过有意识的组织和指导，促进双方深入推进对话交流，最终在组间竞赛中，帮助

---

① 〔美〕安德森、克拉思沃尔、艾拉沙恩：《布卢姆教育目标分类学：分类学视野下的学与教及其测评》，蒋小平等译，外语教学与研究出版社，2009，第51—52 页。

学习者实现构建个人意义和有价值的学习成果。再如课前学生理解了"人格结构"理论之后，课上教师选取柯云路《童话人格》中对孙悟空的分析方式，促进学生对人格结构的讨论和理解。

在这种模式中，"文学批评"课堂教学以问题为驱动，以伙伴学习为核心，通过聆听、提问、激励等手段，达成了课堂的正向反馈，不仅帮助学生更好地掌握知识，还更显著提升了他们的思维能力。

（三）课后：以活动为中心的"试错型实践"和图—文多元化表述

在课堂讲解阶段结束后，要鼓励学生敢于犯错，勇于暴露自己的错误，建立起"试错型实践"。这样才能建立一套正向反馈机制，有利于学生建立起相信自己能将所学应用到实践的信心，有助于培养他们未来运用所知处理问题的能力。如在"精神分析批评"课后，要求"把超我、自我和本我想象成 3 个小人，你觉得他们之间的关系是怎样的？请画图示意"。小组完成之后，教师并不给出指导性意见，而是由同学们投票，选出最符合自己理解的一幅图。这种多元化实践表述的尝试能避免僵化知识与错误概念，促进认知的变通，从而有利于学生深度学习理解理论知识。在这个过程中，学习者凭借自身进行调整与纠错，这种由尝试性实践造成的错误得到有效改善。而且这种同伴互评策略，可以让人感受到同伴的鼓励与信任，也有助于提高学生的学习兴趣，提升学习效果。

为了提升学生的课后线上参与度，"文学批评"的老师增强活动趣味性，把任务设计游戏化，如在"语义批评"实践中，设置学生观看游戏小球运动环节，要求学生追踪小球行进线路，从中获得启发，完成文本《致橡树》的语义分析路线图，这些有趣的活动，可以促使学生更有效地完成学习活动和意义建构。

三 在调适中促进学习者的转变

华中师范大学"文学批评"课程，始终以学习者为中心，从学习者视角来关注课程的改革。"文学批评"教师们认识到三阶式翻转课堂提供了新的学习内容和学习方式给学习者，这也有可能引发学习者的不同程度的"不适"，作为现代教师必须帮助学习者有效处理这种不适。[①]

为了"调适"学习内容上的不适，他们利用信息化技术对学生个体学习平台外学习数据进行分析。平台外数据分析学生前期课程数据，对学习者的学习基础进行分析，有利于对学习者的先备知识做出准确的学情预测，从而调整教学内容，注重梳理新旧知识联系，使学习者乐于学习、同化并记忆新知识。

为了"调适"学习方式的不适，教学者有责任营造适于学习的环境。翻转课堂老师注重营造有温度、有帮助的教育情境。从课前开始，"文学批评"的老师就开始线上预热，教师通过教学 APP 给学生发通知，有意识使用当下学生流行语，如"期不期待惊不惊喜：语义批评的终极实践""彩蛋活动""砸金蛋"，拉近师生距离，营造出师生平等的情感氛围。在充满信任和温馨的学习环境中，学生可以充分进行有意义的交流和发展人际关系，有利于"试错型"实践和多元化解读活动方式的开展。

为了尽可能准确地分析影响学习者个体差异的诸多因素，"文学批评"教师还分析学习平台之外的其他相关学习数据如前期课程数据、早餐数据、进出图书馆数据、借阅图书数据等，对学习者的学习状态和主动学习的态度进行了解，从而提供个性化支持。在学习过程中，"文学批评"老师更是通过平台数据分析，检测个体学习进程，筛查学习风险。对学习能力相对薄弱的学习者，以同质小组为单位，进行变化分组的方式高强度干预，对情感消极学习落后的学习者，高频度提醒与个性化鼓励相结合。

通过观测学生学习行为数据，"文学批评"的教师还有意识地改善学习者的学习行为。如发现学生访问平台以及完成各项任务多集中于凌晨 12

---

① 〔美〕布鲁斯·乔伊斯、玛莎·韦尔、艾米莉·卡尔霍恩：《教学模式》，兰英等译，中国人民大学出版社，2014，第 298 页。

点前后，长此以往对学习者的自我健康成长会产生不利的影响。因此"文学批评"教师有意识地调整任务发布时间以及任务完成时间，使他们得以在正常的作息时间内，更高效地完成学习任务。

在翻转课堂中，学习动机的激发不仅是靠驱动个体内在兴趣，同时也特别重视小组团体对动机的激发，这样一来，小组的区分意义重大。如何科学合理地划分小组，事关翻转课堂成败。"文学批评"课程基于数据分析结果，对学生的学习风格进行测试反馈，结合整个教学流程，他们总结和确立了分组原则：组间同质组内异质，四至六人各有分工，展示汇报随机抽取，前期固定后期流动。

结　语

通过对华中师范大学三阶式翻转课堂学习效果实效的研究，发现学生自学能力得到增强，思维能力明显大幅度提升，而且养成了主动探究的意识。这种教学模式是真正实现了学生的高度参与和个性化的学习体验。他们通过教学活动，使有学习兴趣的学生达到很好的学习效果，全面实现了教学目标，是一种有效的教学方式，在理论和实践上都给文学理论教学改革带来有益的启示。

Resonance Improving Teaching Efficiency
—A Study of Three-Stage Literary Criticism Course in the Flipped Classroom Model

Zhang Xinzhen

Abstract：The establishment of three-stage literary criticism course in the flipped classroom model contributes to dissolving the dilemma of traditional literary criticism class. The reason why this model meets with success is that the teaching content is multiple and open, the teaching platforms are quite abundant and the logic of framework construction is clear, all of which completely assure to "flip" the teaching content and procedure, effectively facilitating students to produce more active learning behaviors as well as bringing beneficial thinking of literary criticism reform.

Keywords: Literary Criticism; The flipped Classroom; Teaching Model

About the Author: Zhang Xinzhen (1974 –), Ph. D. , Lecturer in School of Foreign Languages, Hubei University of Technology. Research interests and specialties: literature linguistics. Magnum opuses: " *So* ": *The Secular Narrative of* " *Revolutionary City*" , etc. Email: 751112963@ qq. com.

云端技术落地测评

——“文学批评”课“翻转课堂”教学反馈

向欣立 *

摘　要: 华中师范大学的“文学批评”课程作为“文艺学系列”课程之一，于 2003 年被评为国家级精品课程，2007 年其所属团队被批准为国家级教学团队，并诞生了国家级教学名师。近年来，华中师范大学在各个学科中引进了“翻转课堂”的教学模式，作为一种兴起于美国并迅速风靡北美波及全球的课堂教学模式，“翻转课堂”在华中师范大学“文艺学系列”课程中，已渐渐成为学生所学文学理论和方法转化为批评实践能力的任务的一个不可或缺的重要环节。2017 年 3 月到 6 月，笔者以学生的身份初步领略了翻转课堂；2018 年 9 月到 12 月，笔者又以助教的身份，参与了“文学批评”课程翻转课堂的实施。从亲历到旁观，带着体验，带着思考，笔者对翻转课堂在文学教学实践中的作用逐渐有了清晰的认识。

关键词: 翻转课堂　教学实践　文学批评

一　“文学批评”课程为什么要选择“翻转课堂”

“翻转课堂”（the flipped classroom）2000 年诞生于美国，这种教学模

＊　向欣立（1990—），硕士研究生，华中师范大学文学院，研究方向为文学批评。电子邮箱：xiangxl_23@163.com。

式借助于现代信息技术，将课前学生网络自学和课上教师指导下的小组学习相结合，颠倒"知识传授"和"知识内化"两个环节的顺序，从而实现教学主体、教学方式甚至教学理念等方面一系列的"翻转"。

"翻转课堂"在美国的实践始于 2007 年，乔纳森·伯格曼（Jonathan Bergmann）、亚伦·萨姆斯（Aaron Sams）在林地高中的化学、数学课堂开始试验，由于效果惊人而引起人们关注，两人分别在 2009 年、2012 年获得美国"杰出数学和科学教育总统奖"（The Presidential Award for Excellence in Mathematics and Science Teaching）。2010 年，在线学习网站"可汗学院"和许多中小学签约，"翻转课堂"开始风靡。课外自学、课内讲授讨论，课内课外的"完全翻转"，在数学、化学、物理、计算机等理工科学科已取得很好效果[1]。

在"文学批评"课程近年的教学中，我们越来越强烈地感到学生知识结构、学习意愿和学习方式的变化给课程带来了新的挑战。

伴随着网络和数字技术的不断发展而成长起来的这代学生，阅读对象和范围与以往相比有很大改变，他们不习惯于通过记忆的材料得出结论，但非常善于通过搜索整合多媒体材料的方式进行学习。面对这些被称为"N 世代"（NeXT）的学生，传统的以教师课堂讲授为主的方法在促进其知识增长和素质发展方面难免捉襟见肘、事倍功半[2]。

另外"文学批评"这一实践性很强的课程，要想取得好的效果，学生的"试错型实践"非常重要，越来越有限的课堂时间限制，与学生的必要试错过程必然形成一些冲突。

因此，将"翻转课堂"这一新的模式引入"文学批评"教学中，并非可有可无或锦上添花，而是使课程能真正符合学生需要，增进学生实践能力和综合素养的必然选择。

---

[1]　具体教学案例请参见 Flipped Learning Network，http://flippedclassroom. org/video，2014 年 1 月 30 日。

[2]　关于"N 世代"（NeXT）学生特点的具体分析，可参见 Mark Taylor，"Teaching Generation NeXT: A Pedagogy for Today's Learners，" *A Collection of Papers on Self—Study and Institutional Improvement*，2011：192。

二 教师视角："文学批评" 课程
"翻转课堂"设计

考虑到"文学批评"课程本身强烈的人文性，以及目前教学中所表现出学生在概念识记和综合运用两个层级间存在的较大能力落差，教师在采用翻转课堂模式时，对目前通行的完全翻转模式进行了一定改进：一是尽可能精简课前微视频的数量，以保证学生充分的学习热情；二是将课堂时间进一步分成两个阶段。第一阶段为重难点概念解析环节，教师首先针对学生课前学习中出现或提出的共性问题和典型问题进行讲解，再对学生的课堂个性提问进行答疑，通过这一环节可基本达到学生对概念、理论的准确把握；第二阶段为文学批评实践环节，学生针对老师提出的篇幅较小的批评文本或理论问题分组进行讨论，教师和助教一起提供讨论中的支持，学生的讨论结果当堂或通过网络呈现，在教师的及时反馈中使实践环节达到较好的效果。这就是"文学批评翻转课堂"的"三阶式"模式。

文学批评三阶式翻转课堂模式主要包含三个环节：课前预习设计、课堂重难点概念解析设计和文学批评实践设计。在这一过程中，教师要像写剧本一样，事先决定课程中哪些内容通过讲课视频传授，哪些内容通过相关材料阅读消化理解，哪些通过练习、讨论、考试来强化认知，从而做出符合学生认知水平和期待，有助于学生以不断爬坡的方式完成学习的精心安排。

（一）课前微视频的制作

在"文学批评"课程中，各种批评方法、流派之间的联系没有那么明确紧密，在实际教学中，也常有学生对自己喜欢的批评方法倾心如故，对不喜欢的批评方法了解泛泛的现象。为了保证学生对应掌握的批评方法不有所偏废，同时培养他们兼容并包的学习心态，除了在微视频的制作中注重强调各知识点之间的内在联系、区别之外，我们还有必要加强知识结构图的制作。

知识结构图的建构。知识结构图可以帮助学习者将零散的知识点整合为一个知识系统，同时让他迅速定位自己学习的起点。每种文学批评方法内部各知识点之间具有逻辑性，而各种批评方法之间则是历史和逻辑的合力所形成的发展。在建构知识结构图时，我们首先针对每种批评方法，画出其内在知识点之间的逻辑结构图；其次在按照产生时间进行排序的同时，通过链接呈现其文学、文化背景，如"社会历史批评"与"现实主义文学"之间的渊源，"心理批评"与"文学向内转"思潮的关系等，使学生能够清楚意识到文学批评产生发展的规律。

多线程学习模式的建构。让学生能够在文学批评的体系中迅速定位自己的起点，并进而寻找到适合自己的学习线路，是一个重要的问题。教师必须改变以往按照章节来梳理知识点的思路，充分考虑到每对知识点间的相互关系，并通过知识结构图清晰地反映出这些知识点与知识点、知识点与知识群落之间的关系。对那些既有历史关系，又有逻辑关系的知识点关系必须呈现到位。比如新历史主义批评中的"历史"概念和社会历史批评中的"真实性""倾向性"有着内在逻辑联系，性别批评中的"女性阅读"概念和读者生产批评中的"阅读就是误读"理论存在因果关系，后者必须安排在前者之前进行学习，不仅要在知识结构图中进行呈现，而且在具体的微视频中也首先对这些因果关系加以链接和说明，使学生能够根据自己对知识的熟悉程度自主地选择学习路线，从而提高学生自学的速度和效率。

微视频的制作。网络学习和课堂教学的主要不同，就在于学生是一个随时会因为失去兴趣而点击鼠标终止学习过程的主动者，教师对学生学习的控制主要通过微视频来实现。根据认知心理学的研究，最佳效果的微视频应该控制在10—15分钟。这一长度的微视频，不是对传统授课录像的简单切分，而应该是将相应的教学微视频、章节教材或参考资料以及必要的扩展阅读材料等巧妙集成的多媒体学习素材，从问题出发，按照知识的内在逻辑关系，引导学生由浅入深地掌握有关知识。

（二）重难点概念解析设计

对于人文学科的学习来说，书籍永远比网络更重要，它在训练记忆力、锻造想象力，将知识内化为精神方面的显著效果没有什么可与之相比。因此，在"文学批评"课程的设计中，我们提出，要运用网络，更重要的是通过网络将学生向书籍引导，让云端不只作为知识的载体，更能成为思想起飞的平台。

三网合一，促进学生多疑多思。为了在课前学习中更好地激趣、启思，我们将学校的云端一体化教学平台与原有的精品课程网站和"文学批评"教学博客整合在一起，形成了三网合一的立体式资源平台：通过云端平台呈现课程的总体知识结构图和教学微视频，实现对学生在线学习情况的统计和管理；通过链接"文学批评"课程的教学博客，使当前课堂的学生在碰到困难时，能够以"前人"为鉴，努力探索自己的解决之道；通过精品课程网站的BBS论坛，保证学习过程中流畅的师生互动、生生互动，努力保证学生在课前完成对基本知识点的掌握。将三网联为一体后的平台，充分调动了学生学习过程中可能需要的各种资源，并努力把学生从网络引向论文和相关书籍，促进其主动、深入地进行思考。

体验式讲授，构筑"同游乐游"的学习氛围。对于人文课程的学习来说，学生最大的困难并不在于知识的识记，而是由于其人生阅历所限，对那些浸透着文化、社会色彩的知识难以真正理解、把握到位。比如人格结构理论之所以一直是教学难点，主要就在于学生由于年龄所限，对人生的复杂性还未能充分理解，类似的还比如社会历史批评中的"倾向性"概念、对于精神分析批评的评价等问题。因此，在设计课堂讲授内容时，我们不仅会努力抓住概念的要点进行清晰的呈现，更会努力结合老师的自身生活体验，和学生一起分享对知识的理解。如引入批评家生平背景甚至逸文趣事的介绍，可以使学生不只看到概念、方法，更看到这些概念、方法的由来，减弱其敬畏感，使这些知识对学生不仅可亲，而且可近，具有很好的效果。

走下权威的讲台，变答疑为探索。学生课前自学时或听讲解时所产生的问题，往往比较个性化，教师要在课堂上迅速、适当地做出解答，一方面需要具备较为全面的专业素养，另一方面更需要转变心态。传统讲授式教学建基于教师的权威性，教师在课堂上所讲的知识必须准确、全面、完整，因此不少老师在最初课堂答疑时会紧张甚至踌躇。但教师和学生在求知路上只是先后的差异，并没有谁掌握绝对的真理和权威。意识到这一点，我们在答疑时就能更好地摆正心态，把自己放在引导者的位置上，用我们的视野帮助学生提升问题，用我们的知识启迪他们在探索之路上不断深入。文学批评从本质上来说，不只是对文本进行阐释和解读，更是对批评者精神世界的不断探索。

（三）文学批评实践设计

"文学批评"课程的实践环节，无论是对于批评理论的分析评价，还是对文学文本的阐释解读，都需要在教师的帮助和及时反馈下才能达到良好的效果。为此，我们设计了两种文学批评实践活动的方式：课堂上有教师指导的伙伴学习和课下小组讨论基础上的展示与反馈。通过将这两种方式交错使用，既保证了实践环节的充分展开，又使学生不至于面对骤然加大的作业量而产生抵触影响效果。

课堂伙伴学习：以问题为驱动，以学生为中心。与传统讲授型课堂不同，教师在课堂中的角色不再那么显眼，好像计算机的后台系统，需要通过观察、反馈和评价，在讨论中给学生以支持，在最后的展示阶段对知识加以深化。Taylor 曾指出将课程目标与学生个人目标相联系往往能取得好的效果[1]，遵循这一原则，在设计学生学习活动时我们坚持以问题为驱动。为了最大限度地努力使学生成为积极的学习者，对自己学习行为负责的学习者，我们还需要借鉴教育心理学的研究成果，充分运用各种分组技巧和讨论策略。一个能充分展开讨论和分享的小组应该由4—6位学生组成，分组的依据是打散层级，即每个小组都应该包含学习能力很强、中等和偏弱的学生，这样才能最大限度地发挥"伙伴学习"的效力[2]，使他们在讨论中能力都能得到一定程度的提高。为了避免传统讨论中经常出现的组长或好学生积极参与，觉得事不关己的学生消极参与的现象，一定要在小组内部进行分工，组内分工大致为记录者、提问者、组织者、小结者，由组内各成员轮流担任。我们发现，明确的分工既可以保证每一个学生都积极进

---

[1] Mark Taylor, "Teaching Generation NeXT: A Pedagogy for Today's Learners," *A Collection of Papers on Self—Study and Institutional Improvement*, 2011: 114.

[2] "伙伴学习"（peer instruction）这一概念最早由哈佛大学物理学教授 Eric Mazur 在 1990 年提出，他指出对任何阶段的学生来说，从同龄人身上学习都是最有效的途径，让一个人掌握知识的最好办法，就是让他把这个概念给同伴讲懂，他由此建立起来的"伙伴学习"方法，特别适用于在规模较大的课堂内组织有效的讨论，他的一系列建构"伙伴学习"的策略，因此受到翻转课堂运用们的普遍关注。关于课堂分组讨论的更多技巧与策略，可参见 Eric Mazur, *Peer Instruction: A User's Manual*, Series in Educational Innovation?（Prentice Hall, Upper Saddle River, NJ, 1997）。

入讨论，更能充分调动学生的协作精神。

为了给每个学生和小组以平等的机会，同时促使他们在讨论中倾心尽力，在讨论结束后，我们会用掷骰子的方式来决定哪几个小组在全班同学面前来做展示，每一组又由谁来代表小组发言。这种安排使学生们既紧张又期待，每个学生在讨论中不仅都会努力去想去说，还会努力去听，"倾听"和"内省"这些习惯的养成，对他们将来的团队精神和人格发展都会产生益处。

以反馈促进学生课外学习走向深入。对文学文本进行恰当的解读和阐释，是很多学生学习"文学批评"课程的期望所在。但传统模式的教学很难达成这一目标，原因不只在于课时的有限，更重要的是，从学生理解概念到可以将这一概念自如运用于文本分析，其中存在一段明显的沟壑，必须依靠"试错型实践"来填补，而传统教学并没有为这种实践提供空间。因此，在翻转课堂的教学实践中，我们会在某些批评方法的课堂讲解阶段结束前，给学生布置一定的文本，让他们在课下自己组织小组讨论，在接下来一周的课堂上由小组代表将讨论结果展示给全班，由师生共同进行评价反馈。

与课堂上的"伙伴学习"不尽相同，课下的小组讨论基本由学生自行组合，自己组织。

有时有的小组会邀请老师去"旁听"一下，有的学生会在准备过程中通过QQ、邮箱和教学平台求教于老师，但我们发现，大多数小组都能将课堂分组学习的技巧迁移到课外，比较圆满地完成分配任务、集中讨论、总结成果三个环节，以积极的状态完成课堂展示前的准备。

三 学生视角：2018年秋季"文学批评翻转课堂"实施

华中师范大学的"翻转课堂"试验一直走在前方，"背靠"国家数字化学习工程技术研究中心、教育大数据应用技术国家工程实验室，能实时准确统计学生学习数据、实现"1＋n"多教室同步互动学习的"智慧教室"建成投用。

2018年秋季学期的"文学批评理论"课程共有72名学生选课，由于学生人数多，上课地点分为两个教室，选在"1＋n"多教室同步互动学习的"智慧教室"进行。老师在其中一个教室上课，另一个教室同步老师的视频和声音。2018年4月新华网报道过数理学院代晋军老师的高等数学课同时在9个"智慧教室"开讲，所依托的就是这样的多媒体技术。每个教室的学生随机各分为4个学习小组，老师则以半学期为期更换一次面授教室。

在填写"试验知情同意书"后，大多数学生表现出困惑，并不太清楚这样的翻转课堂与传统课堂有什么不同之处。接着他们都在徐敏老师的指导下下载了学习平台并完成注册，加入徐老师创建的"文学批评（2018年秋）"的课程中，开始这个学期的"翻转课堂"之旅。

（一）学习工具的变化

在手机APP的学习平台加入课程后，有讨论群、作业区、资料区等几个板块。除此之外，所有签到、评分都实现了后台自动统计。

讨论群。课堂课后的讨论，包括学生上课中间的提问，都可以发在群中。老师点人、学生抢答问题，也都在手机群中进行操作。任何课上的问答，都通过智能教室的设备，将老师和学生的实时影音相互同步。课堂小组的讨论回答，也会实时显示在主授课电脑屏幕的讨论墙上。这种高度电子化的课堂，同学们上手使用起来很快。人性化的是，有些性格内向不愿意抢答发言的同学，也能以文字的形式说出自己的观点。

作业板块。作业板块主要是老师发放课前习题和课后讨论题的地方，所有作业都经由老师批阅，老师也常常会以跟帖的形式回答作业中的问题。

资料板块。大量的教辅材料都在这个分区中，课堂PPT、问题答疑、相关批评理论文本、实践文本和各种音频、视频资料……除此之外，也可在APP中搜索词条、专题、学术期刊、大众期刊、外文期刊、博硕论文、会议议文、学术趋势、报纸文章、图书书目、图书全文、法律法规、教学资源、问答等。资料板块的跨平台整合，极度方便资料搜索的过程和多媒体材料的整合。

（二）学习时间、形式的变化

开学初期，对学生来说，最明显体验，就是课堂上小组讨论的时间比以前的课堂多太多，老师引导同学们进行记录者、提问者、组织者、小结者的组内分工。刚开始时，经常会出现由于讨论激烈记录员忘记记录，或者组织者控制不了场面的情况。一段时间后，学生们逐渐适应了这种轮换分工定位，讨论的效率和深度都大大提高。

同时，每堂课前，老师都会在学习平台上发布课前预习作业，课后老师还会留有讨论题，这些讨论题大多数时候仍然需要小组自行约定时间地点进行作业讨论。所以每周虽然只有 1—2 次课，但文学批评的学习，几乎是延展到整个星期的。作为助教，我们清晰地观察到在这一过程中，同组学员逐渐熟悉，越到学期末尾，同组组员的默契、活跃度越高。

不仅如此，各种文学批评方法实践的对象，大多在课前由学生投票决定，这些文本也越来越偏重流行文化。例如学生对弗洛伊德"性本能"概念的普泛性有异议，我们列举柯云路对《西游记》的分析让他们讨论是否恰当，其从性的概念一直谈到村上春树的最新小说，还有电影《盗梦空间》，学生们兴致盎然争着展示自己"释梦"的本领……

四 "文学批评翻转课堂"教学反馈及建议

（一）优点与反馈

我们在临近学期末分发了教学问卷表，72 名学生，收回了 72 份有效问卷，综合笔者课后与一些同学的私下交流，他们认为翻转课堂的优点主要体现在以下几个方面。

教师风格。"平易近人""具有引导性""循序渐进""细心""尊重同学意见""点评问题认真负责""老师在知识点细化的方面做得很好，让我们可以理解和吸收"，这些教师风格评价是徐敏老师的个人风格，但同时可能恰恰也是翻转课堂所必要的。相较于传统课堂，翻转课堂需要教师对每个学生更多的关注度。

形式新颖。"新奇有趣""能够激发学生的积极性、主动性，学习主体地位得到尊重""注意力很集中"，正像萨姆斯所说的那样，在翻转课堂上，"教会学生积极学习是首要的难点"[①]，提出一个具有挑战性和趣味性，指向多种答案和可能性的问题，显然是一个良好的开始。大部分同学表示

---

① Bergmann, Jonathan, Sams and Aaron, "Flip Your Classroom: Reach Every Student in Every Class Every Day," *International Society for Technology in Education*, 2012.

"喜欢课堂讨论的沟通、交流""同学们能够各抒己见";大多数同学还极高地评价了文本中心的细读方式;另外大家逐渐熟悉这种翻转形式后,觉得"课前题目有难度,敦促预习"。

小组讨论。"对学生的关注",值得注意的是,大部分同学都提到了"喜欢开放课堂,老师学生能得到充分交流,对问题的理解更深刻"。

翻转课堂的优点已在教学设计一节详叙,故这里略去一些,仅仅选取一些学生反馈中的真实感受。从笔者作为助教的观察看来,翻转课堂的学生比笔者见过的所有课堂都要活跃很多,一开始大家都不太习惯这种上课形式,后期习惯之后大家在小组内的讨论参与度都很高。特别是在一些概念的理解上,由于试错过程的完整,非常深入。笔者也从课堂学到了很多新东西,对文学批评的很多概念理解得更深刻了。下面着重写一写目前翻转课堂的缺点以及建议。

(二) 不足及建议

设备。有很多同学提到了"直播教室声音较小"和"设备有待加强"的问题,都主要集中在"智能教室"的同步问题上,需要未来从技术上得到进一步解决。针对1拖2的LIVE式教学,笔者建议在上课时也同步设置"举手"这个功能,方便另一边课堂的同学即时发表反馈(老师不在的课堂,学生的反馈老师可能不容易得到);另外是面授节奏上,一边半学期的上课方式可能不太利于老师上半学期所在课堂的学生,由奢入俭难,在最开始调换教室的两三个星期,最开始的面授教室的学生都对此表现出了很大的不适应性(学生不适应设备的小音量、老师声音不清晰,课堂集中度、参与性不高),建议每两周换一次课堂,每边三节课这样更合理。

学习资料。这里提到的主要是资料运用和一些教辅材料较为尴尬的位置。教学资料,理论上来说仅仅是一种静态的呈现,只有依赖学生的点击才能发挥作用,而学生由于知识结构和自学能力的不足,往往在碰到困难时不知该选取哪些材料辅助学习。翻转课堂想要改变这一问题,把这些资源通过超链接的方式置入多媒体,可以为有困难的学生及时提供台阶[1]。

---

[1] 关于通过超链接呈现辅助资源的效果,可参见 Driscoll 先生的 Early Greek Civilization 课程微视频,http://www.screencast.com/users/Mr_Driscoll/folders/World%20History/media/9320d5a1-c1c0-4c66-a896-5630fa0527de,2013年7月21日。

但在实际运用中，这仍然是一个难题。

当然，首先是继续加强资料与课程的动态匹配，例如资源通过超链接的方式置入多媒体，在作业中添加超链接……或者设置微视频课程完成进度作业。其次是增加教辅材料在教学中发挥作用，例如合理适配每个小组的不同学习风格。最后，全程电子化的课堂，有一个很大的问题是学生不方便进行添加笔记。建议课前提前分发 PPT，鼓励同学们携带打印版或电脑。

课堂不适应。有的同学说"不适应小组讨论过于频繁，希望多一些概念性知识的传授"，有一位同学还提到"宏观上可能会稍微有点匮乏"，这些都说明从传统课堂过渡到翻转课堂，对于已经适应讲授式学习的同学，学习范式的转换不是一蹴而就的事情，要让这部分同学适应沟通交流式的学习可能需要教师的更多关注、引导与鼓励。

文学批评所能带给学生的不是答案，而是启迪。它无法给学生以现成的翅膀，但我们希望它能更好更快地帮助学生领悟飞翔之道。翻转课堂正是在不断的探索和改进中，找寻放飞人文精神和思想的信息化之路，让学生成为知识和人格共同发展，个性饱满而又宽容互助，具有同情、分享、感恩能力的"N 世代人"，走出属于他们自己的美好未来。

A Landing Evaluation of Cloud Technology

—Teaching Feedback of Literary Criticism "Flipping Classroom"

Xiang Xinli

Abstract：As one of the series courses of literature and art theory, the course of literary criticism in Central China Normal University was appraised as a national excellent course in 2003, and its subordinate team was approved as a national teaching team in 2007, and emerged some famous teachers. In recent years, Central China Normal University has introduced the teaching mode of "flipped classroom" in various courses. As a kind of teaching mode which sprang up in the United States and spread rapidly throughout North America and the world, the "flipped classroom" has gradually become an indispensable section for students to transform their literary theories and methods into practical ability in the series of courses of literature and art theory of Central China Normal University. From March to June 2017, I had a preliminary understanding on the "flipped classroom" as a student, and from September to December 2018, as an assistant, I participated in the implementation of the "flipped classroom" in the course of literary criticism. From personal experience to onlookers, with experience, with thinking, I gradually have a clear understanding on the role of "flip classroom" in literary teaching practice.

Keywords: Flipped Classroom; Teaching Practice; Literary Criticism

About the Author: Xiang Xinli (1990 –), M. A. Candidate in School of Chinese Language and Literature, Central China Normal University. Research interests and specialties: literary criticism. E-mail: xiangxl_23@163. com.

《中文论坛》征稿启事

《中文论坛》（*Forum of Chinese Language and Literature*）由湖北大学文学院主持，旨在成为开展学科建设、展示学术成果、鼓励学术争鸣、深化学术交流、推动学术发展的平台。欢迎学界同人不吝赐稿。有关事项说明如下。

一、本刊为半年刊，定期在每年 7 月、12 月出版，投稿截止日期分别为每年 6 月底和 11 月底。

二、所有来稿请遵守学术规范和学术道德，请勿一稿两投。所有来稿均不退稿，请自留底稿。来稿若一个月未接到用稿通知，可自行处理。

三、来稿由湖北大学文学院组织专家评审，论文选用后本刊向作者支付稿酬及提供样刊两本。

四、一般稿件篇幅以控制在 15000 字以内为宜，特别约稿可在 20000 字左右。所有稿件均须为电子文本，请寄：nieyw_55@126.com。

五、稿件必备项：标题、作者简介、内容提要、关键词（以上四项均应包括中、英文两种形式）、正文、参考文献或注释。

六、作者简介一般应包括出生年、学位、职称、研究方向，亦可注明主要学术成果。

七、书名（期刊名）、文章名、作者、年份、出版社等信息应该准确无误。

八、来稿文末请附上详细的通信方式，包括地址、邮编、手机、电子邮箱等。

《中文论坛》编辑部

图书在版编目（CIP）数据

中文论坛. 2019年. 第1辑：总第9辑／湖北大学文学院，《中文论坛》编辑委员会编. —— 北京：社会科学文献出版社，2020.5

ISBN 978 - 7 - 5201 - 6648 - 5

Ⅰ.①中…　Ⅱ.①湖…②中…　Ⅲ.①汉语 - 文集 Ⅳ.①H1 - 53

中国版本图书馆 CIP 数据核字（2020）第 076895 号

中文论坛　2019 年第 1 辑　总第 9 辑

编　　者／湖北大学文学院　《中文论坛》编辑委员会

出 版 人／谢寿光
责任编辑／周　琼
文稿编辑／刘　争

出　　版／社会科学文献出版社·政法传媒分社 （010）59367156
　　　　　地址：北京市北三环中路甲 29 号院华龙大厦　邮编：100029
　　　　　网址：www. ssap. com. cn
发　　行／市场营销中心 （010）59367081　59367083
印　　装／三河市龙林印务有限公司

规　　格／开　本：787mm × 1092mm　1/16
　　　　　印　张：20　字　数：326 千字
版　　次／2020 年 5 月第 1 版　2020 年 5 月第 1 次印刷
书　　号／ISBN 978 - 7 - 5201 - 6648 - 5
定　　价／89.00 元